HATJE
CANTZ

Stannaki Forum:
Art and Research in Conversation

Stannaki Forum.
Kunst und Forschung im Gespräch

Stannaki Forum.
Kunst und Forschung
im Gespräch

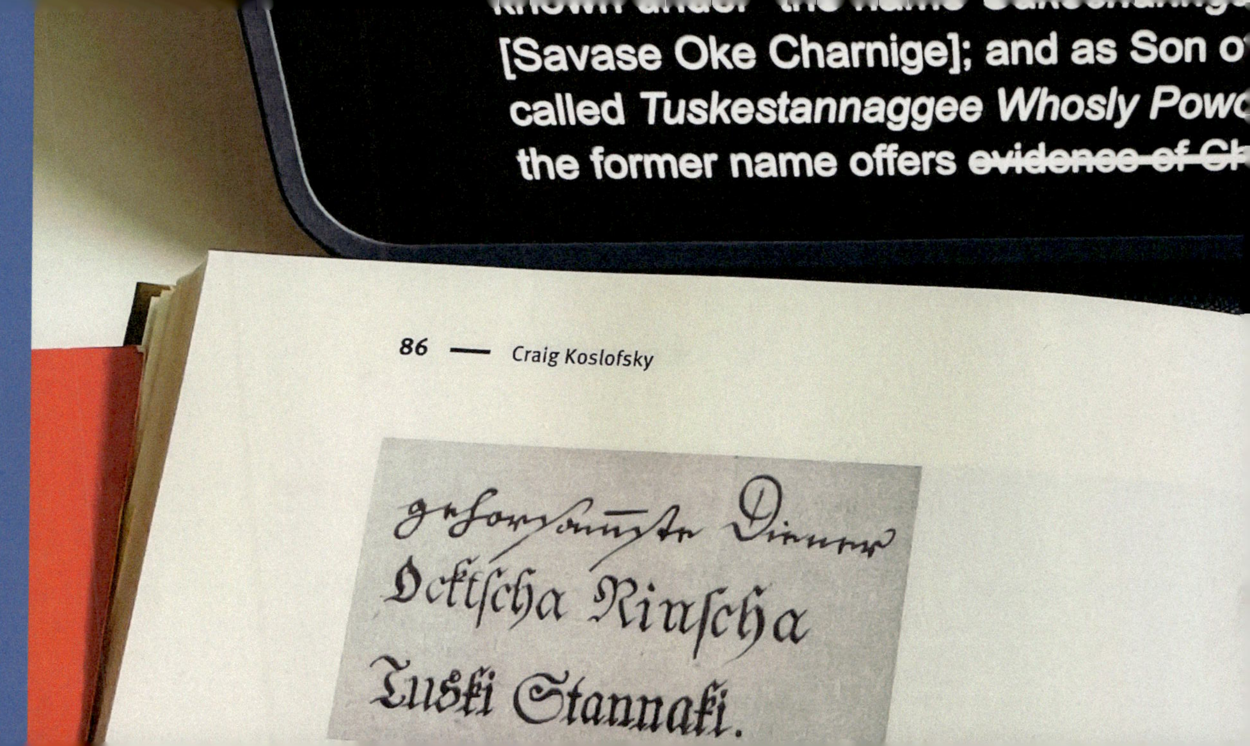

Reading about Tuski Stannaki in a reprint of a historical document found in the Sächsisches Staatsarchiv, 10025 Geheimes Konsilium, Loc. 4692/07, fol.13r.

Lektüre zu Tuski Stannaki in einem Nachdruck eines historischen Dokuments des Sächsischen Staatsarchivs, Sächsisches Staatsarchiv, 10025 Geheimes Konsilium, Loc. 4692/07, fol.13r.

Stannaki Forum   Art and Research
                                  in Conversation

        Foreword
                Marion Ackermann and Doreen Mende

16   Slavery and Skin: The Native Americans Ocktscha
        Rinscha and Tuski Stannaki in the Holy Roman
        Empire, 1722–1734
                Craig Koslofsky

84   From Porcelain to Porcelain
                Tuan Mami in Conversation with Sojin Baik
                and Anna-Lisa Reith

118   Aquasi Boachi: Transcontinental Remembrances
                Andrea-Vicky Amankwaa-Birago and
                Mahret Ifeoma Kupka in Conversation
                with Holger Birkholz

172   Captured in Watercolor
                Mabe Bethônico and Paul Goodwin in
                Conversation with Jane Schmidt-Boddy and
                Mailena Mallach

198   Knotted and Armed
                Mareike Bernien, Mahshid Mahboubifar, and
                Natalia Zaitseva in Conversation with Stefano
                Rinaldi and Christine Müller-Radloff

234   Drums and Sticks
                Fredrik Prost, Silje Figenschou Thoresen, and
                Maria Lind in Conversation with Marita Andó

        Biographies

        Colophon

Stannaki Forum   Kunst und Forschung
                      im Gespräch

Vorwort
        Marion Ackermann und Doreen Mende

17   Sklaverei und Haut. Die indigenen Amerikaner
        Ocktscha Rinscha und Tuski Stannaki im Heiligen
        Römischen Reich, 1722–1734
                Craig Koslofsky

85   Von Porzellan auf Porzellan
                Tuan Mami im Gespräch mit
                Sojin Baik und Anna-Lisa Reith

119   Aquasi Boachi. Transkontinentale Erinnerungen
                Andrea-Vicky Amankwaa-Birago und Mahret
                Ifeoma Kupka im Gespräch mit Holger Birkholz

173   Festgehalten in Wasserfarben
                Mabe Bethônico und Paul Goodwin im Gespräch
                mit Jane Schmidt-Boddy und Mailena Mallach

199   Verknüpft und bewaffnet
                Mareike Bernien, Mahshid Mahboubifar und
                Natalia Zaitseva im Gespräch mit Stefano
                Rinaldi und Christine Müller-Radloff

235   Trommeln und Stöcke
                Fredrik Prost, Silje Figenschou Thoresen und
                Maria Lind im Gespräch mit Marita Andó

Biografien

Impressum

Foreword

Marion Ackermann and Doreen Mende

The *Stannaki Forum: Art and Research in Conversation* is a research format at the Staatliche Kunstsammlungen Dresden (Dresden State Art Collections, SKD) that promotes transdisciplinary dialogue between different horizons of knowledge. Across the collections, conversations among guests and associates of the SKD will examine global-historical entanglements as a diasporic history of knowledge. The aim of the Stannaki Forum is to acknowledge such entanglements as a historical quality of the collections, considering their material, social, epistemic, biographical, and cultural forms.

The Stannaki Forum thereby embeds itself in existing SKD initiatives like the *Transcultural Academy* by inviting artists, theoreticians, curators, and academics to come into dialogue with researchers, assistants, and directors of the SKD. The starting point for each forum is a specific object, which acts as both a witness and an interlocutor, whose material provenance, acquisition and trading history, visual grammar, cultural techniques, or biography have been shaped by different cultural contexts. Within the setting of the 500-year-old art collections, the condition of the diasporic is understood as a spectrum that ranges from colonialism, enslavement, dispossession, and cultural appropriation to diplomacy, exile, migration, economic relations, and educational contexts.

The nomination of objects for this volume, discussed with various external and internal experts at SKD, must remain incomplete. The seemingly unsystematic range of topics follows the ongoing research for exhibitions, loans, and fellowships at

Vorwort

Marion Ackermann und Doreen Mende

Das *Stannaki Forum. Kunst und Forschung im Gespräch* ist ein Format der Forschung an den Staatlichen Kunstsammlungen Dresden (SKD), das den transdisziplinären Dialog verschiedener Erkenntnishorizonte fördert. Sammlungsübergreifend werden in Gesprächen zwischen Gästen und Mitarbeiter*innen der SKD global-historische Verflechtungen als diasporische Wissensgeschichte untersucht. Ziel des Stannaki Forums ist die Anerkennung dieser als historische Qualität der Sammlungen mit Blick auf ihre materiellen, sozialen, epistemischen, biografischen und kulturellen Formen.

Das Stannaki Forum bettet sich damit in bestehende Initiativen der SKD wie die *Transkulturelle Akademie* ein, indem es Künstler*innen, Theoretiker*innen, Kurator*innen und Wissenschaftler*innen mit diasporischer Erfahrung sowie Expertise einlädt, in Dialog mit den Wissenschaftler*innen der SKD zu treten. Ausgangspunkt eines jeden Forums ist jeweils ein spezifisches Objekt als Zeuge und Gesprächspartner, dessen Materialprovenienzen, Erwerbs- und Handelsgeschichten, visuelle Grammatiken, Kulturtechniken oder Biografien durch verschiedene kulturelle Kontexte geprägt sind. Die Bedingung des Diasporischen wird im Zusammenhang der 500 Jahre alten Kunstsammlungen als ein Spektrum verstanden, welches von Kolonialismus, Versklavung, Entzug und kultureller Aneignung bis zu Diplomatie, Exil, Migration, Wirtschaftsbeziehungen und Bildungskontexten reicht.

Die Auswahl der Objekte im Gespräch mit verschiedenen Außen- und Innenperspektiven der SKD muss unvollständig bleiben. Vielmehr wurde von infrastrukturellen Bedingungen der Institution wie

the museum complex, with the aim of utilizing resources in a sustainable and collaborative manner. In this sense, the Stannaki Forum is not a new project of the SKD; rather, it presents existing research processes in an expanded format for knowledge production and is dedicated to bringing visibility to narratives that have previously received less attention.

The forum is named after Tuski Stannaki. He was a member of the Indigenous Muscogee community in Northeast America. Based on historical reports from Leipzig and London, Craig Koslofsky writes that he was described as the "son of the King of the Istowlawleys, they call Tuskestannagee Whosly Powon Micco [Tuski Stannaki]." His name referred to the Muscogee word "Tvstvnvke," which means "warrior," while "Micco" stands for "leader" in the Muscogee language. During the colonial trade of goods like sugar, tobacco, coffee, and cotton from America to Europe, Stannaki—along with Ocktscha Rinscha, a member of the Indigenous Choctaw people of North America—was forcibly displaced to Europe by the notorious British enslaver John Pight. In 1723, Augustus the Strong "acquired" Stannaki and Rinscha for the Saxon court. Historical drawings show that Stannaki was placed on public display, dehumanizing his subjectivity into an object of colonial desire. The display not only enforces the transformation of a subject into an object, but also creates normative orders and a value system based on racial distinction—an established method of racialization that manifested itself as a structure through the cultural techniques of image production, exhibiting, and collecting. It can be assumed, but documents have not substantiated, that Tuski Stannaki's presence at the Saxon court could have also been an inspiration for the sculptor Balthasar Permoser's workshop in the creation of the *Figure with Emerald Cluster* [1] (1724), which is now displayed in the historic

1   Editing the titles of works or objects is a common practice that has taken place in many museums around the world for centuries. It has to do with the fact that until well into the nineteenth century, works or objects were rarely

laufenden Forschungen für Ausstellungen, Leihgaben und Fellowships ausgegangen, auch um Ressourcen nachhaltig sowie kollaborativ zu nutzen. In diesem Sinne ist das Stannaki Forum kein neues Projekt der SKD, sondern stellt bereits bestehende Forschungsprozesse in ein erweitertes Format zur Wissensproduktion und widmet sich der Sichtbarkeit vormals weniger beachteter Narrationen.

Namensgeber des Forums ist Tuski Stannaki. Er war ein Vertreter der indigenen Muscogee-Gemeinschaft in Südostamerika. Anhand historischer Berichte aus Leipzig und London schreibt Craig Koslofsky, dass er »als Sohn des Königs der Istowlawleys, genannt Tuskestannagee Whosly Powon Micco [Tuski Stannaki]« beschrieben wurde. Sein Name verweist auf das Muscogee-Wort »Tvstvnvke«, welches »Krieger« bedeutet, während »Micco« in der Muscogee-Sprache für »Oberhaupt« steht. Im Zuge des kolonialen Handels von Waren wie Zucker, Tabak, Kaffee und Baumwolle von Amerika nach Europa, wurde auch Stannaki – gemeinsam mit Ocktscha Rinscha, einem Vertreter des nordamerikanischen indigenen Volkes der Choctaw – durch den Briten John Pight, der für seine Brutalität bei der Versklavung von Menschen bekannt war, nach Europa verschleppt. 1723 »erwarb« August der Starke Stannaki und Rinscha für den sächsischen Hof. Historische Zeichnungen zeigen, dass Stannaki öffentlich zur Schau gestellt wurde und dadurch seine Subjektivität als Objekt kolonialer Begierde entmenschlichte. Die Zurschaustellung erzwang dabei nicht nur die Transformation eines Subjekts in ein Objekt, sondern schaffte auch normative Ordnungen und ein Wertesystem, das auf rassifizierender Unterscheidung basiert – eine etablierte Methode der Rassifizierung, die sich durch die Kulturtechniken der Bildproduktion, des Ausstellens und Sammelns als Strukturen manifestierte. Es ist anzunehmen, jedoch nicht anhand von Dokumenten zu beweisen, dass die Präsenz von Tuski Stannaki am sächsischen Hof auch für die Werkstatt des Bildhauers Balthasar Permoser eine Inspiration bei der Erschaffung der *Figur mit*

Grünes Gewölbe. After 1735, the presence of Tuski Stannaki cannot be traced in Saxony any longer.

This publication documents the hybrid contributions to the public Stannaki Forum. It serves as a working paper that invites further research, as the exploration of the museum's colonial structures and diasporic knowledge horizons extends well beyond the scope of this project in addressing the structural manifestations of social injustice. In recognition of Tuski Stannaki's biography, which represents one of many diasporic narratives within the art collections and is made accessible through historical research, this publication also includes the German translation of an essay on Tuski Stannaki by the historian Craig Koslofsky. This is followed by the forum's conversations that illuminate various entanglements within the collections. For example, one conversation focuses on the motif transfer of individuals perceived as Asian or African on porcelain produced in China for the European market in the eighteenth century. Another conversation examines a drawing (1634–1641) created in Brazil during the Dutch colonial period, which depicts a slave market in the port city of Recife and resembles a page from a product catalog. A portrait of Aquasi Boachi, created in Dresden in 1847–48, is also an interlocutor: on the one hand, the work marks the international significance of the Bergakademie Freiberg and, on the other hand, tells of a Black student, artist, and royal representative of the Asante in Saxony. Likewise, a Persian carpet from the Ethnographic Collections in Dresden and a pistol from the Armory collection reveal insights into their attributions as objects of museum research, highlighting the tension between their

titled by those who created them and therefore are not cultural heritage. In this respect, in the vast majority of cases they do not have an "original title" given by the artist. Instead, depending on the state of knowledge and perspective, works were repeatedly described and titled anew from the trade or collectors' collections as well as by museum experts and, depending on the state of research, require scholarly contextualization. However, certain linguistic updates are also intended to prevent people from suddenly coming across terms that could devalue or discriminate against people on the basis of their origin, religion, gender, sexual orientation, age, or physical disposition. The SKD thus follow the standards practiced by museums worldwide.

der Smaragdstufe (1724) gewesen sein könnte, die heute im Historischen Grünen Gewölbe zu sehen ist.[1] Nach 1734 gibt es keine weiteren Nachweise für die Anwesenheit von Tuski Stannaki in Sachsen. Nach 1734 gibt es keine weiteren Nachweise für die Anwesenheit von Tuski Stannaki in Sachsen.

Die vorliegende Publikation ist eine Dokumentation der hybriden Beiträge des öffentlichen Stannaki Forum. Es ist als ein Arbeitspapier konzipiert, welches zur weiteren Forschung einlädt; denn die Erforschung sowohl von Strukturen einer Kolonialität des Museums als auch von diasporischen Wissenshorizonten geht weit über den Rahmen eines Projekts hinaus, wenn es gilt, strukturelle Manifestationen von sozialer Ungerechtigkeit zu überwinden. Zur Anerkennung der Biografie von Tuski Stannaki, welche als eine von vielen diasporischen Biografien der Kunstsammlungen zu verstehen ist und dank historischer Forschung jedoch einsehbar ist, veröffentlicht die Publikation zudem die deutsche Übersetzung eines Aufsatzes über Tuski Stannaki des Historikers Craig Koslofsky. Dem schließen sich Dialoge an, welche verschiedene Verflechtungen der Sammlungen sichtbar machen. Beispielsweise widmet sich ein Gespräch dem Motivtransfer von Darstellungen von asiatisch oder afrikanisch gelesenen Menschen auf Porzellan aus China für den europäischen Markt des 18. Jahrhunderts. Ein weiteres Gespräch geht auf eine Zeichnung (1634–1641) eines Sklavenmarktes der Hafenstadt Recife ein, das wie ein Blatt aus einem Produktkatalog erscheint, die in Brasilien unter

1 Die Bearbeitung von Werk- oder Objekttiteln ist eine übliche, seit Jahrhunderten in sehr vielen Museen in aller Welt stattfindende Praxis. Sie hängt damit zusammen, dass bis ins 19. Jahrhundert hinein Werke bzw. Objekte nur selten von denen betitelt wurden, die sie geschaffen haben und kein Kulturerbe darstellen. Insofern weisen sie also in den allermeisten Fällen keinen vom Künstler oder der Künstlerin vergebener »Originaltitel« auf. Stattdessen wurden Werke je nach Wissensstand und Perspektive immer wieder neu aus dem Handel oder Sammlerbeständen heraus sowie von Museumsfachleuten beschrieben und betitelt und bedürfen, je nach Forschungsstand, der wissenschaftlichen Kontextualisierung. Mit bestimmten sprachlichen Aktualisierungen soll aber auch verhindert werden, dass man unvermittelt auf Begriffe stößt, die Menschen aufgrund ihrer Herkunft, Religion, sexuellen Orientierung, körperlichen Disposition oder ihres Alters abwerten oder diskriminieren können. Die SKD folgen damit Standards, wie sie von Museen weltweit praktiziert werden.

symbolic and sociocultural histories, which are activated through artistic methods. In closing, a forum explores a collection of Sámi drums and sticks, providing information about colonial expropriations in northern Europe.

We warmly and sincerely thank all participants—the artists, curators, and researchers invited to the SKD as well as the scholars from the museum network—for the openness and honesty with which they accompanied and conducted the conversations. Particularly when dealing with the challenges of working through contexts of injustice and trauma, that which has been hidden, violated, omitted, or repressed only becomes visible as discourse through dialogue, mutual learning and listening, sensing, analysis, and transformation. dialogue, mutual learning, and listening.

der kolonialen Herrschaft von den Niederlanden entstanden ist. Aber auch ein Porträt von Aquasi Boachi, entstanden in Dresden im Jahr 1847/48, ist Gesprächspartner: Das Werk markiert einerseits die weltweite Bedeutung der Bergakademie Freiberg und berichtet andererseits von einem Schwarzen Studenten, Künstler sowie königlichen Vertreters der Aschanti in Sachsen. Ebenso geben ein persischer Teppich aus den Staatlichen Ethnographischen Sammlungen in Dresden sowie eine Pistole aus der Rüstkammer Auskunft über ihre Zuschreibungen als Objekte der musealen Forschung im Spannungsverhältnis mit ihrer symbolischen sowie sozialen Kulturgeschichte, welche mittels künstlerischer Methoden aktiviert wird. Abschließend geht ein Forum einer Sammlung von sámischen Trommeln und Stöcke nach, die über koloniale Enteignungen im europäischen Norden informieren.

Wir danken allen Beteiligten – sowohl den an die SKD eingeladenen Künstler*innen, Kurator*innen und Forschenden als auch den Wissenschaftler*innen des Museumsverbundes – sehr herzlich und aufrichtig für ihre Offenheit sowie Ehrlichkeit, mit denen sie die Gespräche begleitet und geführt haben.[2] Insbesondere in in Herausforderungen der Aufarbeitung von Unrechts- und Traumakontexten wird das Verborgene, Verletztgebliebene, Verschwiegene oder Verdrängte erst als Diskurs im Dialog, im gegenseitigen Lernen und Zuhören, im Wahrnehmen, Analysieren und Transformieren sichtbar.

2   Diese Publikation zeigt Uneinheitlichkeit in der Verwendung der Pronomen »du« und »Sie« sowie des *innen-Suffixes. Da viele der ursprünglichen Foren auf Englisch durchgeführt wurden, spiegelt die Verwendung von »du« und »Sie« den Grad der Förmlichkeit wider, mit dem sich die Teilnehmenden in den gesprochenen Interaktionen ansprachen. Die Herausgeber*innen entschieden sich, diese Unterscheidung im Text beizubehalten, anstatt eine einheitliche Regelung für die Pronomen zu wählen. Zudem wird die *innen-Form selektiv verwendet: Sie spiegelt die (fehlende oder vorhandene) Gender-Diversität in zeitgenössischen Kontexten oder historischen Situationen wider, um eine inklusive Sprache zu fördern.

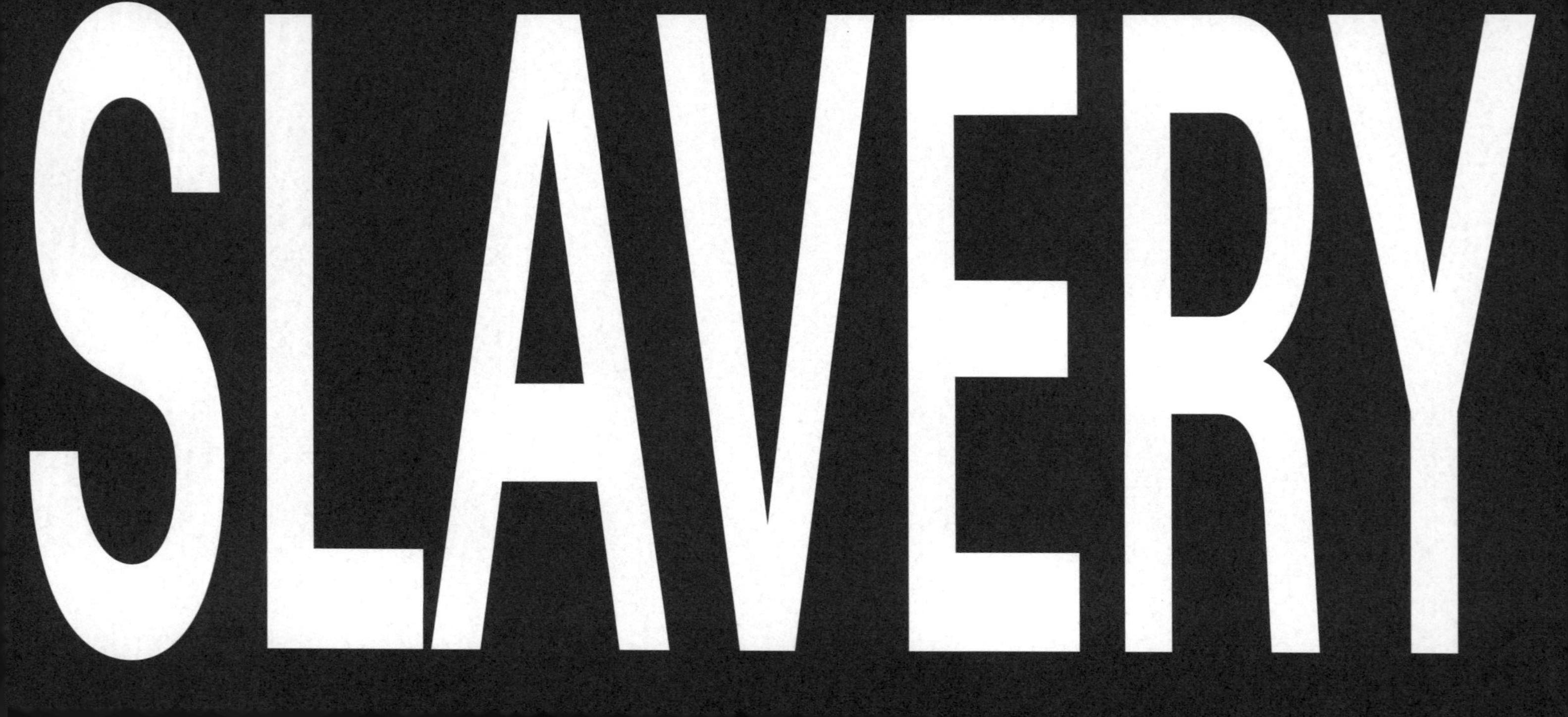
SLAVERY

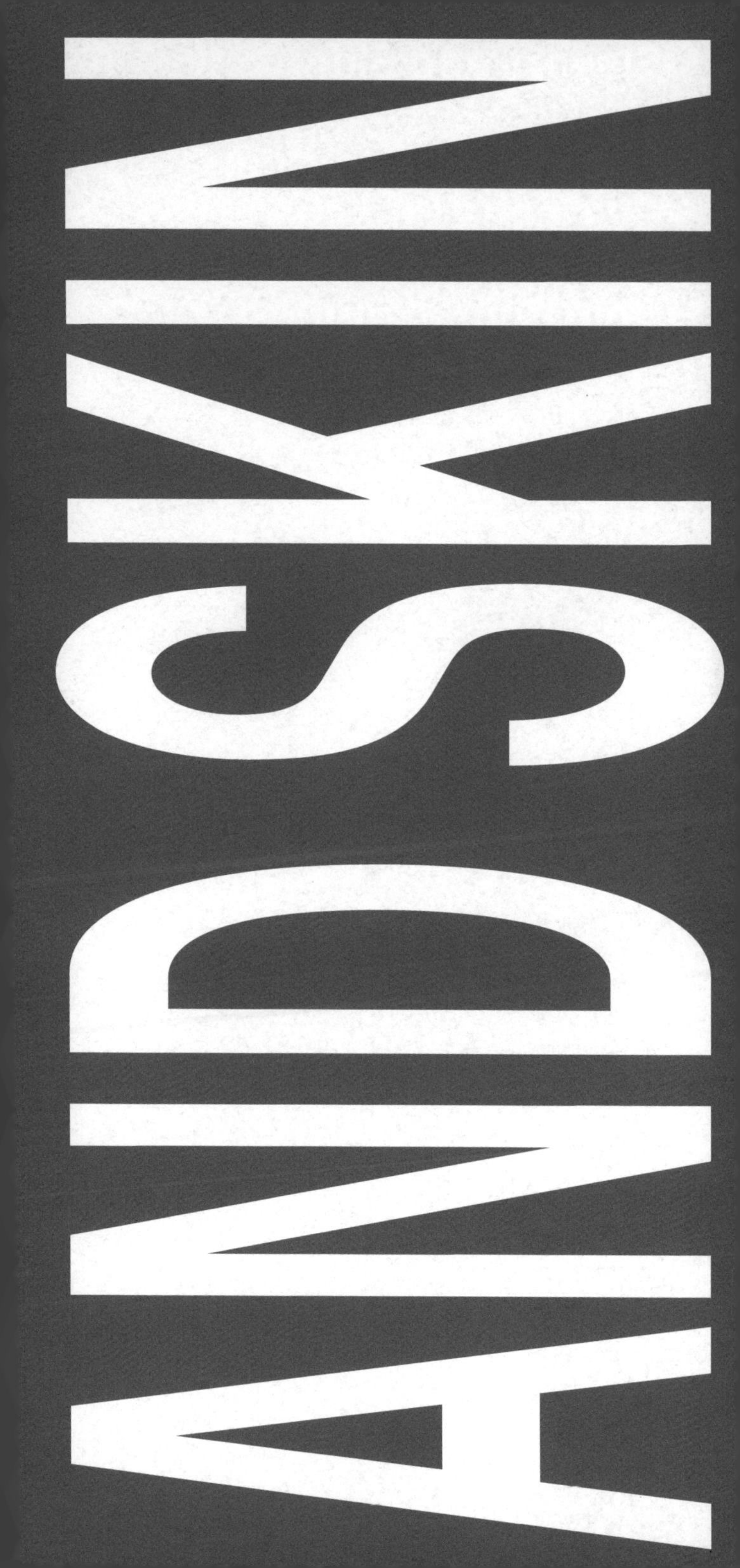

Slavery and Skin:

The Native Americans Ocktscha Rinscha and Tuski Stannaki in the Holy Roman Empire, 1722–1734

Craig Koslofsky

Sklaverei und Haut.

Die indigenen Amerikaner Ocktscha Rinscha und Tuski Stannaki im Heiligen Römischen Reich, 1722–1734

Craig Koslofsky

"Two renowned and wild Indian Princes"?

In early January 1722, an unlikely group of four travelers arrived in Frankfurt am Main and made their way to the "Imperial Crown" guesthouse.[1] The man in charge was English, styled a sea captain. The oldest of the group, he spoke no German and communicated through an interpreter later described as "a Jew in German clothing" or "an Englishman who speaks German."[2] The two others—young men in their twenties—were the reason the group was traveling: "they were decorated everywhere on their bodies with hieroglyphic figures and characters (…) and one could view them for eight Kreutzer."[3] Marked from head to foot with extraordinary images of suns, moons, snakes, as well as other figures and complex patterns, they were also battle-scarred. No one had ever seen anyone like them in this part of Europe.[4]

1   Newspaper references to the travels of the "Princes" indicate that they arrived in Frankfurt between January 6 (the Munich *Mercurii Relation, oder wochentliche Ordinari Zeitungen von underschidlichen Orthen*, January 31, 1722) and January 10 (January 20, 1722, edition of the *Oprechte Haerlemsche Courant*, reporting from Brussels). On their lodging, see Johann G. Batton and Ludwig Heinrich Euler, *Oertliche Beschreibung der Stadt Frankfurt am Main*, vol. 6 (Frankfurt am Main: Verlag des Vereins für Geschichte und Alterthumskunde zu Frankfurt am Main, 1871), 73: "Reichskrone, ein Gasthaus, das aus mehreren zusammengekauften Häusern besteht, und hinten in die Schäfergasse eine Ausfuhr hat. Es hiess sonst die alte Krone, denn in der Chronik I. 432 wird von einer Bären- und Ochsen-Hatze gemeldet, die 1701 von einigen Engländern auf der Friedbergergasse in der alten Krone gehalten wurde. Der Name Reichskrone kömmt aber (…) 1704 schon zum Vorschein."
2   *Sammlung von Natur- und Medicin- wie auch hierzu gehörigen Kunst- und Literatur-Geschichten so sich von 1717–26 in Schlesien und andern Ländern begeben (…) und als Versuch ans Licht gestellet* [for 1722] 21 (1724): 311, and *Acta Lipsiensium academica: oder, Leipziger Universitäts-Geschichte* 1 (1723): 87.
3   Johann Adolph Stock, *Kurtz gefaßte Franckfurther Chronik: In welcher das Denck-und Merckwürdigste, so sich vom Jahr 742. nach unsers Heylandes Geburt biß auf unsere Zeiten allhie zugetragen* (Frankfurt: Stock und Schilling, 1745), 166: "Im Jahr 1722 den 12 Jan. waren allhier in der Reichskron zwey americanische Prinzen zu sehen, Sie sind an ihren Leibern durchaus mit hieroglyphischen Figuren und Charactern bemahlet gewesen, sie hatten Pechschwarze Haare und eine braune Haut, waren aber nicht gar groß von Person. Man konte sie vor acht Kreutzer zu sehen bekommen."
4   We know very little about Native Americans in German-speaking Europe before 1750. I have documented two instances prior to the arrival of Ocktscha Rinscha and Tuski Stannaki. In 1708, the wealthy young Bostonian Jonathan Belcher visited Princess Sophia, Electress of Hanover and mother of the future King George I, at her court and presented her with a Native slave boy named "Io" as a gift. And in September 1720, an "Indian prince and princess" from Florida (whose names are given as "Illa Cadego" and "Toche

»Zwei berühmte und wilde Indianerprinzen?«[1]

Anfang Januar 1722 erreichte eine ungewöhnliche Gruppe von vier Reisenden Frankfurt am Main und machte sich auf den Weg zum Gasthaus »Reichskrone«.[2] Der Verantwortliche war Engländer und trat auf wie ein Kapitän zur See. Der Älteste der Gruppe, er sprach kein Deutsch und verständigte sich über einen Dolmetscher, der später als »Jude in deutscher Kleidung« oder »ein Engländer, der Deutsch spricht« beschrieben wurde.[3] Die beiden anderen – junge Männer in ihren Zwanzigern – waren der Grund für die Reise der Gruppe: »Sie sind an ihren Leibern durchaus mit hieroglyphischen Figuren und Charactern bemahlet gewesen [...] Man konte sie vor acht Kreutzer zu sehen bekommen.«[4] Von Kopf bis Fuß mit außergewöhnlichen Bildern von Sonnen, Monden, Schlangen sowie anderen Figuren und komplexen Mustern verziert, waren sie auch von Kampfesnarben gezeichnet. Niemand hatte in diesem Teil Europas jemals jemanden wie sie gesehen.[5]

1. Warnung: Einige der im Text zitierten Quellen aus dem 18. Jahrhundert enthalten Begriffe, Wörter oder Ausdrücke, die heute als diskriminierend oder rassistisch gelten oder beleidigend wirken können.
2. Aus Zeitungsberichten über die Reisen der »Prinzen« geht hervor, dass sie zwischen dem 6. Januar (die Münchner *Mercurii Relation oder wochentliche Ordinari Zeitungen von underschidlichen Orthen* vom 31. Januar 1722) und dem 10. Januar (die Ausgabe vom 20. Januar 1722 des *Oprechte Haerlemsche Courant*, aus Brüssel berichtend) in Frankfurt eintrafen. Zu ihrer Unterbringung, siehe Johann G. Batton und Ludwig Heinrich Euler, *Oertliche Beschreibung der Stadt Frankfurt am Main*, Bd. 6, Frankfurt am Main 1871: 73: »Reichskrone, ein Gasthaus, das aus mehreren zusammen gekauften Häusern besteht, und hinten in die Schäfergasse eine Ausfuhr hat. Es hiess sonst die alte Krone, denn in der Chronik I. 432 wird von einer Bären- und Ochsen-Hatze gemeldet, die 1701 von einigen Engländern auf der Friedbergergasse in der alten Krone gehalten wurde. Der Name Reichskrone kömmt aber [...] 1704 schon zum Vorschein.«
3. *Sammlung von Natur- und Medicin- wie auch hierzu gehörigen Kunst- und Literatur-Geschichten so sich von 1717–26 in Schlesien und andern Ländern begeben [...] und als Versuch ans Licht gestellet* [für 1722] 21 (1724): 311; *Acta Lipsiensium academica: oder, Leipziger Universitäts-Geschichte* 1 (1723): 87.
4. Johann Adolph Stock, *Kurtz gefaßte Franckfurther Chronik: In welcher das Denck-und Merckwürdigste, so sich vom Jahr 742. nach unsers Heylandes Geburt biß auf unsere Zeiten allhie zugetragen*, Frankfurt am Main 1745: 166: »Im Jahr 1722 den 12 Jan. waren allhier in der Reichskron zwey americanische Prinzen zu sehen, Sie sind an ihren Leibern durchaus mit hieroglyphischen Figuren und Charactern bemahlet gewesen, sie hatten Pechschwarze Haare und eine braune Haut, waren aber nicht gar groß von Person. Man konte sie vor acht Kreutzer zu sehen bekommen.«
5. Wir wissen sehr wenig über indigene Amerikaner*innen im deutschsprachigen Europa vor 1750. Ich konnte zwei Fälle vor der Ankunft von Ocktscha Rinscha und Tuski Stannaki dokumentieren: Im Jahr 1708 besuchte der wohlhabende junge Bostoner Jonathan Belcher die Prinzessin Sophia, Kurfürstin von Hannover und Mutter des späteren Königs Georg I., an ihrem

The two men were Native Americans: Ocktscha Rinscha and Tuski Stannaki, as they later signed their names. As captives of a Carolina slave trader, their elaborately decorated bodies had become profitable curiosities to which viewing access was sold. Ocktscha Rinscha, the older man, was Choctaw; Tuski Stannaki, the younger, likely Creek. They traveled with their owner, a "Considerable Indian trader" named John Pight, and were described as slaves in the many sources documenting their time in the Holy Roman Empire.[5] Pight took the men from Charleston, South Carolina, to England in 1719, then to France in the summer of 1720. Sometime later, the group of four men must have entered the Holy Roman Empire, and by January 1722, they had reached Frankfurt am Main, on their way, they explained, to Vienna. After Vienna, they went north to Breslau and then, fatefully, to Dresden, capital of the Electorate of Saxony. Of the years they spent in Europe, they lived for a decade in the lands of Augustus the Strong, King of Poland and Elector of Saxony—first in Dresden, then in Warsaw. They were slaves when they entered Saxony, and it is not clear how—or if—they were ever considered free.

Ocktscha Rinscha and Tuski Stannaki were tough, adaptable, cross-cultural survivors, and their story demands to be told elsewhere from a Native perspective and in greater detail. The sources examined here provide some essential information about their route through Central Europe and show how the men were perceived by the Germans they encountered. But these sources were produced by the colonial violence that brought Ocktscha Rinscha and Tuski Stannaki to England and then to Europe, and such sources can offer only a limited, colonial perspective on the bodies, intellects, and values of the two men. In this study I use these colonial sources to establish a foundation for the further study of the men in Native history and to uncover new attitudes toward skin, slavery, and race in Germany in the early eighteenth century. The lives of Ocktscha Rinscha and Tuski Stannaki help reveal how Germans understood these three pillars of the Atlantic

Hoga") arrived in Amsterdam. Later that same year, they were brought to the Hessian court in Kassel.

5   In 1706, the Anglican missionary Francis Le Jau described Pight (here "Pike") as "a considerable Indian trader" with a good knowledge of Indigenous languages. See *The Carolina Chronicle of Dr. Francis Le Jau, 1706–1717*, ed. Frank J. Klingberg (Berkeley: University of California Press, 1956), 19.

Die beiden Männer waren indigene Amerikaner: Ocktscha Rinscha und Tuski Stannaki waren die Namen, die sie später in ihren Unterschriften verwendeten. Als Gefangene eines Sklavenhändlers aus Carolina waren ihre kunstvoll verzierten Körper zu lukrativen Kuriositäten geworden, deren Besichtigung gegen Bezahlung angeboten wurde. Ocktscha Rinscha, der ältere Mann, war ein Choctaw, Tuski Stannaki, der jüngere, wahrscheinlich ein Creek. Sie reisten mit ihrem ›Besitzer‹, einem »namhaften Indianerhändler« namens John Pight, und werden in den vielen Quellen, die ihre Zeit im Heiligen Römischen Reich dokumentieren, als Versklavte beschrieben.[6] Im Jahr 1719 brachte Pight die Männer von Charleston (South Carolina) erst nach England und dann im Sommer 1720 nach Frankreich. Einige Zeit später muss die Vierergruppe das Heilige Römische Reich erreicht haben, und im Januar 1722 kamen sie in Frankfurt am Main an – unterwegs nach Wien, wie sie erklärten. Von Wien aus ging es weiter nach Norden, nach Breslau und dann nach Dresden, der Hauptstadt des Kurfürstentums Sachsen. Von den Jahren, die sie in Europa verbrachten, lebten sie ein Jahrzehnt lang auf dem Gebiet Augusts des Starken, König von Polen und Kurfürst von Sachsen – zunächst in Dresden, später in Warschau. Sie waren versklavt, als sie nach Sachsen kamen, und es ist nicht klar, wie – oder ob – sie jemals als frei betrachtet wurden.

Ocktscha Rinscha und Tuski Stannaki waren starke, anpassungsfähige, transkulturelle Überlebensstrategen, und ihre Geschichte verlangt danach, an anderer Stelle aus indigener Perspektive und ausführlicher erzählt zu werden. Die hier untersuchten Quellen liefern einige wesentliche Informationen über ihre Route durch Mitteleuropa und zeigen, wie die Männer von den Deutschen, denen sie begegneten, wahrgenommen wurden. Aber diese Quellen wurden durch die koloniale Gewalt hervorgebracht, die Ocktscha Rinscha und Tuski Stannaki nach England und dann nach Europa brachte, und solche Quellen können nur eine begrenzte koloniale Perspektive auf die Körper, den Intellekt und die Werte der beiden Männer bieten. In dieser Studie verwende ich diese kolonialen Quellen, um eine Grundlage für das weitere Studium der Männer in der indigenen Geschichte zu schaffen, und um neue Vorstellungen von Haut, Sklaverei und *race* im Deutschland des frühen 18. Jahrhunderts aufzudecken. Das Leben von Ocktscha Rinscha und

Hof und schenkte ihr einen indigenen versklavten Jungen namens »Io«. Und im September 1720 kamen ein »indianischer Prinz und eine indianische Prinzessin« aus Florida (ihre Namen werden mit »Illa Cadego« und »Toche Hoga« angegeben) in Amsterdam an. Noch im selben Jahr wurden sie an den hessischen Hof in Kassel gebracht.

6   Im Jahr 1706 beschrieb der anglikanische Missionar Francis Le Jau Pight (hier »Pike«) als »a Considerable Indian trader« mit guten Kenntnissen der indigenen Sprachen. Siehe *The Carolina Chronicle of Dr. Francis Le Jau, 1706–1717,* hrsg. von Frank J. Klingberg, Berkeley 1956: 19.

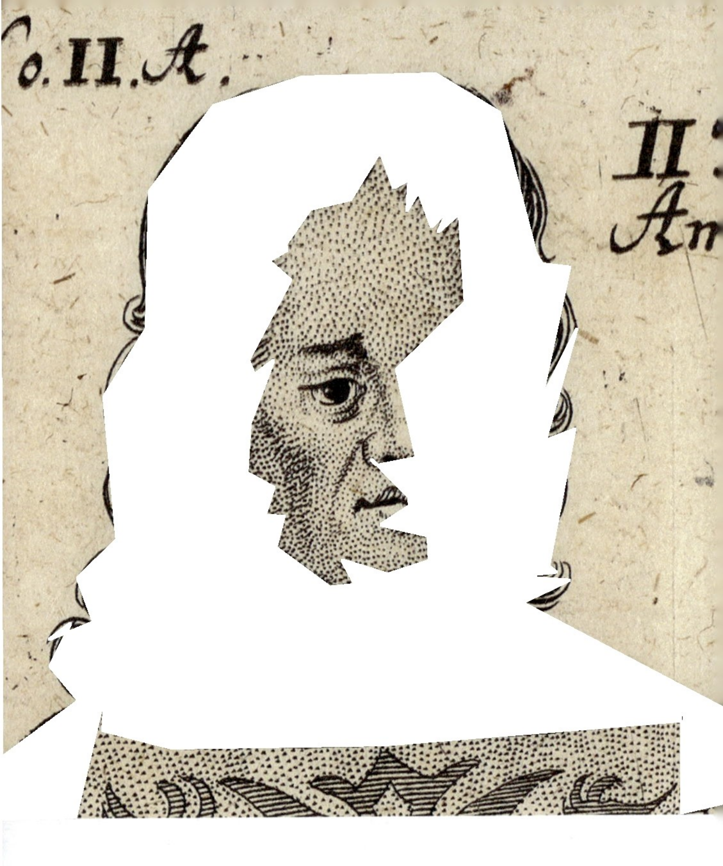

Ocktscha Rinscha and Tuski Stannaki.
Details from the Breslau *Sammlung von Natur- und Medicin-(...) Geschichten* [1722]. Courtesy of Sächsische Landesbibiothek – Staats- und Universitätsbibliothek Dresden/ Deutsche Fotothek.
(from: Acta.acad.141-19/22.1722)

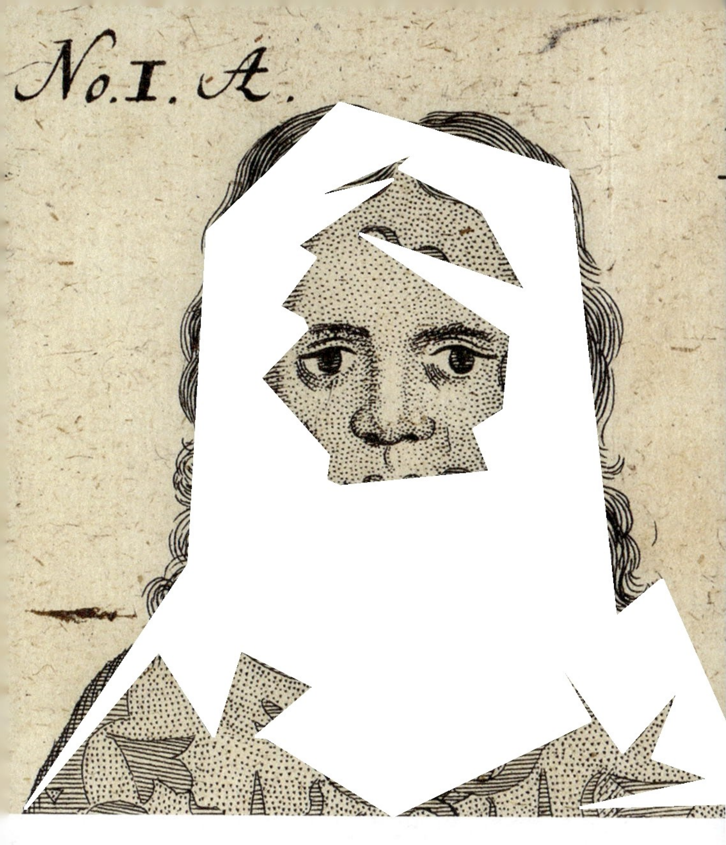

Ocktscha Rinscha und Tuski Stannaki.
Details aus der Breslauer *Sammlung
von Natur- und Medicin-[…]
Geschichten,* [1722]. Mit freundli-
cher Genehmigung der Sächsischen
Landesbibliothek – Staats- und
Universitätsbibliothek Dresden /
Deutsche Fotothek (aus: Acta.
acad.141-19/22.1722).

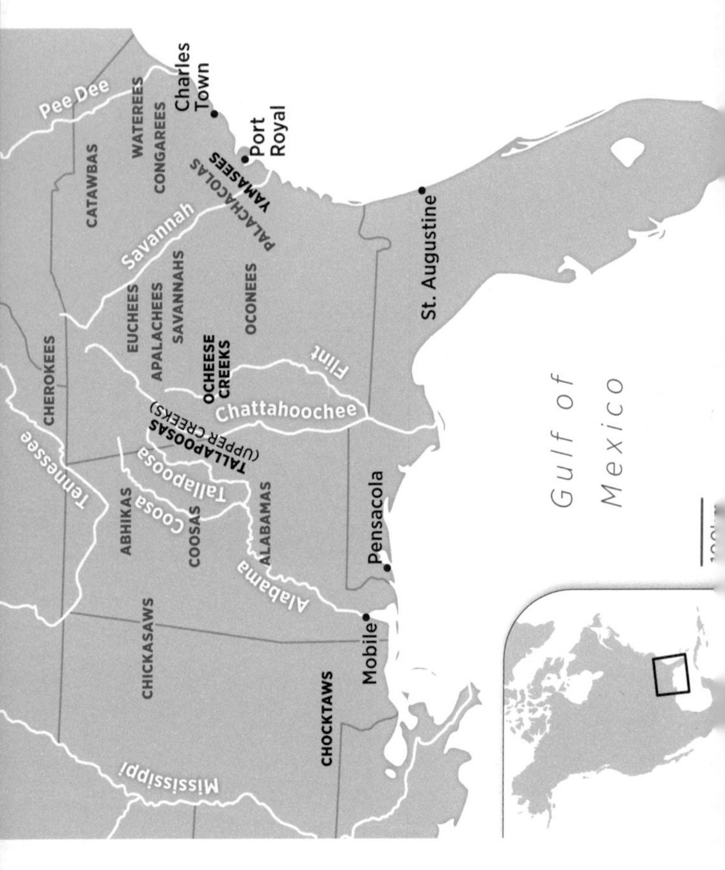

The Southeast on the eve of the Yamasee War, 1715, showing the possible origins of Ocktscha Rinscha (Choctaw) and Tuski Stannaki (Creek). Map by Daniel P. Huffman.

↗ Ocktscha Rinscha and Tuski Stannaki in the Holy Roman Empire and Kingdom of Poland, 1722–1734. Map by Daniel P. Huffman.

26

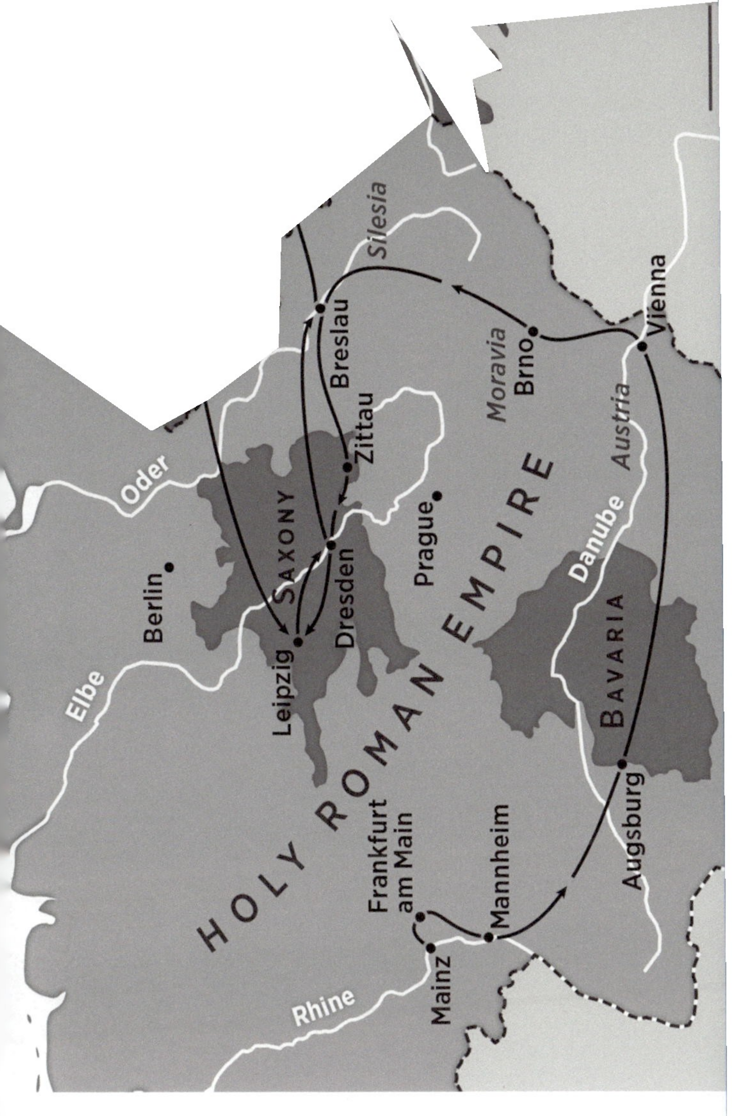

Ocktscha Rinscha und Tuski Stannaki im Heiligen Römischen Reich und Königreich Polen, 1722–1734. Karte von Daniel P. Huffman.

↗ "Most obedient servants Ocktscha Rinsha; Tuski Stannaki." Signatures of the two men on their request to be baptized as Lutherans in Dresden, 1725. Courtesy of Staatsarchiv Dresden.

gehorsamster Diener

Ocktscha Rinscha

Tuski Stannaki.

world in terms of the "hieroglyphic figures and Indian characters" the men bore on their skin.[6]

Ocktscha Rinscha and Tuski Stannaki crossed the Atlantic as captives of John Pight, a notorious enslaver of Native people in the American Southeast. He was born around 1670 in England and made his way to the Carolina colony, where by 1694 he owned a small plantation in Goose Creek outside of Charleston. Known for their violence and duplicity, the "Goose Creek Men" included many settlers from Barbados, England's first slave society. In Carolina, these men kept enslaved Africans, but they also "turned to what they knew and started enslaving Indians, or rather encouraging them to enslave each other, then buying up captives."[7] As one of these Goose Creek Men, Pight ranged west as far as the lands of the Creek and Cherokee, exchanging guns, powder, and other manufactures for furs, hides, and enslaved Native people, and he rose to become an important Indian trader in the years after 1700.[8] He spoke at least one Native language, perhaps the Mobilian trade language (also called the Chickasaw–Choctaw trade language). Leading defensive and raiding parties of Africans, Native people, and Europeans, Pight's greed and lawlessness helped provoke a conflagration called the Yamasee War in 1715—a Native rebellion so extensive that Charleston itself was at risk of destruction.[9] Ocktscha Rinscha and Tuski Stannaki may have been captured during this wave of violence. When the Yamasee War ended in 1716, Pight was politically outmaneuvered and essentially banished from Carolina. His days as an Indian trader had come to an end.

6   To an extraordinary degree, this chapter is built upon the generosity of colleagues, especially Jacki Rand (who helped me see the colonial knowledge production in my sources), Mark Häberlein (who alerted me to letters regarding the two Native men in the database of the Franckesche Stiftungen in Halle), Rebekka von Mallinckrodt (who shared with me her research in the Dresden *Hofbücher*), and above all John Jeremiah Sullivan, who has been so generous with his notes and other materials, which all reflect an enormous amount of careful research.

7   Their story has been examined from a Choctaw perspective by the Iti Fabvssa staff writers of the Choctaw Nation Historic Preservation Department, "Story of a Choctaw POW Comes to Light after 300 Years," *BISKINIK* (January 2014): 12, and was first mapped out (to 1725) by John Jeremiah Sullivan, "The Princes: A Reconstruction," *The Paris Review* 200 (Spring 2012): 35–88.

8   See *The Carolina Chronicle of Dr. Francis Le Jau, 1706–1717*, ed. Frank J. Klingberg (Berkeley: University of California Press, 1956), 19. See also William L. Ramsey, "A Coat for 'Indian Cuffy': Mapping the Boundary between Freedom and Slavery in Colonial South Carolina," *The South Carolina Historical Magazine* 103, no. 1 (2002): 48–66, esp. 51–53.

9   John J. Navin, *The Grim Years: Settling South Carolina, 1670–1720* (Columbia: University of South Carolina Press, 2019).

Tuski Stannaki zeigt, wie die Deutschen diese drei Säulen der atlantischen Welt durch die »Hieroglyphen und indianischen Schriftzeichen«, die die Männer auf ihrer Haut trugen, interpretierten.[7]

Ocktscha Rinscha und Tuski Stannaki überquerten den Atlantik als Gefangene von John Pight, einem berüchtigten Versklaver von indigenen Menschen im amerikanischen Südosten. Er wurde um 1670 in England geboren und brach in die Kolonie Carolina auf, wo er 1694 eine kleine Plantage in Goose Creek, außerhalb Charlestons, besaß. Zu den für ihre Gewalttätigkeit und Doppelzüngigkeit bekannten »Goose-Creek-Männern« gehörten viele Siedler aus Barbados, Englands erster Sklavengesellschaft. In Carolina hielten diese Männer versklavte Afrikaner*innen, aber sie »griffen auch auf das zurück, was sie kannten, und begannen, Indianer zu versklaven, oder besser gesagt, diese zu sich gegenseitig zu versklaven, um dann diese Gefangenen aufzukaufen«.[8] Als einer dieser Goose-Creek-Männer zog Pight nach Westen bis in das Land der Creek und Cherokee und tauschte Gewehre, Pulver und andere Waren gegen Pelze, Felle und versklavte indigene Menschen ein und stieg in den Jahren nach 1700 zu einem bedeutenden »Indianerhändler« auf.[9] Er sprach mindestens eine indigene Sprache, wahrscheinlich die Mobilian-Handelssprache (auch Chickasaw-Choctaw-Handelssprache genannt). Als Anführer von Verteidigungs- und Überfallkommandos, bestehend aus Afrikanern, Indigenen und Europäern, trug Pights Habgier und Gesetzlosigkeit dazu bei, einen regelrechten Flächenbrand, den Yamasee-Krieg, im Jahr 1715 auszulösen – einen Aufstand der indigenen Bevölkerung, der so groß war, dass Charleston selbst von völliger Zerstörung bedroht war.[10] Ocktscha Rinscha und Tuski Stannaki wurden möglicherweise während dieser Welle der Gewalt gefangen genommen. Als

7   Dieses Kapitel baut in besonderem Maße auf die Großzügigkeit von Kolleg*innen auf, speziell von Jacki Rand (die mir half, die koloniale Wissensproduktion in meinen Quellen zu erkennen), Mark Häberlein (der mich auf Briefe über die beiden indigenen Männer in der Datenbank der Franckeschen Stiftungen in Halle aufmerksam machte), Rebekka von Mallinckrodt (die mich an ihren Forschungen in den Dresdner Hofbüchern teilhaben ließ), und vor allem von John Jeremiah Sullivan, der so großzügig mit seinen Notizen und anderen Materialien war, die alle ein enormes Maß an sorgfältiger Forschung widerspiegeln.

8   Ihre Geschichte wurde von den Iti-Fabvssa-Journalisten des Choctaw Nation Historic Preservation Department aus der Perspektive der Choctaw untersucht, »Story of a Choctaw POW Comes to Light after 300 Years«, *BISKINIK* (Jan. 2014): 12, und wurde erstmals (bis 1725) von John Jeremiah Sullivan dargestellt, »The Princes: A Reconstruction«, in: *The Paris Review* 200 (Frühjahr 2012), 2012: 44 (Zitat).

9   1706–1717, Klingberg (wie Anm. 6):19. Siehe auch William L. Ramsey, »A Coat for ›Indian Cuffy‹: Mapping the Boundary between Freedom and Slavery in Colonial South Carolina«, in: *The South Carolina Historical Magazine* 103, Nr. 1 (2002): 48–66, insb. 51–53.

10   John J. Navin, *The Grim Years: Settling South Carolina, 1670–1720*, Columbia (SC) 2019.

But he still possessed a number of Indian captives, among them Ocktscha Rinscha and Tuski Stannaki. Aged about twenty-seven and twenty-two years old, the two young men were from somewhere to the west—between "the English province of Carolina and the Mississippi" according to one account.[10] Their names offer some evidence of their origins: Ocktscha Rinscha, the older, was probably Choctaw; the younger Tuski Stannaki may have been Muscogee Creek. Arriving in Breslau in August 1722, their full names were given as "Oak Charinga Tiggvvavv Tubbee Tocholuche inca Navvcheys" and "Tuskee Stannagee Whothlee Powvovv Micko Istovvlavvleys" by their captor.[11] In a London account, they were described thus: "the first is Son of the Emperor of the *Nawcheys,* his name is *Oakecharinga Tiggwawtubby Tocholochy Ynca;* the other, who is Son of the King of the *Istowlawleys,* they call *Tuskestannagee Whosly Powon Micco.*"[12] The name of the elder man, billed as "son of the Emperor of the Natchez," actually offers strong evidence of Choctaw origin. Working from the English newspaper rendering, a Native language expert has observed that "most of the words in the first name definitely seem to be Choctaw. Oakecharinga = Okchanilncha = 'Brought to Life.' Tigwatubby = Tikbatibby = 'Kills First' (a classic Choctaw war title). Tocholochy = Tusholach = 'will translate.' Ynca appears to be totally fraudulent." In the name of the younger man, "Tuskestannagee clearly seems to be the Muscogee word 'Tvstvnvke,' which means 'Warrior.' Also, 'Micco' means 'Chief' in Muscogee."[13] Scholars agree that some parts of each name were likely invented by their captor, Pight.

---

10 *Der Leipziger Spectateur: welcher die heutige Welt, der Gelehrten und Ungelehrten, (…) Leben und Thaten, Auch wohl Schrifften, beleuchtet und ihnen die Wahrheit saget* 3 (1723): 145–152, esp. 146.

11 *Sammlung von Natur- und Medicin-(…) Geschichten* [for 1725] 34 (1727): 472, quoting the entry in English: "Breslau August the 29. 1722."

12 *The Weekly Journal or Saturday's Post,* December 26, 1719, 334: "On Monday Night last a Comedy called, *The Taming of the Shrew,* or *Sawney the Scot,* was acted at the new Theatre in Little Lincoln's-Inn-Fields: The House was very full; there were present two American Princes, who are lately arrived from the Continent lying on the Coast of the River Missisippi, and for whose Entertainment that Play was intended. They seemed wonderfully delighted with the Performance, and the fine Company. Their Highnesses Dress was, indeed, something particular, and made but an indifferent Appearance, though it was pretty well too; but their Names being none of the least remarkable, we shall give them for the Entertainment of our Female Readers; the first is Son of the Emperor of the *Nawcheys,* his name is *Oakecharinga Tiggwawtubby Tocholochy Ynca;* the other, who is Son of the King [*sic*] of the *Istowlawleys,* they call *Tuskestannagee Whosly Powon Micco.*"

13 Lars F. Krutak, *Tattoo Traditions of Native North America: Ancient and Contemporary Expressions of Identity* (Arnhem: LM Publishers, 2014), 199.

der Yamasee-Krieg 1716 endete, wurde Pight politisch ins Aus befördert und schließlich aus Carolina verbannt. Seine Tage als Händler indigener Menschen waren zu Ende gegangen. Allerdings besaß er noch eine Reihe von indigenen Gefangenen, unter ihnen auch Ocktscha Rinscha und Tuski Stannaki. Die beiden jungen Männer im Alter von etwa 27 und 22 Jahren kamen aus dem Westen, zwischen der englischen Provinz Carolina und dem Mississippi, wie es in einem Bericht heißt.[11] Ihre Namen geben Hinweise auf ihre Herkunft: Ocktscha Rinscha, der ältere, gehörte wahrscheinlich zu den Choctaw, der jüngere Tuski Stannaki möglicherweise zu den Muscogee Creek. Als sie im August 1722 in Breslau ankamen, wurden ihre vollen Namen von den Entführern angegeben als »*Oak Charinga Tiggvvavv Tubbee Tocholuche inca Navvcheys*« und »*Tuskee Stannagee Whothlee Powvovv Micko Istovvlavvleys*«.[12] In einem Londoner Bericht wurden sie folgendermaßen beschrieben: »Der erste ist der Sohn des Kaisers der Nawcheys, sein Name ist Oakecharinga Tiggwawtubby Tocholochy Ynca; den anderen, den Sohn des Königs der Istowlawleys, nennen sie Tuskestannagee Whosly Powon Micco.«[13] Der Name des älteren Mannes, erwähnt als »Sohn des Kaisers der Natchez«, deutet auf eine Choctaw-Herkunft hin. Ausgehend von dem englischen Zeitungsbericht stellte ein Experte für indigene Sprachen fest, dass »die meisten Wörter des Vornamens mit ziemlicher Sicherheit die Sprache der Choctaw sind. Oakecharinga = Okchanilncha = ›zum Leben erweckt‹. Tigwatubby = Tikbatibby = ›tötet zuerst‹ (ein klassischer Choctaw-Kriegstitel). Tocholochy = Tusholach = ›wird übersetzen‹. Ynca scheint völlig falsch zu sein.« Der Name des jüngeren Mannes, »Tuskestannagee scheint eindeutig das Muscogee Wort ›Tvstvnvke‹ zu sein, was ›Krieger‹ bedeutet. Außerdem bedeutet ›Micco‹ ›Anführer‹ in Muscogee.«[14] Die Gelehrten sind sich einig, dass einige Teile der Namen wahrscheinlich von ihrem Entführer Pight erfunden wurden.

Als die Männer fließend Deutsch sprechen konnten, unterzeichneten sie ihre eigenen indigenen Namen als »Ocktscha Rinscha« und »Tuski Stannaki« auf einem Brief von 1725, in dem sie um die Erlaubnis baten, getauft zu werden.[15] Diese Namen entsprechen den Choctaw- und Muscogee-Creek-Elementen in ihren jeweiligen Namen, die zuvor Pight

---

11   *Der Leipziger Spectateur: welcher die heutige Welt, der Gelehrten und Ungelehrten, [...] Leben und Thaten, Auch wohl Schrifften, beleuchtet und ihnen die Wahrheit saget* 3 (1723): 145–152, hier 146.

12   *Sammlung von Natur- und Medicin-[...] Geschichten* [für 1725] 34 (1727): 472, »Breslau August the 29. 1722«.

13   *The Weekly Journal or Saturday's Post*, 26. Dezember 1719: 334. Übers. von Jeannette Zuleeg.

14   Lars F. Krutak, *Tattoo Traditions of Native North America: Ancient and Contemporary Expressions of Identity*, Arnhem 2014: 199. Übers. von Jeannette Zuleeg.

15   Sächsisches Staatsarchiv, 10025 Geheimes Konsilium, Loc. 4692/07, fol. 3r.

After the men had become fluent in German, they signed their own Native names as "Ocktscha Rinscha" and "Tuski Stannaki" on a 1725 letter requesting permission to be baptized.[14] These names correspond to the Choctaw and Muscogee Creek elements in their respective names as given earlier by Pight in London and Breslau. Given the discovery in 2018 of this document featuring their distinct signatures, I use "Ocktscha Rinscha" and "Tuski Stannaki" as the most accurate versions of the Native names of these men.

All reports agree that both men were inscribed from head to foot in an extraordinary array of permanent markings. Sometime in 1719, Pight—who had spent his life dealing in commodified human bodies—decided to exploit these dermal marks by taking the Native Americans to England for display. They arrived in London in August 1719, where Pight charged all manner of people all manner of prices to see them and the intricate patterns and images on their skin, presenting them as Native "Princes" or "Kings." Announced by a newspaper advertisement or handbill, Pight would set up shop at an inn or coffeehouse and charge visitors a few pence to see the men. London's theaters, he discovered, would pay for the men to attend a play, counting on a bigger audience once it was known that the "Princes" would be in attendance. On one occasion, they were made to perform a "war dance."[15] By the spring of 1720, however, London had grown tired of this sensation—and of Pight, whose greed seems to have been evident to all observers.[16] Pight and his captives departed for Paris, arriving there in late May or early June 1720.[17] Their visit coincided with the collapse of the Mississippi Bubble and was not a success. The trail of Ocktscha Rinscha, Tuski Stannaki, and John Pight disappears between the

14   Sächsisches Staatsarchiv, 10025 Geheimes Konsilium, Loc. 4692/07, fol. 3r.
15   Emmett L. Avery, ed., *The London Stage: 1660–1800: A Calendar of Plays, Entertainments & Afterpieces together with Casts, Box-Receipts and Contemporary Comment* (...) Vol. 2, 1700–1729 (Carbondale: Southern Illinois University Press, 1960), 574.
16   In the April 4, 1720, issue of his periodical *The Anti-Theatre*, Richard Steele complained of the "stronger notions of fingering money" of Pight, described here as the "interpreter" for the two Native men. This 1720 periodical was reprinted in Richard Steele, Colley Cibber, John Dennis, John Nichols, and John Falstaffe (the last two being pseudonyms of Steele), *The Theatre: to which are added, the Anti-Theatre; the Character of Sir John Edgar; Steele's Case with the Lord Chamberlain; the Crisis of Property, with the Sequel, Two Pasquins, &c. &c.* (London: Printed by and for the editor and sold by G.G.J. and J. Robinson (...) J. Walter (...) and C. Dilly, 1791), esp. 294–296.
17   Further research is needed to reconstruct the visit of the men to Paris in the summer of 1720.

in London und Breslau angegeben hatte. In Anbetracht der Entdeckung dieses Dokuments im Jahr 2018 mit den eindeutigen Unterschriften der beiden Männer verwende ich »Ocktscha Rinscha« und »Tuski Stannaki« als die genauesten Versionen der indigenen Namen dieser Männer.

Alle Berichte stimmen darin überein, dass beide Männer von Kopf bis Fuß mit einem außergewöhnlichen Spektrum von permanenten Markierungen versehen waren. Irgendwann im Jahr 1719 beschloss Pight, der sein Leben lang mit der Vermarktung menschlicher Körper verbracht hatte, diese Hautdarstellungen zu verwerten, indem er die indigenen Amerikaner nach England brachte, um sie dort auszustellen. Sie erreichten London im August 1719, wo Pight von den unterschiedlichsten Menschen alle möglichen Preise verlangte, um sie und die komplizierten Muster und Bilder auf ihrer Haut zu sehen, und sie als indigene »Prinzen« oder »Könige« vorstellte. Angekündigt durch eine Zeitungsanzeige oder ein Flugblatt, ließ sich Pight in einem Gasthaus oder Kaffeehaus nieder und verlangte von den Besucher*innen ein paar Pence, um die Männer zu sehen. Er fand heraus, dass Londoner Theater dafür zahlten, dass die Männer ein Stück besuchten, weil sie mit einem größeren Publikum rechneten, sobald bekannt war, dass die »Prinzen« anwesend sein würden. Zu einer Gelegenheit mussten sie sogar einen »Kriegstanz« aufführen.[16] Im Frühjahr 1720 hatte London jedoch genug von dieser Sensation – und von Pight, dessen Habgier allen Beobachter*innen klar gewesen zu sein scheint.[17] Pight und seine Gefangenen brachen in Richtung Paris auf, wo sie Ende Mai oder Anfang Juni 1720 eintrafen.[18] Ihr Besuch fiel in die Zeit des Zusammenbruchs der Mississippi-Blase und blieb erfolglos. Die Spur von Ocktscha Rinscha, Tuski Stannaki und John Pight verliert sich zwischen dem Sommer 1720 und Januar 1722, als sie in Frankfurt ankamen.[19] Wie wir sehen werden, sollte ihre Zeit im Heiligen Römischen Reich die beiden Männer zutiefst prägen.

16   Emmett L. Avery (Hrsg.), *The London Stage: 1660–1800: A Calendar of Plays, Entertainments & Afterpieces together with Casts, Box-Receipts and Contemporary Comment [...]*, Bd. 2, 1700–1729, Carbondale 1960: 574.

17   In der Ausgabe seiner Zeitschrift *The Anti-Theatre* vom 4. April 1720 beschwerte sich Richard Steele über die »stärkeren Vorstellungen vom Geld umschichten« von Pight, der hier als »Dolmetscher« für die beiden indigenen Männer beschrieben wird. Nachdruck dieser Zeitschrift in: Richard Steele, Colley Cibber, John Dennis, John Nichols und John Falstaffe [die letzten beiden sind Pseudonyme von Steele], *The Theatre: to which are added, the Anti-Theatre; the Character of Sir John Edgar; Steele's Case with the Lord Chamberlain; the Crisis of Property, with the Sequel, Two Pasquins, &c. &c.*, London 1791: 294–196

18   Weitere Forschung ist erforderlich, um den Besuch der Männer in Paris im Sommer 1720 zu rekonstruieren.

19   Wo waren sie? John Jeremiah Sullivan vermutet, dass sie schlichtweg nach England zurückgekehrt waren, ins Haus von Pights Tochter in Somerset (persönliche Kommunikation mit dem Autor, Januar 2019). Siehe auch Sullivan (wie Anm. 8).

summer of 1720 and January 1722, when they arrived in Frankfurt.[18] As we will see, their time in the Holy Roman Empire would transform the two Native men.

Bought and Sold in the Holy Roman Empire

The travels of Ocktscha Rinscha and Tuski Stannaki in the Holy Roman Empire have not yet been entirely reconstructed. They must have entered the Empire in late 1721, given that they arrived in Frankfurt in early January 1722. According to Dutch and English newspaper reports, they intended to travel south and east from Frankfurt to Vienna by way of Mannheim and Augsburg.[19] Considering this route, they may have come to Frankfurt from the north, but no records of the "American Princes" in Hamburg, Bremen, Cologne, Berlin, Hannover, or Kassel have surfaced. It seems unlikely that they came by way of the Netherlands: Dutch newspapers, especially the *Oprechte Haerlemsche Courant*, described their stay in London, reported in detail on their time in France (in July 1720), and noted their arrival in Frankfurt (in January 1722). If they had been seen in the Low Countries during this time, it seems very likely that a Dutch newspaper would have reported it—but no notice of them in the Netherlands appears in any Dutch publication.[20] It is not possible to confirm that they actually stopped in Mannheim or Augsburg after leaving Frankfurt around January 20, 1722, but they definitely reached Vienna in May of that year.

Why Vienna? By the time Ocktscha Rinscha and Tuski Stannaki arrived in Germany, they had been traveling with Pight as his captives for two and half years. As John Jeremiah Sullivan has argued, Pight may have realized he had reached end of the line with this "show." In German sources, we hear for the first time that the two men were now for sale as slaves.[21] Pight (whose name is given as "Pecht" in German sources) seemed to hope to

18   Where were they? John Jeremiah Sullivan suspects they may have simply returned to England and to Pight's daughter's home in Somerset (John Jeremiah Sullivan, Personal communication with the author, January 2019). See also Sullivan, "The Princes: A Reconstruction."

19   See the January 20, 1722, edition of the *Oprechte Haerlemsche Courant* as well as the *Whitehall Evening Post* of January 13, 1722.

20   Furthermore, although Pight boasted in his advertising that they had visited "English, French, and German courts" and universities, he did not mention the Low Countries.

21   *Kurtzgefastes sächsisches Kern-Chronicon, worinnen (…) etliche hundert merckwürdige alte und neue Glück- und Unglücks-Fälle, Festivitäten, Geburthen, Vermählungen und Absterben (…) bis hierher zugetragen (…)* 3 (1722–23): 38.

Gekauft und verkauft im Heiligen Römischen Reich

Die Reise von Ocktscha Rinscha und Tuski Stannaki in das
Heilige Römische Reich ist noch nicht vollständig rekonstruiert
worden. Sie müssen Ende 1721 ins Reich gekommen sein, da
sie Anfang Januar 1722 in Frankfurt eintrafen. Niederländischen und englischen Zeitungsberichten zufolge beabsichtig-
ten sie, von Frankfurt aus über Mannheim und Augsburg nach
Süden und Osten nach Wien zu reisen.[20] In Anbetracht dieser
Route könnten sie aus dem Norden nach Frankfurt gekommen sein, aber es existieren keine Aufzeichnungen über die
»amerikanischen Prinzen« in Hamburg, Bremen, Köln, Berlin,
Hannover oder Kassel. Es scheint unwahrscheinlich, dass sie
über die Niederlande kamen: Niederländische Zeitungen, insbesondere der *Oprechte Haerlemsche Courant,* beschrieben
ihren Aufenthalt in London, berichteten ausführlich über ihre
Zeit in Frankreich (im Juli 1720) und vermerkten ihre Ankunft
in Frankfurt (im Januar 1722). Wären sie in dieser Zeit in den
Niederlanden gesehen worden, hätte wahrscheinlich eine
niederländische Zeitung darüber berichtet, aber in keiner hol-
ländischen Publikation findet sich ein Hinweis auf sie.[21] Es kann
nicht bestätigt werden, dass sie tatsächlich in Mannheim oder
Augsburg Halt machten, nachdem sie Frankfurt um den 20.
Januar 1722 verlassen hatten, aber sie erreichten Wien defini-
tiv im Mai desselben Jahres.

Warum Wien? Als Ocktscha Rinscha und Tuski Stannaki
in Deutschland ankamen, waren sie bereits seit zweieinhalb
Jahren als Gefangene mit Pight unterwegs. Wie John Jeremiah
Sullivan argumentierte, könnte Pight erkannt haben, dass diese »Show« ihr Ende erreicht hatte. In deutschen Quellen hören
wir zum ersten Mal, dass die beiden Männer nun als Versklavte
zum Verkauf standen.[22] Pight (dessen Name in den deutschen
Quellen als »Pecht« angegeben wird) hoffte offenbar, sie an
einen Herrscher im Heiligen Römischen Reich zu verkaufen.
Mit diesem Plan im Hinterkopf könnte er sich zunächst an den
habsburgischen Kaiserhof als den angesehensten im Reich
gewandt haben.

Als Pight in Wien ankam, schaltete er am 20. Mai 1722 eine
Anzeige in Wiens einziger Zeitung, dem *Wienerischen Diarium:*

---

20   Siehe die *Oprechte Haerlemsche Courant* Ausgabe vom 20. Januar 1722;
      Whitehall Evening Post vom 13. Januar 1722.
21   Und obwohl Pight in seiner Werbung damit prahlte, dass sie »englische,
      französische und deutsche Höfe« und Universitäten besucht hätten, er-
      wähnte er die Niederlande nicht.
22   *Kurtzgefastes* sächsisches Kern-Chronicon, *worinnen* [...] *etliche hundert
      merckwürdige alte und neue Glück- und Unglücks-Fälle, Festivitäten,
      Geburthen, Vermählungen und Absterben* [...] *bis hierher zugetragen* [...]
      3 (1722/23): 38.

sell them to a ruler in the Holy Roman Empire. With this plan in mind, he may have headed first to the Habsburg imperial court as the most prestigious in the Empire.

When Pight arrived in Vienna, he ran an advertisement in Vienna's only newspaper, the *Wienerisches Diarium*, on May 20, 1722:

> Notice is hereby given, that the two renowned and wild Indian Princes, Sauase Oke Charinga and Tusskee Stannagee from the new world, America, have arrived here in Vienna. The decorations on their bodies have made them a great wonder everywhere: their bodies are covered with hieroglyphic figures and Indian characters so well-drawn that nothing can exceed them. These [figures] distinguish their families and represent the victories their ancestors attained in battle, so [many] that their entire bodies seem to be covered with clothing. Such a rare sight, so worth seeing, has drawn many learned and thoughtful people to satisfy their curiosity. They have been viewed and admired with extraordinary pleasure at many French, English, and German courts, universities, and other places of learning. To this end they now have arrived here as well, and are lodging at the Rooster-Bite [*Haanen-Beiß*] inn, on the first floor of the courtyard. N.B. If any cavalier or lady would like to view these Indian Princes in their private residence, they will not fail to come if so informed.[22]

This text, which Pight also used on handbills in Breslau and Dresden, presents Anglo-American ideas about Native and enslaved people to a German audience. Since the visit of the "Four Indian Kings" to London in 1710, all further Native visitors to England were presented as kings or princes of some sort, and Pight followed suit, claiming—as discussed below—that the men's tattoos were proof of their royal status.[23] Ocktscha Rinscha and Tuski Stannaki were of course in no way "wild," as the report about them published later in Breslau emphasizes. In fact, Pight presented their marked skin as the product of a complex culture. He had spent the previous thirty years of his life kidnapping and trading with Native Americans in the Southeast, and as a speaker of at least one Native language, he likely knew some-

---

22   *Wienerisches Diarium*, May 20, 1722.
23   Alden T. Vaughn, *Transatlantic Encounters: American Indians in Britain, 1500–1776* (New York: Cambridge University Press, 2006), 133.

»Es dient zur Nachricht, daß die Zwey berühmt-wilde Indianische Printzen, Sauase Oke Charinga und Tuskee Stannagee, aus der neuen Welt America alhier in Wien angelangt, welche wegen derer auf ihren Leibern befindlichen Zierraten überall höchlich bewundert worden; Ihre Leiber seynd mit Hyeroglyphschen Figuren und Indianische Caractern überstreut welche so überaus wol gezeichnet feynd daß nichts darüber seyn kann indem solches den Unterschied ihrer Familien und die im Krieg von ihren Vorfahrern erlangte Siegs-Triumphen vorstellen; So daß ihr ganzer leib nicht anderst scheinet als wann selbiger mit einem Kleid angethan wäre. Ein so seltsame und sehenswürdige Sache hat viele gelehrt und verständige Leute ihrer Curiosität hierin ein Genüge zu leisten bewogen; Und gleichwie sie an den Französisch- und Engelländischen als auch in vieler Teutschen Fürsten-Höfen Universitäten und andern hohen Schulen mit sonderbarem Vergnügen seynd gesehen und admioret worden; Als seynd dieselbse auch zu diesem Ende althier angelanget und logieren auf dem Hof im Haanen-Beiß im ersten Stock. Wo erwann ein Cavalier, oder Dame Belieben trüge diese Indianische Printzen in ihrer aparten Behausung zu sehen[,] werden sie sich auf gegebene Nachricht einzufinden nicht ermangeln.«[23]

In diesem Text, den Pight auch auf Flugblättern in Breslau und Dresden verwendete, werden angloamerikanische Vorstellungen über indigene und versklavte Menschen einem deutschen Publikum vorgestellt. Seit dem Besuch der »vier indianischen Könige« in London im Jahr 1710 wurden alle weiteren indianischen Besucher in England als Könige oder Prinzen präsentiert, und Pight folgte diesem Beispiel, indem er – wie weiter unten erläutert – behauptete, die Tätowierungen der Männer seien ein Beweis für ihren königlichen Status.[24] Ocktscha Rinscha und Tuski Stannaki waren natürlich keineswegs »wild«, wie der später in Breslau über sie veröffentlichte Bericht unterstreicht. Vielmehr stellte Pight ihre gezeichnete Haut als das Produkt einer komplexen Kultur dar. Er hatte die vorangegangenen dreißig Jahre seines Lebens damit verbracht, indigene Menschen im Südosten zu entführen und mit ihnen Handel zu treiben. Da er mindestens eine indigene Sprache beherrschte, wusste er wahrscheinlich einiges über die Kulturen der Menschen, mit denen er Handel trieb und die er ausbeutete. Seine Beschreibung von Ocktscha Rinscha und Tuski Stannaki betont die Verständlichkeit der »Hieroglyphen und indianischen Schriftzeichen« auf ihren Körpern: Die Markierun-

23   *Wienerisches Diarium*, 20. Mai 1722.
24   Alden T. Vaughn, *Transatlantic Encounters: American Indians in Britain, 1500–1776*, New York 2006: 133. Im Original bezeichnet als: »Four Indian Kings« (Anm. d. Übers.).

thing about the cultures of the people he traded with and preyed upon. His description of Ocktscha Rinscha and Tuski Stannaki emphasizes the intelligibility of the "hieroglyphic figures and Indian characters" on their bodies: the marks were highly meaningful (to those who could read them), representing their lineage and family history. Significantly, as we will see below, observers in Breslau and Leipzig disputed the legibility of the marks.

Sometime in the summer of 1722, the "Princes" left Vienna; Pight's daily exploitation of the men may have undermined his plan to sell them. As a Leipzig journal later noted, making the men available for public viewing made them common, and so less valuable to a royal court interested in tokens of worldly exclusivity.[24] Our next available sources show Pight and his captives arriving in Breslau in late August 1722—it is not known whether they stopped for any length of time along the way.[25]

When the men arrived in Breslau, Pight gave out a printed handbill with the same text as the Vienna advertisement and began displaying Ocktscha Rinscha and Tuski Stannaki immediately "in a tavern, and then in the fencing school (as it is called) (...) for a *Sieben-Zehner*, then for just a *Sieben-Creuzer* [the equivalent of a few English pence]." A few days after their arrival, they were summoned to the town hall by the Breslau authorities to "present themselves."[26] The roughly two months that Ocktscha Rinscha and Tuski Stannaki spent in Breslau resulted in an extraordinary cultural and representational output: "Certain learned men curious about nature in Breslau" published both the most detailed written description of the Native men known to us (seven pages) and two detailed prints of their tattooed bodies.[27] The Breslau material was published in the *Sammlung von Natur- und Medicin- wie auch hierzu gehorigen Kunst- und Literatur-Geschichten so sich in Schlesien und andern Ländern begeben* (...) (Collection of Natural, Medical and Related Artistic and Literary Relations as Have Occurred in Silesia and Other Lands), a popular-academic journal.[28] In this report, the Breslau authors, though far from the Atlantic world, cite and add

24 *Leipziger Spectateur* 3 (1723): 150.
25 The Moravian city of Brno/Brünn would be a logical stopping point.
26 *Sammlung von Natur- und Medicin-*(...) *Geschichten* [for 1722] 21 (1724): 311.
27 The full article is in *Sammlung von Natur- und Medicin-*(...) *Geschichten* [for 1722] 21 (1724): 310–317.
28 The "certain learned men curious about nature" who wrote and edited the journal included Johann Kanold, Johann Georg Brunschwitz, Johann Christian Kundman, and A. E. Büchner. They are also referenced as "certain Breslau physicians" on the title page of the journal.

gen waren sehr bedeutungsvoll (für diejenigen, die sie lesen
konnten) und stellten ihre Abstammung und Familiengeschichte dar. Wie wir weiter unten sehen werden, bestritten die Beobachter in Breslau und Leipzig die Lesbarkeit der Zeichen.

Irgendwann im Sommer 1722 verließen die »Prinzen« Wien.
Pights tägliche Ausbeutung der Männer könnte seinen Plan,
sie zu verkaufen, untergraben haben. Wie eine Leipziger Zeitschrift später anmerkte, wurden die Männer dadurch, dass sie
der Öffentlichkeit zugänglich gemacht wurden, gewöhnlich
und damit weniger wertvoll für einen königlichen Hof, der an
Zeichen weltlicher Exklusivität interessiert war.[25] Die nächsten
uns zur Verfügung stehenden Quellen zeigen, dass Pight und
seine Gefangenen Ende August 1722 in Breslau eintrafen – es
ist nicht bekannt, ob sie unterwegs einen längeren Halt ein-
legten.[26]

Als die Männer in Breslau ankamen, verteilte Pight ein ge-
drucktes Flugblatt mit demselben Text wie im Wiener Inserat
und begann sofort, Ocktscha Rinscha und Tuski Stannaki »in
einem Wirths-Hause, und denn in der so genannten Fecht-
Schule [...] erst eines Sieben-Zehners, denn bloß für einen
Sieben-Creuzer« auszustellen. Wenige Tage nach ihrer Ankunft wurden sie von den Breslauer Behörden ins Rathaus be-
ordert, um sich zu »präsentieren«.[27] Die rund zwei Monate, die
Ocktscha Rinscha und Tuski Stannaki in Breslau verbrachten,
führten zu einem außergewöhnlichen kulturellen und reprä-
sentativen Output: »Gewisse gelehrte Männer, die in Breslau
neugierig auf die Natur waren«, veröffentlichten sowohl die
ausführlichste uns bekannte schriftliche Beschreibung der
beiden Männer (sieben Seiten) als auch zwei detaillierte Ab-
züge ihrer tätowierten Körper.[28] Das Breslauer Material wurde
in der *Sammlung von Natur- und Medicin- wie auch dazu gehörigen Kunst- und Literatur-Geschichten so sich in Schlesien
und andern Ländern begeben* [...], einer populär-akademischen
Zeitschrift, veröffentlicht.[29] In diesem Bericht zitieren und
ergänzen die Breslauer Autoren, obwohl weit von der atlantischen Welt entfernt, das bestehende koloniale Wissen über

25   *Leipziger Spectateur* 3 (1723): 150.
26   Die mährische Städte Brno/Brünn oder Olomouc/Olmütz könnten als Zwi-
      schenstopp auf dem Weg von Wien gedient haben.
27   *Sammlung von Natur- und Medicin-[...] Geschichten* [für 1722] 21 (1724): 311.
28   Der vollständige Artikel findet sich in: *Sammlung von Natur- und Medi-
      cin-[...] Geschichten* [für 1722] 21 (1724): 310–317.
29   Zu den »gewissen gelehrten, naturneugierigen Männern«, die die Zeit-
      schrift schrieben und herausgaben, gehörten Johann Kanold, Johann Georg
      Brunschwitz, Johann Christian Kundman und A. E. Büchner. Sie werden auf
      dem Titelblatt der Zeitschrift auch als »gewisse Breslauer Ärzte« bezeich-
      net. Über die Verbindungen zwischen Kanold und dem Leipziger Apotheker
      und Sammler Johann Heinrich Linck d. Ä. (1674–1734), siehe Christina Lud-
      wig, »Leipzig – Dresden verlinckt. Verbindende Spurensuche am Beispiel
      des ethnographischen Kupferstichs ›Americanische Printzen‹«: 102–105;
      erscheint demnächst in einem Tagungsband zum 350-jährigen Bestehen
      der Linck-Sammlung.

to existing colonial knowledge about Native American people, revealing the objectification and commodification of the two men.

The Breslau authors narrate firsthand a visit to the inn where the men could be viewed. After carefully inspecting the exposed bodies of the men, the authors sought to converse with them. This was not possible, however: the German-speaking interpreter either answered the questions himself or relayed them to Pight in English. The observers were told that the Native men never conversed directly with any other people. When they asked whether "their master (*maître*) could talk with them instead" and relay their questions, they were informed that "they will not speak a word in front of other people; only in private could their master (*maître*) talk with them."[29] The authors were nevertheless able to glean some details about Ocktscha Rinscha and Tuski Stannaki from the interpreter, however accurate they might be: they were told that to pass the time during their travels, the men had learned how to sketch (cityscapes among other subjects), and that they were beginning to understand German.[30]

According to the Breslau article, the detailed images of the two men engraved and printed with the article in the *Collection of Natural, Medical and Related Artistic and Literary Relations* were "drawn from life." These prints have recently been referenced and reproduced by several scholars, but the comments on the images provided in the accompanying text and in other sources have not been taken into account.[31]

In addition to the serpent tattoo, Ocktscha Rinscha's face featured "a few other smaller signs, but the artist did not attend to them in the drawing."[32] Furthermore,

29   The French word *maître* is used in the Breslau German text: *Sammlung von Natur- und Medicin-(...) Geschichten* [for 1722] 21 (1724): 314.

30   *Sammlung von Natur- und Medicin-(...) Geschichten* [for 1722] 21 (1724): 314.

31   Lars Krutak has placed the markings in the context of Woodlands warrior tattooing as "meaningful conduits through which supernatural power and esoteric knowledge flowed." See Krutak, *Tattoo Traditions of Native North America*, 198–200, and "Tattoos, Totem Marks, and War Clubs," in *Drawing with Great Needles: Ancient Tattoo Traditions of North America*, ed. Aaron Deter-Wolf and Carol Diaz-Granados (Austin: University of Texas Press, 2014), 95–130. Christian F. Feest, "Das Unverständliche, das Fremde und das Übernatürliche: Schlangen in religiöser Vorstellung und Praxis im Indigenen," in *Schlangenritual: Der Transfer der Wissensformen vom Tsu'ti'kive der Hopi bis zu Aby Warburgs Kreuzlinger Vortrag*, ed. Cora Bender, Thomas Hensel, and Erhard Schüttpelz (Berlin: Akademie Verlag, 2007), 119–151, discusses the snake imagery borne by Ocktscha Rinscha.

32   *Sammlung von Natur- und Medicin-(...) Geschichten* [for 1722] 21 (1724): 314. The *Leipziger Spectateur* 3 (1723): 148 mentions a moon on the right side of Ocktscha Rinscha's face.

indigene Menschen in Amerika und enthüllen dabei die Objektivierung und Kommodifizierung der beiden Männer.

Die Breslauer Autoren berichten aus erster Hand von einem Besuch im Gasthaus, in dem die Männer besichtigt werden konnten. Nachdem sie die entblößten Körper der Männer sorgfältig inspiziert hatten, versuchten die Autoren, mit ihnen zu sprechen. Dies war jedoch nicht möglich: Der deutschsprachige Dolmetscher beantwortete die Fragen entweder selbst oder gab sie auf Englisch an Pight weiter. Den Beobachtern wurde gesagt, dass die indigenen Männer sich nie direkt mit anderen Menschen unterhielten. Als sie vorschlugen, dass »der Maître (Herr) doch mit ihnen reden« solle und ihre Fragen weitergeben könne, wurde ihnen mitgeteilt, dass »sie vor den Leuten kein Wort zu sprechen pflegten: Es könnte bloß der Maître heimlich mit ihnen reden«.[30] Dennoch war es den Autoren möglich, dem Dolmetscher einige Details über Ocktscha Rinscha und Tuski Stannaki zu entlocken, wie genau oder ungenau sie auch sein mögen: Sie erfuhren, dass die Männer zum Zeitvertreib auf ihren Reisen gelernt hatten zu skizzieren (u.a. Stadtansichten) und dass sie begannen, Deutsch zu verstehen.[31]

Dem Breslauer Artikel zufolge wurden die detaillierten Abbildungen der beiden Männer, die mit dem Artikel in der *Sammlung von Natur- und Medicin-[...] Geschichten so sich in Schlesien und andern Ländern begeben [...]* graviert und gedruckt wurden, »lebensnah gezeichnet«. Diese Drucke wurden in jüngster Zeit von mehreren Wissenschaftler*innen referenziert und reproduziert, aber die im Begleittext und in anderen Quellen enthaltenen Kommentare zu den Bildern wurden nicht berücksichtigt.[32]

Neben der Schlangentätowierung wies das Gesicht von Ocktscha Rinscha »noch einige geringe Signaturen im Gesichte, so aber der Mahler in der Zeichnung nicht attendiret«.[33] Außerdem, erklären die Breslauer Autoren: »[...] die Füsse

---

30 Das französische Wort »Maître« wird im Text verwendet: *Sammlung von Natur- und Medicin-[...] Geschichten* [für 1722] 21 (1724): 314.

31 *Sammlung von Natur- und Medicin-[...] Geschichten* [für 1722] 21 (1724): 314.

32 Lars Krutak stellt die Markierungen in den Kontext der Tätowierungen der Woodlands Krieger dar als »meaningful conduits through which supernatural power and esoteric knowledge flowed«. Siehe Krutak, Tattoo Traditions of Native North America, und »Tattoos, Totem Marks, and War Clubs,« in: *Drawing with Great Needles: Ancient Tattoo Traditions of North America*, hrsg. von Aaron Deter-Wolf und Carol Diaz-Granados, Austin 2014: 198–200 und 95–130. Christian F. Feest, »Das Unverständliche, das Fremde und das Übernatürliche: Schlangen in religiöser Vorstellung und Praxis im Indigenen«, in: *Schlangenritual: Der Transfer der Wissensformen vom Tsu'ti'kive der Hopi bis zu Aby Warburgs Kreuzlinger Vortrag,* hrsg. von Cora Bender, Thomas Hensel und Erhard Schüttpelz, Berlin 2007: 119–151, erörtert die Schlangensymbolik auf Ocktscha Rinschas Haut.

33 *Sammlung von Natur- und Medicin-[...] Geschichten* [für 1722] 21 (1724): 314. Der *Leipziger Spectateur* 3 (1723): 148 erwähnt einen Mond auf der rechten Seite von Ocktscha Rinschas Gesicht.

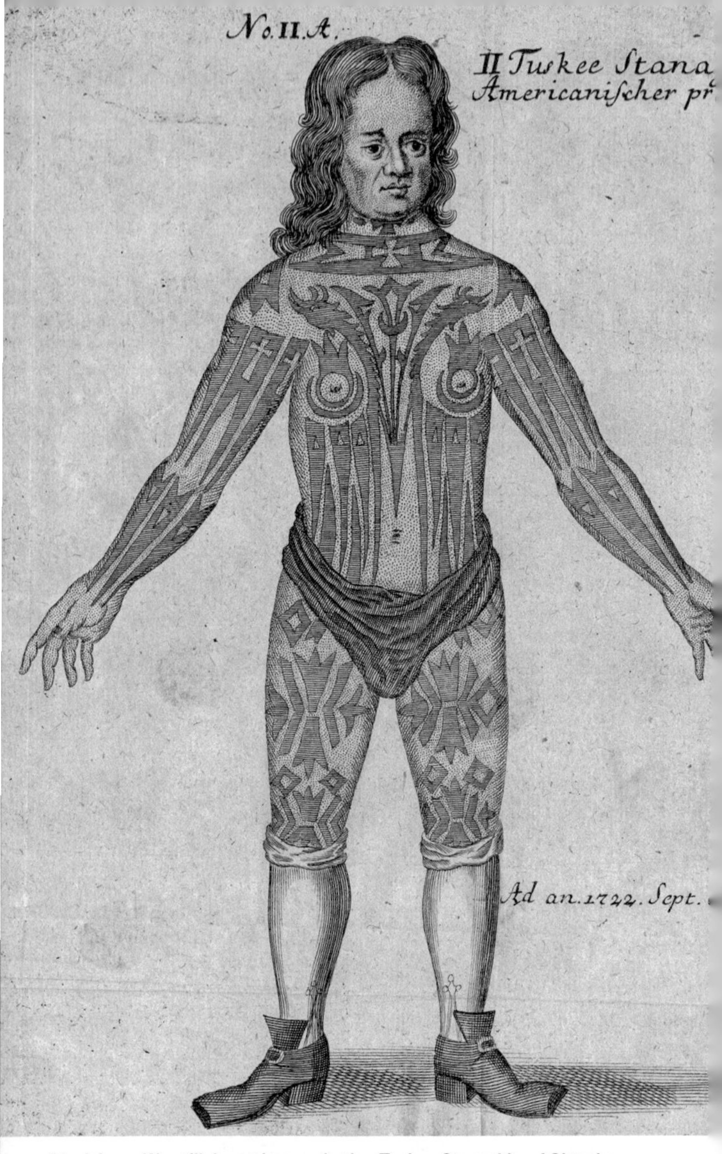

Disclaimer: We still do not know whether Tuskee Stannaki and Oktscha Rinscha were asked for permission to have their bodies featured in the illustrations. However, we have to assume that the publication was part of a colonial regime of the gaze that turned their subjectivities and bodies into objects of attraction. Considering the current scholaly discourse regarding the right to one's image and the ethical reproduction of sensitive content, we recommend viewing Craig Koslofsky's essay as a critical contextualization of the images' original publication.

"Tuskee Stanagee, Americanischer printz" from the Breslau *Sammlung von Natur- und Medicin-[...] Geschichten* [1722]. Courtesy of Sächsische Landesbibliothek – Staats- und Universitätsbibliothek Dresden / Deutsche Fotothek, Acta.acad.141-19/22.

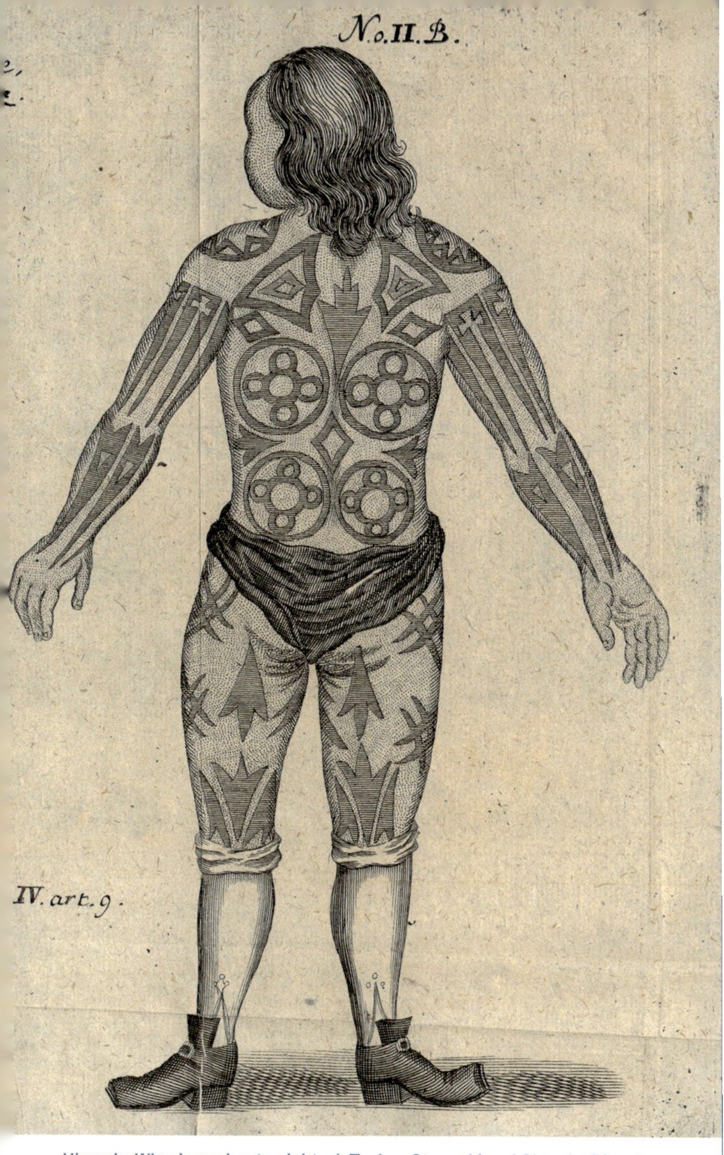

Hinweis: Wir wissen heute nicht, ob Tuskee Stannaki und Oktscha Rinscha um Erlaubnis für die Abbildung ihrer Körper gebeten wurden. Wir müssen jedoch davon ausgehen, dass die Veröffentlichung ein Teil eines kolonialen Blickregimes war, welche ihre Subjektivität und Körper zu Objektattraktionen werden ließ. Im Hinblick auf den aktuellen wissenschaftlichen Diskurs über die Rechte am eigenen Bild und die ethische Reproduktion sensibler Inhalte empfehlen wir, den Aufsatz von Craig Koslofsky als kritische Kontextualisierung der Bildveröffentlichung zu verstehen.

»Tuskee Stanagee, Americanischer printz«, aus der Breslauer *Sammlung von Natur- und Medicin-[...] Geschichten* [1722]. Mit freundlicher Genehmigung der Sächsischen Landesbibliothek – Staats- und Universitätsbibliothek Dresden / Deutsche Fotothek, Acta.acad.141-19/22.

the Breslau authors explain that "the feet were covered by stockings and otherwise fine, but in our illustrations the artist has made them a little too heavy." The hair of both men was apparently also longer and straighter than depicted, hanging down their backs, but "the artist (...) drew it wavier and shorter, [and] so erred a bit." Other sources also mention noticeable battle scars on the men that are not visible in the Breslau prints.[33]

It is not clear why Pight chose to travel to Breslau, but while in the Silesian city he may have learned more about the lavish Saxon court to the west, in Dresden. In November of 1722, Pight and the two "American Princes" rode from Breslau to Dresden, passing through the town of Zittau on November 14.[34] The official diary of the Dresden court recorded the arrival of the men on Friday, December 4: "An English ship captain arrived here with two American Princes, which he received as prisoners. They are called [blank lines for their names] and are marked on their entire bodies with many characters and images."[35] The men lodged first at the Red Stag (*Roter Hirsch*), then moved to the Golden Crown (*Goldene Krone*) inn. They were quickly received at the highest level of the Polish-Saxon court: on Monday, December 7, they were "magnificently hosted" by August Christoph Graf von Wackerbarth, Dresden's governor and a minister of state.[36] On December 16, Pight brought Ocktscha Rinscha and Tuski Stannaki to an audience with the Saxon Electoral prince and princess at Taschenberg Palace.[37] A Leipzig report dated December 20 claims that the Dresden court painter Louis de Silvestre had completed portraits of the men to send to Augustus II, King of Poland and Elector of Saxony, at his court in Warsaw, and that these paintings would advance the "intentions of Herr Capitain Pecht [i.e., Pight] to sell these rare foreigners for a sum of money."[38]

33   On the scars, see *Acta Lipsiensium academica* 1 (1723): 86 as well as the
     Kurtzgefastes sächsisches Kern-Chronicon 3 (1722–23): 36.
34   On Zittau, see Sullivan, "The Princes: A Reconstruction," 39.
35   Sächsisches Staatsarchiv, 10006 Oberhofmarschallamt, O 04, No. 103:
     "Kam ein Engl. Schiffs Capitain mit zwey Americanischen Prinzen, so er all-
     da gefangen bekommen alhier an, diese heißen [blank lines for names] und
     sind an ihren ganzen leibern mit viele Characteurs und Figuren gezeichnet."
     The recorder of the court diary could apparently not immediately grasp
     Ocktscha Rinscha and Tuski Stannaki's names, so he left two blank lines in
     his note.
36   Sächsisches Staatsarchiv, 10006 Oberhofmarschallamt, O 04, No. 103.
37   Sächsisches Staatsarchiv, 10006 Oberhofmarschallamt, O 04, No. 103: "ha-
     ben Ihro königl. Hoheit der Prinz und Prinzeßin die 2. Americanis. Printzen
     gesehen in der Pallais." No further references to the Native men are in the
     Hofdiarien for 1723, and the *Hofdiarien* for the years 1724–1733 are lost.
38   *Kurtzgefastes sächsisches Kern-Chronicon* 3 (1722–23): 38. On Electoral

waren mit Strümpffen bekleidet und sonst nett, seynd daher in unsern Figuren von dem Mahler etwas zu starck angegeben«. Auch das Haar der beiden Männer war offenbar länger und glatter als abgebildet und hing ihnen den Rücken hinunter, aber »der Mahler [...] auch hierinnen, daß er selbige krauß und kürzer gesetzt, [und] so in etwas gefehlet.« Andere Quellen erwähnen auch auffällige Kampfnarben an den Männern, die in den Breslauer Drucken nicht sichtbar sind.[34]

Der Grund für Pights Reise nach Breslau ist unklar, möglicherweise erfuhr er in der schlesischen Stadt jedoch mehr über den prächtigen sächsischen Hof im Westen, in Dresden. Im November 1722 ritten Pight und die beiden »amerikanischen Prinzen« von Breslau nach Dresden und passierten am 14. November die Stadt Zittau.[35] Das offizielle Tagebuch des Dresdner Hofes vermerkte die Ankunft der Männer am Freitag, dem 4. Dezember: »Kam ein Engl. Schiffs Capitain mit zwey Americanischen Prinzen, so er allda gefangen bekommen alhier an, diese heißen [Leerzeilen für Namen] und sind an ihren ganzen leibern mit viele Characteurs und Figuren gezeichnet.«[36] Die Männer quartierten sich zunächst im »Roten Hirsch« ein und zogen dann um in das Gasthaus »Goldene Krone«. Schnell wurden sie auf höchster Ebene des polnisch-sächsischen Hofes empfangen: Am Montag, dem 7. Dezember, wurden sie von August Christoph Graf von Wackerbarth, dem Dresdner Gouverneur und Staatsminister, »prächtig bewirtet«.[37] Am 16. Dezember brachte Pight Ocktscha Rinscha und Tuski Stannaki zu einer Audienz beim sächsischen Kurprinz Friedrich August II. und Kurprinzessin Maria Josepha ins Taschenbergpalais.[38] In einem Leipziger Bericht vom 20. Dezember heißt es, der Dresdner Hofmaler Louis de Silvestre habe Porträts der Männer angefertigt, um sie an den sächsischen Kurfürsten und polnischen König August den Starken an dessen Hof in Warschau zu schicken; diese Gemälde würden die »Absichten des Herrn Capitain Pecht [Pight] fördern, diese raren Ausländer für eine Summa Geldes zu verkauffen«.[39]

34 Zu den Narben siehe *Acta Lipsiensium academica* 1 (1723): 86 sowie *Kurtzgefastes sächsisches Kern-Chronicon* 3 (1722/23): 36.

35 Zu Zittau siehe Sullivan (wie Anm. 8): 39.

36 Sächsisches Staatsarchiv, 10006 Oberhofmarschallamt, O 04, Nr. 103. Der Schreiber des Hoftagebuchs konnte die Namen von Ocktscha Rinscha und Tuski Stannaki offenbar nicht auf Anhieb erfassen und ließ daher zwei Leerzeilen in seinem Vermerk.

37 Sächsisches Staatsarchiv, 10006 Oberhofmarschallamt, O 04, Nr. 103.

38 Ebd.: »haben Ihro königl. Hoheit der Prinz und Prinzeßin die 2. Americanis. Printzen gesehen in der Pallais«. Es gibt keine weiteren Referenzen bezüglich der indigenen Männer in den *Hofdiarien* für das Jahr 1723, und die *Hofdiarien* für die Jahre 1724–1733 sind verlorengegangen.

39 *Kurtzgefastes sächsisches Kern-Chronicon* 3 (1722/23): 38. Zum Kurfürstentum Sachsen in dieser Zeit siehe: Frank-Lothar Kroll und Hendrik Thoss (Hrsg.), *Zwei Staaten, eine Krone: Die Polnisch-Sächsische Union 1697–1763*, Berlin 2016; Karl Czok, *August der Starke und seine Zeit:*

In January 1723, Pight took the men to Leipzig for the New Year's trade fair, lodging at the Three Roses (*Drei Rosen*) inn in Peterstrasse.[39] The appearance of the "Princes" in this vibrant center of trade, publishing, and education prompted another wave of publications about them.[40] The *Leipziger Spectateur* framed them as "wild, heathen Americans" who nevertheless "seem to possess great dignity and honesty" and "know nothing of falsehood and lies." The Native men were a moral rebuke to both their greedy guide ("Führer") Pight and to "the German world" mired in "damnable hypocrisy, lies, and deception."[41] The colonial trope of the noble savage is clearly at work here. The Leipzig sources for 1723 also note that Ocktscha Rinscha and Tuski Stannaki were skilled at finding their way in the countryside, even in unfamiliar areas. They could "learn the streets and lanes of a city in the blink of an eye, and do not easily get lost." It is not clear, however, whether these accounts simply repeated essentialist tropes about Native people or worked from actual observation. We are also told they had a special liking for Saxony, especially Dresden.[42]

After the Leipzig winter trade fair, Pight and the two captives returned to Dresden. They had an audience with Augustus II at some point, though it is not yet clear exactly when this happened.[43] The first report of Pight's interest in selling the two Native men to the King appeared in December 1722; and sometime in the summer of 1723, Augustus bought them and agreed to pay for their room and board at the Golden Crown.[44] They thus became both the property of the Polish King and members of the Saxon court. Meanwhile, Pight returned to Carolina, where he was on his deathbed when he made his will in 1726.

Saxony in this era, see Frank-Lothar Kroll and Hendrik Thoss, eds., *Zwei Staaten, eine Krone: Die Polnisch-Sächsische Union 1697–1763* (Berlin: Bebra Wissenschaftsverlag, 2016) and Karl Czok, *August der Starke und seine Zeit: Kurfürst von Sachsen, König in Polen*, 3rd ed. (Leipzig: Edition Leipzig, 1997).

39   At this same time Johann Sebastian Bach came to Leipzig to perform his test pieces (Cantatas nos. 22 and 23, on February 7, 1723), as part of his application for the position as cantor of the Thomasschule.

40   Principally the *Leipziger Spectateur* 3 (1723): 145–152; the *Acta Lipsiensium academica* 1 (1723): 85–87; the *Kurtzgefastes sächsisches Kern-Chronicon* 3 (1722–23): 35–38; and the *Leipziger Jahr-Buch*, January 1723, 441.

41   *Leipziger Spectateur* 3 (1723): 151. The *Spectateur* report claims that Pight would not allow the men to be educated or learn anything of Christianity "so that his profits may not escape him" ("damit ihm sein Gewinn nicht entgehe").

42   *Leipziger Spectateur* 3 (1723): 150.

43   No audience is recorded in the Dresden court journals for 1722 or 1723, and the journals are missing for 1724–1733.

44   So far, no record of their purchase has been found.

Im Januar 1723 reiste Pight mit den Männern zur Neujahrs-
messe nach Leipzig und übernachtete im Gasthaus »Drei
Rosen« in der Petersstraße.[40] Das Auftauchen der »Prinzen«
in diesem pulsierenden Zentrum des Handels, des Verlags-
wesens und der Bildung löste eine weitere Welle von Veröffentlichungen über sie aus. Der *Leipziger Spectateur* beschrieb
sie als »wilde, Heydnische Americaner«, die dennoch »Groß-
muth und Ehrlichkeit zu haben« scheinen und »nichts von
Falschheit und Lügen« wissen.[41] Die beiden Männer waren eine
moralische Zurechtweisung sowohl für ihren gierigen »Führer«
Pight als auch für die »Teutsche Welt«, die in »verdammte Heu-
cheley, Lügen und Verstellung« versunken war.[42] Die koloniale
Trope des edlen Wilden wird hier sehr deutlich. In den Leipziger
Quellen von 1723 wird auch erwähnt, dass Ocktscha Rinscha
und Tuski Stannaki sich auf dem Lande auch in unbekannten
Gegenden gut zurechtfanden. Sie konnten »auch die Gassen
einer Stadt augenblicklich kennenlernen, und verlieren sich
nicht leicht«. Es ist jedoch nicht klar, ob diese Berichte einfach
essentialistische Tropen über indigene Menschen wiederholten oder auf tatsächlichen Beobachtungen beruhten. Es wird
auch berichtet, dass sie eine besondere Vorliebe für Sachsen
und insbesondere für Dresden hatten.[43]

Nach der Leipziger Wintermesse kehrten Pight und die
beiden Gefangenen nach Dresden zurück. Irgendwann hatten
sie eine Audienz bei August II., wobei noch nicht klar ist, wann
genau dies geschah.[44] Der erste Bericht über das Interesse
Pights, die beiden Männer an den König zu veräußern, erschien
im Dezember 1722. Irgendwann im Sommer 1723 erwarb August die beiden und erklärte sich bereit, für ihre Unterbringung
und Verpflegung in der Goldenen Krone zu zahlen.[45] Damit
wurden sie sowohl zum Eigentum des polnischen Königs als
auch zu Mitgliedern des sächsischen Hofes. In der Zwischenzeit kehrte Pight nach Carolina zurück, wo er 1726 auf dem
Sterbebett sein Testament verfasste.

Kurfürst von Sachsen, König in Polen, 3. Aufl., Leipzig 1997.
40   Zu dieser Zeit weilte auch Johann Sebastian Bach in Leipzig, um am 7. Fe-
bruar 1723 seine Probestücke (die Kantaten BWV 22 und 23) als Teil seiner
Bewerbung um die Position des Thomaskantors aufzuführen.
41   Hauptsächlich Der *Leipziger Spectateur* 3 (1723): 145–152; die *Acta
Lipsiensium academica* 1 (1723): 85–87; das *Kurtzgefastes sächsisches
Kern-Chronicon* 3 (1722/23): 35–38; *Leipziger Jahr-Buch*, Januar 1723: 441.
Der Besuch der beiden Männer in Leipzig Anfang 1723 ist auch in der hand-
schriftlichen Chronik von Johann Salomon Riemer (1702–1771) dokumentiert. Siehe Stadtarchiv Leipzig, Riemer-Chronik, 1723: 104, wie zitiert in
Ludwig (wie Anm. 29): 106.
42   *Leipziger Spectateur* 3 (1723): 151. Der *Spectateur* Bericht behauptet, Pight
würde nicht zulassen, dass die Männer eine Bildung erhalten oder über das
Christentum lernen, »damit ihm sein Gewinn nicht entgehe«.
43   *Leipziger Spectateur* 3 (1723): 150.
44   Die Dresdner Hofjournale verzeichnen keine Audienz für die Jahre 1722
und 1723.
45   Bislang wurde noch kein Beleg für diesen Kauf gefunden.

In all, Ocktscha Rinscha and Tuski Stannaki spent about three years in Dresden. They began to study German and prepared to convert and become Lutheran Christians, aided by David Mehner, a theology student. The Breslau *Sammlung* reported in March 1724 that "the two American Princes who were brought here in 1722, purchased by His Royal Majesty, and taken in by His court, now frequent the worship services in the Protestant Palace Church. One hopes that they will soon convert from paganism." A similar report appeared in the *London Daily Courant* on April 14, 1724.[45]

In Dresden, we can see more clearly how Ocktscha Rinscha and Tuski Stannaki shaped their own lives. They learned to speak German "nearly as well as native-born Saxons," freeing themselves from the isolation imposed by Pight.[46] They expressed interest in Christianity and were quickly repaid with the attention of the city's Lutheran clergy. Assisted by Mehner and other Lutheran pastors, they learned "the whole of Christian doctrine" and could "confidently answer more than 450 questions" about it. By 1724 they were prepared to be baptized and made repeated requests to this end to Valentin Ernst Löscher, the Protestant Superintendent in Dresden, as well as to "other Lutheran pastors in the area" for over a year.[47] As John Jeremiah Sullivan noted, whether they were drawn by "the light (...) of Christ, (...) or whether it was simply the light of kindness," Ocktscha Rinscha and Tuski Stannaki had found a community they wanted to join.[48] Perhaps they thought conversion to Christianity would liberate them from slavery, or they simply gave in and adopted the religion of their captors. In any case, the two battle-scarred warriors had found important allies among the Lutheran clergy of Dresden.

But Augustus II, the Catholic King of Poland and owner of the two men, never responded to any of their requests to be allowed to become Protestant Christians. Although he was personally indifferent to religious questions, the Lutherans in Dresden were convinced that Augustus refused Ocktscha Rinscha and

45 *Sammlung von Natur- und Medicin-(...) Geschichten* [for 1724] 27 (1725): 316. On April 14, 1724, the *London Daily Courant* reported that "the two American Princes who came hither in the Year 1722, and have since been taken Care of by his Majesty, do now frequently assist at the Divine Service in the Protestant Chapel of the Palace, so that it is hoped they will shortly renounce Paganism and embrace the Protestant Religion."

46 *Kurtzgefastes sächsisches Kern-Chronicon* 6 (1725–26): 560.

47 Sächsisches Staatsarchiv, 10025 Geheimes Konsilium, Loc. 4692/07, fol. 10r–13r.

48 Sullivan, "The Princes: A Reconstruction," 67.

Insgesamt verbrachten Ocktscha Rinscha und Tuski Stannaki etwa drei Jahre in Dresden. Sie begannen Deutsch zu lernen und bereiteten sich darauf vor, zum Evangelisch-Lutherischen Christentum zu konvertieren, wobei sie von David Mehner, einem Theologiestudenten, unterstützt wurden. Die Breslauer *Sammlung* berichtete im März 1724, dass »die beiden amerikanischen Prinzen, die 1722 hierher gebracht, von Seiner Königlichen Majestät gekauft und von Seinem Hofe aufgenommen wurden, jetzt die Gottesdienste in der evangelischen Schlosskirche besuchen. Man hofft, dass sie sich bald vom Heidentum bekehren werden«.[46] Ein ähnlicher Bericht erschien am 14. April 1724 im *London Daily Courant*.

In Dresden können wir deutlicher sehen, wie Ocktscha Rinscha und Tuski Stannaki ihre Leben selbst gestalteten. Sie lernten Deutsch »bey nahe so gut als gebohrne Sachsen« zu sprechen und befreiten sich so aus der ihnen von Pight auferlegten Isolation.[47] Sie bekundeten ihr Interesse am Christentum und fanden schnell die Aufmerksamkeit der lutherischen Geistlichen der Stadt. Mithilfe von Mehner und anderen lutherischen Pfarrern lernten sie »die ganze christliche Lehre« und konnten »mehr als 450 Fragen sicher beantworten«. 1724 waren sie bereit, sich taufen zu lassen, und baten Valentin Ernst Löscher, den evangelischen Superintendenten in Dresden, sowie »andere lutherische Pastoren in der Gegend« über ein Jahr lang wiederholt darum.[48] Wie John Jeremiah Sullivan feststellte, hatten Ocktscha Rinscha und Tuski Stannaki eine Gemeinschaft gefunden, der sie sich anschließen wollten, ganz gleich, ob sie vom »Licht [...] Christi angezogen wurden, [...] oder ob es einfach das Licht der Güte war«[49] Vielleicht dachten sie, die Konversion zum Christentum würde sie aus der Sklaverei befreien, oder sie gaben einfach nach und nahmen die Religion ihrer Entführer an. In jedem Fall hatten die beiden vom Kampf gezeichneten Krieger wichtige Verbündete unter den lutherischen Geistlichen in Dresden gefunden.

Doch der katholische August der Starke, König von Polen, Kurfürst von Sachsen und Besitzer der beiden Männer, ging auf keine ihrer Bitten ein, evangelische Christen werden zu dürfen. Obwohl ihm persönlich religiöse Fragen gleichgültig waren, waren die Lutheraner in Dresden davon überzeugt, dass August Ocktscha Rinscha und Tuski Stannaki die Erlaubnis zum Übertritt verweigerte, weil es seine »römische Klerisei für sich

46 *Sammlung von Natur- und Medicin-[...] Geschichten* [für 1724] 27 (1725): 316. Am 14. April 1724 berichtete der *London Daily Courant*: »the two American Princes who came hither in the Year 1722, and have since been taken Care of by his Majesty, do now frequently assist at the Divine Service in the Protestant Chapel of the Palace, so that it is hoped they will shortly renounce Paganism and embrace the Protestant Religion.«

47 *Kurtzgefastes sächsisches Kern-Chronicon* 6 (1725/26): 560.

48 Sächsisches Staatsarchiv, 10025 Geheimes Konsilium, Loc. 4692/07, fol. 10r–13r.

49 Sullivan (wie Anm. 8): 67.

Tuski Stannaki permission to convert because his "Roman clergy want them for themselves."[49] Competition for the sacred duty (and glory) of converting the two "heathens" to Christianity created a political standoff between Augustus's Catholic clergy and the Lutheran clergy of Dresden. In May 1725, the two prospective converts petitioned the Upper Consistory, the highest clerical authority in Electoral Saxony, for permission to be baptized, pleading that "the great God, who has led us out of the thickest heathen darkness, would certainly (...) not let such a great blessing, which we value above all things, go unrewarded."[50] The Upper Consistory immediately endorsed their request and forwarded the petition, which the Native men signed in their own hands as "most obedient servants, Ocktscha Rinscha; Tuski Stannaki" to the King-Elector. Again, there was no response. By the spring of 1725, Dresden's Lutherans had also heard the ominous claim that Ocktscha Rinscha and Tuski Stannaki "had no freedom of religion because they were purchased with money as serfs [*Leibeigene*]."[51]

In the fall of the same year, the Native American men learned that Augustus intended to summon them to his court in Warsaw for instruction in the Roman Catholic religion. Only then, after an unspecified period of Catholic education, would they be allowed to choose to be baptized as Lutherans.[52] This move afforded Ocktscha Rinscha and Tuski Stannaki the appearance of freedom of religion, but given their dependence on Augustus, in reality it meant that they would almost certainly become Catholic. With the date of their departure from Dresden approaching, the Lutheran clergy of the city, led by Superintendent Valentin Ernst Löscher, felt they had no choice: they arranged to baptize the two men in Dresden's Kreuzkirche on October 6, 1725, at seven in the evening—an unusual time for an unplanned ceremony, which took place "furtively" and "with the church doors locked (...) in an irregular form [and] at an irregular time."[53] The attending clergy and their wives

49   Theodor Wotschke, "Oberhofprediger Marperger in Briefen an A.H. Francke," *Zeitschrift für Kirchengeschichte* Dritte Folge II, 51 (1932): 169–201, esp. 178.
50   Sächsisches Staatsarchiv, 10025 Geheimes Konsilium, Loc. 4692/07, fol. 10r–13r.
51   Wotschke, "Oberhofprediger Marperger," 178
52   Wotschke, "Oberhofprediger Marperger," 183.
53   Sächsisches Staatsarchiv, 10026 Geheimes Kabinett, Loc. 00717/07, fol. 25r–v: "bey verschloßenen Kirch-thüren zu tauffen, ohne daß man vorher weder bey dem OberConsistorio noch weniger bey dem Geh. Consilio

fordert«.[50] Der Wettbewerb um die heilige Pflicht (und den
Ruhm), die beiden »Heiden« zum Christentum zu bekehren,
führte zu einem politischen Patt zwischen den katholischen
Geistlichen von August und dem lutherischen Klerus von Dresden. Im Mai 1725 baten die beiden angehenden Konvertiten
das Oberkonsistorium, die höchste kirchliche Instanz in Kurfürstentum Sachsen, um die Erlaubnis, sich taufen zu lassen,
mit der Begründung, dass »der große Gott, der uns aus der
dickesten heydnische Finsterniß ausgeführet [...], wird gewiß
solche hohe Wohlthat, die wir über alles schätzen, nicht un-
vergolten laßen«.[51] Das Oberkonsistorium schloss sich dieser
Bitte umgehend an und leitete die Petition, die die beiden Männer eigenhändig als »gehorsamste Diener, Ocktscha Rinscha;
Tuski Stannaki« unterschrieben, an den Kurfürsten weiter.
Wieder blieb eine Antwort aus. Im Frühjahr 1725 hörten auch
die Dresdner Lutheraner die ominöse Behauptung, Ocktscha
Rinscha und Tuski Stannaki »hätten keine Gewissensfreiheit,
weil sie um Geld als Leibeigene gekauft seien«.[52]

Im Herbst desselben Jahres erfuhren die indigenen Männer, dass August beabsichtigte, sie an seinen Hof in Warschau
zu berufen, um sie in der römisch-katholischen Religion zu
unterrichten. Erst dann, nach einer unbestimmten Zeit der katholischen Erziehung, sollten sie sich für die lutherische Taufe
entscheiden dürfen.[53] Dieser Schritt verschaffte Ocktscha
Rinscha und Tuski Stannaki den Anschein von Religionsfreiheit, bedeutete aber angesichts ihrer Abhängigkeit von August
in Wirklichkeit, dass sie mit ziemlicher Sicherheit zu Katholiken
werden würden. Als das Datum ihrer Abreise aus Dresden näher rückte, sahen sich die lutherischen Geistlichen der Stadt
unter der Leitung von Superintendent Valentin Ernst Löscher
gezwungen, die beiden Männer am 6. Oktober 1725 um sieben
Uhr abends in der Dresdner Kreuzkirche zu taufen – eine ungewöhnliche Zeit für eine ungeplante Zeremonie, die »bey
verschloßenen Kirch-thüren zu tauffen, ohne daß man vorher
weder bey den Oberconsistorio noch weniger bey dem Geh.
Consilio deßhalber angefraget. Und ist kein Zweifel, daß man
dieses Unternehmen, welches auch eine so ungewöhnliche
Arth, zu einer ganz ungewöhnlichen Zeit und mithin gleichsam verstehlner weise geschehen [...]«.[54] Die anwesenden
Geistlichen und ihre Ehefrauen fungierten als Paten: Ocktscha
Rinscha nahm den Namen Friedrich Christian an und Tuski
Stannaki den Namen August Christian.

50   Theodor Wotschke, »Oberhofprediger Marperger in Briefen an
     A. H. Francke,« *Zeitschrift für Kirchengeschichte,* Dritte Folge II, 51 (1932):
     169–201, hier 178.
51   Sächsisches Staatsarchiv, 10025 Geheimes Konsilium, Loc. 4692/07, fol.
     10r–13r.
52   Wotschke (wie Anm. 50): 178.
53   Wotschke (wie Anm. 50): 178.
54   Sächsisches Staatsarchiv, 10026 Geheimes Kabinett, Loc. 00717/07,
     fol. 25r–v

served as godparents: Ocktscha Rinscha took the name Friedrich Christian and Tuski Stannaki the name Augustus Christian.

Augustus was unsurprisingly unhappy with his Lutheran clergy for what sounds like an almost clandestine ceremony—for unlike the baptisms of other adult "pagans" or Muslims in Saxony and the Empire, there was no announcement prior to the event, nor any triumphant publication about it afterward.[54] The King-Elector ordered the men to be brought to Warsaw as planned; in the meantime, for fear that they might flee Dresden, they were kept under guard. They departed Dresden on October 11, 1725, after "a tearful farewell from their priestly godparents"[55] and traveled to Warsaw by way of Breslau; their next trace in the historical record is a report that they were living in a monastery in Warsaw in December 1725.[56]

Poland

Evidence of the lives of Ocktscha Rinscha and Tuski Stannaki at the court of Augustus II in Warsaw was first discovered in the summer of 2019 in the Saxon court personnel registers.[57] In all previous research on Ocktscha Rinscha and Tuski Stannaki, their story ended when they left Dresden in October 1725. The published report of their departure claimed that the King-Elector planned to give the two men to Catherine I, Empress of Russia.[58] This unsubstantiated assertion seems to have deterred research into the lives of the two men in Saxony or Poland after 1725. In fact, by 1726, Ocktscha Rinscha and Tuski Stannaki had become servants at the Polish royal court in Warsaw.

A series of entries in the court personnel registers (*Hofbücher*) of the Saxon-Polish court allows us to sketch another chapter in the lives of these resilient

deßhalber angefraget. Und ist kein Zweifel, daß man dieses Unternehmen, welches auch eine so ungewöhnliche Arth, zu einer ganz ungewöhnlichen Zeit und mithin gleichsam verstehlner weise geschehen (...)".

54   See Markus Friedrich, "'Türken' im Alten Reich: Zur Aufnahme und Konversion von Muslimen im deutschen Sprachraum (16.–18. Jahrhundert)," *Historische Zeitschrift* 294, no. 2 (2012): 329–360.

55   *Kurtzgefastes sächsisches Kern-Chronicon* 6 (1725–26): 574

56   Franckesche Stiftungen Halle, Estate of A. H. Francke 9/17: 1, "Brief von Christian Gerber an August Hermann Francke."

57   This discovery was entirely the work of Rebekka von Mallinckrodt, to whom I am most grateful. She discovered these references to Ocktscha Rinscha and Tuski Stannaki while pursuing her own research on Africans at the Saxon court.

58   *Kurtzgefastes sächsisches Kern-Chronicon* 6 (1725–26): 574.

Es überrascht nicht, dass August mit seinem lutherischen Klerus unzufrieden war, da es sich um eine fast geheime Zeremonie handelte. Im Gegensatz zu den Taufen anderer erwachsener »Heiden« oder Muslime in Sachsen und im Reich gab es weder eine Ankündigung vor dem Ereignis noch eine triumphale Publikation darüber im Anschluss.[55] Der Kurfürst ordnete an, die Männer wie geplant nach Warschau zu bringen; in der Zwischenzeit wurden sie aus Angst, sie könnten aus Dresden fliehen, bewacht. Sie verließen Dresden am 11. Oktober 1725 nach einem »tränenreichen Abschied von ihren priesterlichen Paten« und reisten über Breslau nach Warschau.[56] Ihre nächste Spur in den historischen Aufzeichnungen ist ein Bericht, dass sie im Dezember 1725 in einem Kloster in Warschau lebten.[57]

Polen

Belege für das Leben von Ocktscha Rinscha und Tuski Stannaki am Hof von August II. in Warschau wurden erstmals im Sommer 2019 in den sächsischen Hofpersonalregistern entdeckt.[58] In allen bisherigen Forschungen zu Ocktscha Rinscha und Tuski Stannaki endete ihre Geschichte mit ihrer Abreise aus Dresden im Oktober 1725. In dem veröffentlichten Bericht über ihre Abreise wurde behauptet, dass der Kurfürst beabsichtigte, die beiden Männer an Katharina I., die Kaiserin von Russland, zu übergeben.[59] Diese unbewiesene Behauptung scheint die Forschung über das Leben der beiden Männer in Sachsen oder Polen nach 1725 abgeschreckt zu haben. Tatsächlich waren Ocktscha Rinscha und Tuski Stannaki ab 1726 Diener am polnischen Königshof in Warschau.

Eine Reihe von Einträgen in den Hofbüchern des sächsisch-polnischen Hofes erlaubt es, ein weiteres Kapitel im Leben dieser resilienten Männer zu skizzieren. In den Personalbüchern für den Zeitraum 1726–1729 tauchen sie zunächst als Friedrich Christian und August Christian auf; ihre Stellung am Hof wird jeweils als »Indianer« [!] mit einem Jahresgehalt von 120 Reichsthalern angegeben. Aus dem Personalbuch für 1730–1733 geht hervor, dass »August Christian, sonst ein Indianer, 17xx [sic] aus Virginia nach Dresden gebracht«, im Mai 1730 ein livrierter Hoflieferant wurde.[60] Der ältere Mann,

<hr>

55 Siehe Markus Friedrich, »›Türken‹ im Alten Reich: Zur Aufnahme und Konversion von Muslimen im deutschen Sprachraum (16.–18. Jahrhundert)«, in: *Historische Zeitschrift* 294, Nr. 2 (2012): 329–360.
56 *Kurtzgefastes sächsisches Kern-Chronicon* 6 (1725/26): 574.
57 Franckesche Stiftungen Halle, Nachlass A. H. Francke 9/17: 1, »Brief von Christian Gerber an August Hermann Francke«.
58 Dies ist Rebekka von Mallinckrodts Entdeckung, der ich sehr dankbar bin. Sie spürte diese Hinweise auf Ocktscha Rinscha und Tuski Stannaki im Zuge ihrer Forschung zu Afrikanern*innen am sächsischen Hof auf.
59 *Kurtzgefastes sächsisches Kern-Chronicon* 6 (1725/26): 574.
60 Sächsisches Staatsarchiv, 10006 Oberhofmarschallamt, K 02, Nr. 7: »August Christiani, sonst ein Indianer, so 17.. [sic] nach Dresden bracht

men. They first appear in the staff records for the period
1726–1729 as Friedrich Christian and August Christian;
their positions at court are each listed as "Indian" [!],
with an annual salary of 120 *Reichsthaler*. The personnel
book for 1730–1733 indicates that "Augustus Christian,
otherwise an Indian, brought to Dresden in 17xx [*sic*],
from Virginia" became a liveried court messenger in
May 1730.[59] The older man, Ocktscha Rinscha / Friedrich
Christian, remained in his position as "Indian." Several
entries in these same records note that their religion
was Roman Catholic.[60]

In his role as a messenger, "August Christian, otherwise Stannagé" seems to have been more deeply
integrated into court life. But this was to change: on
January 1, 1733, Ocktscha Rinscha / Friedrich Christian died in Warsaw only a month before his master,
King-Elector Augustus II. A year later, Tuski Stannaki /
August Christian was still serving as a court messenger,
now with a higher salary of 168 *Reichsthaler* per year.
The last known trace of him is found in the Saxon court
personnel roster for 1734, which declares simply that he
"escaped [*ist entlaufen*] from the court with his livery
during the 1734 Easter trade fair."[61] This brief statement
raises an array of questions: Why did Tuski Stannaki flee
from his position at court after eight years of service?
Did the trip to Leipzig create a new opportunity to flee
while in German-speaking Saxony? Did the deaths of
Ocktscha Rinscha or King Augustus II in 1733 impel him
to leave the court? Were his godparents and Lutheran
allies from Dresden involved in his escape? How and
where did he live after fleeing? More research should
uncover further evidence on the lives of both men at
the Polish-Saxon royal court from 1726 to 1733–34 as
well as on the life of Tuski Stannaki / Augustus Christian
in Central Germany after he escaped from the court in
1734.

59   Sächsisches Staatsarchiv, 10006 Oberhofmarschallamt, K 02,
     No. 7: "August Christiani, sonst ein Indianer, so 17.. [*sic*] nach Dresden
     bracht worden; aus Virginien (…) Livrée (…) ist Lauffer worden."
60   Sächsisches Staatsarchiv, 10006 Oberhofmarschallamt, K 02, No. 8.
61   Sächsisches Staatsarchiv, 10006 Oberhofmarschallamt, K 02,
     No. 13: "Ist in der OsterMeße 1734 zu Leipzig von der Hof Stadt mit der
     Livrée entlaufen."

Ocktscha Rinscha/Friedrich Christian, blieb in seiner Position
als »Indianer«. Mehrere Einträge in denselben Aufzeichnungen
vermerken, dass ihre Religion römisch-katholisch war.[61]

In seiner Rolle als Bote scheint »August Christian, sonst
Stannagé« tiefer in das höfische Leben integriert gewesen
zu sein. Doch das sollte sich ändern: Am 1. Januar 1733 starb
Ocktscha Rinscha/Friedrich Christian in Warschau, nur einen
Monat vor seinem Herrn, König August II. Ein Jahr später diente
Tuski Stannaki/August Christian immer noch als Hofbote, jetzt
mit einem höheren Gehalt von 168 Reichsthalern pro Jahr. Die
letzte bekannte Spur von ihm findet sich im sächsischen Hof-
personalverzeichnis für 1734, in dem es lediglich heißt, er »ist
in der OsterMeße 1734 zu Leipzig von der Hof Stadt mit der
Livrée entlaufen.«[62] Dieser kurze Hinweis wirft eine Reihe von
Fragen auf: Warum floh Tuski Stannaki nach acht Jahren Dienst
von seinem Posten am Hof? Schuf die Reise nach Leipzig eine
neue Gelegenheit zur Flucht, während er sich im deutschsprachigen Sachsen aufhielt? War es der Tod von Ocktscha Rinscha
oder von König August II. im Jahr 1733, der ihn zur Flucht vom
Hof veranlasste? Waren seine Paten und lutherischen Ver-
bündeten aus Dresden an seiner Flucht beteiligt? Wie und wo
lebte er nach seiner Flucht? Weitere Forschungen sollen angestellt werden, um Belege für das Leben der beiden Männer am
polnisch-sächsischen Königshof von 1726 bis 1733/34 sowie
für das Leben von Tuski Stannaki/August Christian in Mittel-
deutschland nach seiner Flucht vom Hof im Jahr 1734 zutage
zu fördern.

Haut und Sklaverei im Heiligen Römischen Reich

Die Lebensgeschichten von Ocktscha Rinscha und Tuski Stannaki offenbaren den Einfluss der atlantischen Sklaverei auf
die deutsche Kultur des 18. Jahrhunderts. Wie John Jeremiah
Sullivan feststellte, waren diese Männer im frühneuzeitlichen
Deutschland und Polen außergewöhnlich – wahrscheinlich
die ersten indigenen Amerikaner, die jemals in Sachsen oder
Schlesien gesehen oder vielleicht sogar vorgestellt wurden.
Die reichhaltige Dokumentation der Zeit, die sie in Mitteleuropa verbrachten, veranschaulicht eine Reihe überraschender
kultureller Spuren des Sklavenhandels in den deutschsprachigen Ländern des frühen 18. Jahrhunderts. Wie ich zeigen
werde, zeichnet sich ein Muster sofort ab: Die afrikanische
Sklaverei fungierte als eine Art unsichtbare Vorlage, die fast
jeden Aspekt der deutschen Berichte über die beiden indigenen Amerikaner prägte.[63] Besonders deutlich wird dies in den

worden; aus Virginien [...] Livrée [...] ist Lauffer worden.«
61   Sächsisches Staatsarchiv, 10006 Oberhofmarschallamt, K 02, Nr. 8.
62   Sächsisches Staatsarchiv, 10006 Oberhofmarschallamt, K 02, Nr. 13.
63   Diese Vorlage findet sich beispielsweise im Nachwort des Übersetzers
     zu Afra Behn, *Lebens- und Liebes-Geschichte des Königlichen Sclaven*

Skin and Slavery in the Holy Roman Empire

The lives of Ocktscha Rinscha and Tuski Stannaki reveal
the imprint of Atlantic slavery on eighteenth-century
German culture. As John Jeremiah Sullivan has observed, these men were extraordinary in early modern
Germany and Poland—likely the first Native Americans
ever seen, or perhaps even imagined, in Saxony or Silesia. The rich documentation of the time they spent in
Central Europe illustrates a surprising set of cultural
traces of the slave trade in the German-speaking lands
during the early eighteenth century. As I will show, one
pattern emerges immediately: African slavery func-
tioned as an invisible template of sorts that shaped
almost every aspect of the German accounts of the Native men.[62] This is especially apparent in the responses
to their richly ornamented bodies and to their status
as slaves. In the German sources, the connections between skin, slavery, and race reflect key developments
in the history of early modern epidermalization.

In an ethnographic or heuristic sense, epidermalization describes the fixing of social meaning on the skin
through culturally and historically specific practices
and discourses.[63] When a society's most important quotidian markers of status, gender roles, life experience,
and aesthetic expression appear on the skin (rather
than on clothing, in a set of identification documents,
or by way of one's possessions), one can say that the
society in question is highly epidermalized. This was the
case for most of the West African and American societies encountered by Europeans in the Atlantic World.
Skin marking practices (dyeing, tattooing, piercing, and
scarification) were widespread, positive signs of inclusion, often with deep aesthetic value. Deliberate marks
on African and American skin were signs of adulthood,

62   One can see this template, for example, in the translator's afterword to Afra
Behn, *Lebens- und Liebes-Geschichte des Königlichen Sclaven Oroonoko
in West-Indien: mit ihren wahrhafften und merckwürdigen Umständen*,
trans. M. V** [Ludwig Friedrich Vischer] (Hamburg: Wiering, 1709), [199ff.].
Here the translator, Ludwig Friedrich Vischer, explains to readers that if
the extraordinary resistance to torture endured by the enslaved African
Oroonoko seems incredible, they should consider the evidence of Iroquois
resolve in response to pain and torture as described in Baron de Lahontan's
two-volume travel account *Nouveaux Voyages de M. le Baron de Lahontan
dans l'Amérique septentrionale* and *Mémoires de l'Amérique septentrionale*, which Vischer had recently translated into German as *Des berühmten
Herrn Baron De Lahontan Neueste Reisen nach Nord-Indien oder dem
mitternächtischen America* (Hamburg: Reumann, 1709).
63   The term is introduced in Frantz Fanon, *Black Skin, White Masks*, trans.
Charles Lam Markmann (Grove Press: New York, 1967), 11–13.

Reaktionen auf ihre reich verzierten Körper und auf ihren Status als Versklavte. In den deutschen Quellen spiegeln die Verbindungen zwischen Haut, Sklaverei und *race* wichtige Entwicklungen in der Geschichte der frühneuzeitlichen »Epidermalisation« wider.

In einem ethnografischen oder heuristischen Sinn beschreibt »Epidermalisation« die Festschreibung sozialer Bedeutung auf der Haut durch kultur- und geschichtsspezifische Praktiken und Diskurse.[64] Wenn die wichtigsten alltäglichen Marker einer Gesellschaft für Status, Geschlechterrollen, Lebenserfahrung und ästhetischen Ausdruck auf der Haut erscheinen (und nicht auf der Kleidung, in Ausweispapieren oder durch den eigenen Besitz), kann man sagen, dass die betreffende Gesellschaft stark »epidermalisiert« ist. Dies war bei den meisten westafrikanischen und amerikanischen Gesellschaften der Fall, denen die Europäer in der atlantischen Welt begegneten. Praktiken der Hautmarkierung (Färben, Tätowieren, Piercen und Skarifizieren) waren weit verbreitete positive Zeichen der Zugehörigkeit, oft mit hohem ästhetischem Wert. Bewusste Markierungen auf der Haut von Afrikaner*innen und Amerikaner*innen waren Zeichen des Erwachsenseins, der Schönheit, der Tapferkeit oder der politischen Zugehörigkeit. Sie verbanden die Menschen und zeigten ihren Status an; einige boten Schutz vor Krankheiten, Hexerei und anderen Gefahren.

Als die Europäer im 15. und 16. Jahrhundert begannen, den Atlantik zu überqueren, betraten sie diese Welt der ehrenvoll gezeichneten Haut und trafen dabei auf beiden Seiten des Atlantiks auf ein breites Spektrum hochgradig »epidermalisierter« Gesellschaften. In ihren ersten Berichten über westafrikanische und amerikanische indigene Menschen vermerkten und beschrieben die Europäer Hautmarkierungen als ein Zeichen der ›Andersartigkeit‹, das mindestens ebenso bedeutsam war wie der Kontrast der Hautfarbe. Unauslöschliche Hautzeichnungen wurden bereits mit der Neuen Welt in Verbindung gebracht, als der Italiener Alberto Cantino 1501 die aus Neufundland nach Lissabon gebrachten indigenen Menschen beschrieb: »Ich habe sie gesehen, berührt und untersucht [...] sie

Oroonoko in West-Indien: mit ihren wahrhafften und merckwürdigen Umständen, übers. von M. V** [Ludwig Friedrich Vischer], Hamburg 1709: [199ff.]. Hier erklärt der Übersetzer, Ludwig Friedrich Vischer, den Lesern, dass sie, wenn ihnen der außergewöhnliche Widerstand des versklavten Afrikaners Oroonoko gegen die Folter unglaublich erscheint, die Beweise für die Entschlossenheit der Irokesen in Bezug auf Schmerz und Folter berücksichtigen sollten, wie sie in Baron de Lahontans zweibändigem Reisebericht *Nouveaux Voyages de M. le Baron de Lahontan dans l'Amérique septentrionale* und *Mémoires de l'Amérique septentrionale*, die Vischer kurz zuvor als *Des berühmten Herrn Baron De Lahontan Neueste Reisen nach Nord-Indien oder dem mitternächtischen America* (Hamburg 1709) ins Deutsche übersetzt hatte.

64 Der Begriff wurde erstmals verwendet in Frantz Fanon, Schwarze Haut, weiße Masken, übers. von Eva Moldenhauer, Wien 2020.

beauty, bravery, or political affiliation. They connected people and displayed status; some offered protection against disease, witchcraft, and other harms.

When Europeans began to sail the Atlantic in the fifteenth and sixteenth centuries, they entered this world of honorably marked skin, encountering a wide range of highly epidermalized societies on both sides of the Atlantic. In their earliest reports of West African and Native American peoples, Europeans noted and described skin markings as a sign of difference at least as significant as any contrast of skin color. Indelible skin marking was already associated with the New World when the Italian Alberto Cantino described the Native people brought from Newfoundland to Lisbon in 1501: "I have seen, touched, and examined them (...) they have faces marked with large signs, and the signs are like the signs of the Indians [i.e., natives of the Caribbean]." Writing from Valladolid in 1520, the ambassador Francesco Corner reported that the Mayans brought to Spain were "very deformed by images and each pierced in the chin."[64]

When Europeans encountered skin adorned in this manner with signs of honor, status, ornament, or inclusion, they had few direct reference points. In the fifteenth and sixteenth centuries, Europeans themselves regarded the skin primarily as the body's container and covering, "said to contain more easily the parts which be within, and also to hinder and withstand the outer griefs."[65] Deliberate, permanent marking of the skin was relatively rare and generally dishonorable: the three most common expressions of the idea of the indelible dermal mark were penal branding (on the cheek, hand, chest, or shoulder), the (putative) witches' mark, and the stigmata (themselves originally a mark of punishment).[66] Classical and Christian traditions alike condemned permanent physical marking of the skin and associated it with slavery and punishment: "When a burning iron is put on the face of a evil-doer, it leaveth behind it a brand, or a stigma," as a Scottish minister

64 Geoffrey Symcox and Giovanna Rabitti, *Italian Reports on America, 1493–1522: Letters, Dispatches, and Papal Bulls* (Turnhout: Brepols, 2001), 55 and 78. Cantino was an agent in Lisbon for Ercole d'Este (1431–1505), Duke of Ferrara.

65 Stephen Batman, *Batman uppon Bartholome, his booke De proprietatibus rerum* (London: Imprinted by Thomas East, dwelling by Paules wharfe, 1582), fol. 68v.

66 Battle scars might be considered badges of honor, but they were not intentionally applied. In everyday life, such scars were difficult to distinguish from scars caused by accidents, or from the dishonoring marks of penal branding.

haben Gesichter mit großen Zeichen, und die Zeichen sind wie
die der Indianer [d. h. der indigenen Menschen der Karibik].«
In einem Schreiben aus Valladolid im Jahr 1520 berichtete
der Botschafter Francesco Corner, dass die nach Spanien gebrachten Mayas »durch Bilder sehr entstellt und jeweils am
Kinn durchbohrt« seien.[65]

Als die Europäer auf Haut trafen, die auf diese Weise mit
Zeichen der Ehre, des Status, der Zierde oder der Zugehörigkeit geschmückt war, hatten sie nur wenige direkte Bezugs-
punkte. Im 15. und 16. Jahrhundert betrachteten die Europäer
selbst die Haut in erster Linie als Behältnis und Hülle des Körpers, welche »die Teile, die sich im Inneren befinden, leichter
aufnehmen und auch den äußeren Kummer abhalten und aus-
halten soll«.[66] Bewusste, dauerhafte Markierungen der Haut
waren relativ selten und im Allgemeinen unehrenhaft: Die drei
häufigsten Ausdrucksformen der Idee des unauslöschlichen
Hautzeichens waren das Brandzeichen (auf Wange, Hand,
Brust oder Schulter), das (vermeintliche) Hexenmal und die
Stigmata (ursprünglich selbst ein Zeichen der Bestrafung).[67]
Sowohl in der klassischen als auch in der christlichen Tradition
wurde die dauerhafte physische Markierung der Haut verur-
teilt und mit Sklaverei und Bestrafung in Verbindung gebracht:
»Wenn ein brennendes Eisen auf das Gesicht eines Übeltäters
gelegt wird, hinterlässt es ein Brandzeichen oder ein Stigma«,
erklärte ein schottischer Geistlicher 1652.[68] Die Europäer*innen der Frühen Neuzeit konnten sich kaum eine europäische
Form der dauerhaften Hautmarkierung vorstellen, die soziale
Überlegenheit oder ästhetischen Ausdruck widerspiegelte. Ein
solches Zeichen wäre ein »ehrenvolles Stigma« – ein Oxymoron.

Im 16. Jahrhundert wurde in europäischen Berichten begonnen, die absichtlichen, dauerhaften Markierungen auf der
Haut von Afrikaner*innen und Amerikaner*innen zu betonen
und hervorzuheben, dass solche Markierungen – entgegen
den europäischen Erwartungen – Zeichen von Ehre und Status
seien. Während seiner Gefangenschaft bei den Tupinambá
in Brasilien im Jahr 1553 notierte der deutsche Soldat Hans
Staden das Übergangsritual vom Mädchen zur Frau:

65 Geoffrey Symcox und Giovanna Rabitti, *Italian Reports on America,
   1493–1522: Letters, Dispatches, and Papal Bulls*, Turnhout 2001: 55 und 78.
   Cantino war in Lissabon als Agent von Ercole d'Este (1431–1505), Herzog
   von Ferrara, tätig.

66 Stephen Batman, *Batman uppon Bartholome, his booke De proprietatibus
   rerum*, London 1582: fol. 68v.

67 Kampfnarben können als Ehrenzeichen betrachtet werden, doch sie
   wurden nicht absichtlich angebracht. Im Alltag waren solche Narben nur
   schwer von denen zu unterscheiden, die durch Unfälle verursacht worden
   waren, oder von den entehrenden Zeichen der Brandmarkung durch Stra-
   fen.

68 Samuel Rutherford, *The Tryal & Triumph of Faith: Or, an Exposition of the
   History of Christs Dispossessing of the Daughter of the Woman of Canaan
   Delivered in Sermons*, London 162: 283.

explained in 1652.[67] Early modern Europeans could scarcely imagine a European form of permanent skin marking that reflected social superiority or aesthetic expression. Such a mark would be an "honorable stigma"—an oxymoron.

In the sixteenth century, European accounts of deliberate, permanent marks on African and American skin began to emphasize that—contrary to European expectations—such marks were signs of honor and status. While a captive of the Tupinambá in Brazil in 1553, the German soldier Hans Staden noted the ritual of passage to adulthood for women:

> when they [the daughters] have reached the age when they begin to share the customs of women, they [the Tupinambá] then cut off the hair from the heads of the young women, [and] scratch peculiar marks on their backs (...) Afterwards when their hair has grown out again, and the cuts have healed, you can still see the scars where they were cut, for they put something in there [in the wounds], so that they remain black when they have healed.[68]

Staden understood the Tupinambá language and culture sufficiently to conclude that "they consider this to be a [sign of] honor."[69] And at the apex of honor stood nobility: in 1564, Robert Gainsh reported from the Gold Coast that "touching the manners and nature of the people, *this may seem strange*, that their princes and noble men use to pounce and rase their skins with pretty knots in divers forms, as it were branched damask, thinking that to be a decent ornament."[70] Describing the men of the Grain Coast (the western coast of the Gulf of Guinea), Johann von Lübelfing noted that "around their chest and all over their back their skin was pricked in the same way as a tailor pricks a silk doublet. Those who adorn themselves thus no doubt consider them-

---

67 Samuel Rutherford, *The Tryal & Triumph of Faith: Or, an Exposition of the History of Christs Dispossessing of the Daughter of the Woman of Canaan Delivered in Sermons* (London: Printed by John Field, and are to be sold by Ralph Smith, at the sign of the Bible in Cornhill neer the Royall Exchange, 1652), 283.

68 Michael Harbsmeier and Neil L. Whitehead, eds. and trans., *Staden's True History: An Account of Cannibal Captivity in Brazil* (Durham: Duke University Press, 2009), 123.

69 Harbsmeier and Whitehead, *Staden's True History*.

70 Robert Gainsh, "The Second Voyage to Guinea," in Richard Hakluyt, *The principall navigations, voiages and discoveries of the English nation* (London: George Bishop and Ralph Newberie, 1589); modern facsimile, ed. David Beers Quinn et al., vol. 1 (Cambridge: Cambridge University Press, 1965), 90–97, esp. 96 (italics added, spelling modernized).

»Und so sie [die Töchter] gros werden, des ihnen weibs ge-
brauch kompt, schneiden sie ihnen die haar ab vom kopff
[und] kratzen inen besonderlich schidt [Zeichen] in den
rücken […]. Darnach wann das haar wider gewachsen ist,
und die schide [Zeichen] zugewachsen seind, so sihet man
gleichwol das zeychen der schnitt / dann sie thun etwas
drein damit es schwarz bleibe wann es zuheylet. Das halten sie so für eyn ehr«.[69]

Staden verstand die Sprache und Kultur der Tupinambá so gut,
dass er zu dem Schluss kam, dass sie die Körpermarkierung
»so für eyn ehr« hielten. Und an der Spitze der Ehre befand sich
ihr Adel: Robert Gainsh berichtete 1564 von der Goldküste:
»Was die Sitten und die Natur des Volkes betrifft, so mag es
seltsam erscheinen, dass ihre Fürsten und edlen Männer ihre
Haut mit hübschen Knoten in verschiedenen Formen, gleich
geflammter Damast, zu markieren pflegen, weil sie das für eine
anständige Zierde halten.«[70] Johann von Lübelfing beschrieb
die Männer an der Pfefferküste (der Westküste des Golfs von
Guinea) und stellte fest, dass »ihre Haut um die Brust und über
den ganzen Rücken in der gleichen Weise gestochen war, wie
ein Schneider ein seidenes Wams sticht. Diejenigen, die sich so
schmücken, halten sich zweifellos für etwas edler als die anderen«.[71] Hautmale, die besonders großflächig oder »auffällig«
erschienen, wurden von den Europäern oft mit der Kleidung
und der sozialen Hierarchie verglichen, die sie anzeigen sollten. Mit anderen Worten: Aufwendige Hautmalereien wurden
als Zeichen der indigenen Hierarchie angesehen. Die Europäer
begannen, die »Epidermalisation« zu verstehen.

Es waren die außergewöhnlichen Zeichen auf den Körpern
seiner Gefangenen, die Pight dazu brachten, sie von Carolina
nach Europa zu bringen. Um das Interesse zu steigern, bezeichnete er sie (fälschlicherweise) als »Prinzen« und behauptete, die Zeichen auf den Körpern der Männer seien ein Beweis
für ihren königlichen Status. Außerdem behauptete er, dass
die »hieroglyphischen Figuren und indianischen Buchstaben«
auf der Haut der Männer (den anderen ihrer Kultur angehörigen
Menschen) den »Unterschied ihrer Familien und die im Krieg

69   Hans Staden, *Warhaftige Historia und Beschreibung eyner Landtschafft
     der wilden, nacketen, grimmigen Menschfresser Leuthen, in der
     Newenwelt America gelegen, vor und nach Christi Geburt im Land zu
     Hessen unbekant, biss uff dise ij. nechst vergangene Jar […] mit eyner
     Vorrede D. Joh. Dryandri*, Marburg 1557: »Wie sie sich verloben«: o. Pag.;
     Sprache leicht modernisiert.
70   Robert Gainsh, »The Second Voyage to Guinea,« in: Richard Hakluyt, *The
     principall navigations, voiages and discoveries of the English nation*
     London 1589; modernes Faksimile, hrsg. von David Beers Quinn u. a., Bd. 1,
     Cambridge 1965: 90–97, hier 96 (kursiv eingefügt; Rechtschreibung mod-
     ernisiert).
71   Adam Jones (Hrsg.), *German Sources for West African History 1559–1669*,
     Wiesbaden 1983: 13: Beschreibung einer Reise in den Jahren 1599–1600.

selves somewhat nobler than the others."[71] Skin markings that seemed especially extensive or "showy" were often compared by Europeans to clothing and the social hierarchy it was supposed to indicate. In other words, elaborate skin markings were seen as a sign of Indigenous hierarchy: Europeans were beginning to understand epidermalization.

It was the extraordinary marks on the bodies of his captives that inspired Pight to bring them from Carolina to Europe. To enhance interest, he billed them (speciously) as "Princes" and claimed that the marks borne by the men were proof of their royal status. He further alleged that the "hieroglyphic figures and Indian letters" on the men's skin displayed (to others of their culture) "their various families and the military victories of their ancestors."[72] As living examples of honorable and aesthetic epidermalization, Ocktscha Rinscha and Tuski Stannaki attracted intense interest from German viewers who sought to form their own understanding of such dermal practices. German responses to the Native men cited both popular travel writing and learned Latin publications as well as hands-on inspections. When they assessed the dermal marks and their bearers, however, observers in Breslau and Leipzig quickly challenged Pight's claims regarding the nobility and legibility of the Native marks.

The *Leipziger Spectateur* doubted that the "very detailed" (*accurat*) tattooed figures were any sort of language or hieroglyphics ("as the printed handbill states"), arguing instead that "they are drawn on them in their tender youth, when they are about 7 or 8 years old. The [parents] sketch out the figures according to their imagination [*Phantasie*]."[73] The claim that the individual marks on Ocktscha Rinscha and Tuski Stannaki were applied in childhood and were merely decorative also appears in a Dutch report on the men from 1720:

> Paris, July 29. Two American Princes have arrived for a few days. People say that one is the son of an emperor and the other is the son of king whose lands surround the Mississippi River. Their bodies are full of imaginative characters, which were imprinted on them in childhood and became larger as they grew into adulthood.[74]

71   Adam Jones, ed., *German Sources for West African History 1559–1669* (Wiesbaden: Steiner, 1983), 12, describing a voyage in 1599–1600.

72   *Wienerisches Diarium*, May 20, 1722.

73   *Leipziger Spectateur* 3 (1723): 147

74   *Oprechte Haerlemsche Courant*, August 3, 1720: "Parijs den 29 July. Voor

von ihren Vorfahren erlangte Sieges-Triumphen« aufzeigten.[72]
Als lebende Beispiele für eine ehrenhafte und ästhetische
»Epidermalisation« zogen Ocktscha Rinscha und Tuski Stannaki das intensive Interesse deutscher Zuschauer auf sich, die
versuchten, sich ein eigenes Bild von solchen dermalen Praktiken zu machen. Die deutschen Reaktionen auf die Indigenen
bezogen sich sowohl auf populäre Reiseberichte und gelehrte
lateinische Publikationen als auch auf praktische Inspektionen. Bei der Beurteilung der Hautmale und ihrer Träger stellten
die Beobachter in Breslau und Leipzig jedoch schnell Pights
Behauptungen über die Vornehmheit und Lesbarkeit der
Eingeborenenmale in Frage.

Der *Leipziger Spectateur* bezweifelte, dass es sich bei
den »sehr accurat« tätowierten Figuren um irgendeine Art von
Sprache oder Hieroglyphen handelte (wie das gedruckte Flugblatt behauptet), und argumentierte stattdessen, dass »sie
ihnen in ihrer zarten Jugend, wenn sie etwa 7 oder 8 Jahre alt
sind, aufgezeichnet werden. Die [Eltern] skizzieren die Figuren
nach ihrer Phantasie.«[73] Die Behauptung, dass die individuellen
Zeichen auf Ocktscha Rinscha und Tuski Stannaki in der Kindheit aufgetragen wurden und lediglich dekorativ seien, findet
sich auch in einem niederländischen Bericht über die Männer
aus dem Jahr 1720:

> »Paris, 29. Juli. Zwei amerikanische Prinzen sind für ein
> paar Tage eingetroffen. Man sagt, dass der eine der Sohn
> eines Kaisers und der andere der Sohn eines Königs ist,
> dessen Ländereien am Mississippi liegen. Ihre Körper sind
> voller phantasievoller Zeichen, die ihnen in der Kindheit
> eingeprägt wurden und auch größer wurden, nachdem die
> Personen an Statur zunahmen.«[74]

Durch die Einstufung der Tätowierungen von Ocktscha Rinscha
und Tuski Stannaki als »phantasievoll« oder »bildhaft«, die nur
die »Phantasie« oder »Vorstellungskraft« ihrer Eltern widerspiegeln, werden die Abdrücke ihres persönlichen Charakters
beraubt und können keine erwachsenen Leistungen oder
Errungenschaften der Männer widerspiegeln. »Ich glaube zwar
nicht«, schrieb der Autor des *Spectateur,* »daß dieselben
Figuren Hieroglyphische Figuren vorstellen und Indianische
Caracteres.«[75] Diese Verneinung der Verständlichkeit steht
im Gegensatz zu den bereits erwähnten ersten englischen

72 *Wienerisches Diarium*, 20. Mai 1722.
73 *Leipziger Spectateur* 3 (1723): 147.
74 *Oprechte Haerlemsche Courant*, 3. August 1720: »Parijs den 29 July. Voor
    eenige dagen zijn 2 Americaensse Princen aengekomen: Men zegt, dat
    d'eene een soon van een Keyser en d'ander een Soon van een Coningis,
    welckers Landen, aen de Rivier Mississippi leggen; en dat haer Lighamen
    vol beeldsprakelijcke Characters zijn, die in haer kindsheyd op haer gedrukt
    werden, en ook grooter werden, na mate dat de Personen in waschdom
    toenemen.«
75 *Leipziger Spectateur* 3 (1723): 147–148.

By classifying Ocktscha Rinscha and Tuski Stannaki's marks as "imaginative" or "pictorial," reflecting only the "fantasy" or "imagination" of their parents, the marks are stripped of their personal character and cannot reflect any adult accomplishments or achievements of the men. "I do not believe," wrote the *Spectateur* author, "that the figures [on the men] represent hieroglyphics or Indian letters [*Caracteres*]."[75] This denial of intelligibility contrasts with the first English reports from Virginia mentioned earlier as well as with Pight's description of their "hieroglyphics."

When Pight described the marks on Ocktscha Rinscha and Tuski Stannaki as "hieroglyphic figures and Indian letters," he reflected a long-standing English awareness of the intelligibility of such marks. As Mairin Odle has shown, seventeenth-century English colonists imagined Native Virginian markings as a kind of "permanent livery" showing the origins and political affiliations of their bearers through hieroglyphic symbols (pp. 44).[76] On the one hand, the social order and hierarchy the English saw in these Native body markings was reassuringly familiar. As Joel Konrad has noted, this interpretation of the marks "demonstrated the extent to which the Virginians, though 'savage,' maintained a clear social hierarchy. With little clothing, the emblems of fealty must necessarily be emblazoned upon the skin, a clear indication of comprehendible hierarchy and willingness to be ruled."[77] On the other hand, the marks revealed "what Princes subjects they be, or of what place they have their original [ethnic origin]" *only* to other Native people. The English could not decipher or read them directly, which was troubling for several reasons. On a practical level, the English could not use the markings to recognize allies or enemies. On a more abstract level, the systems of dermal marking were clear evidence of ways of knowing and communicating that were beyond European grasp.

eenige dagen zijn 2 Americaensse Princen aengekomen: Men zegt, dat d'eene een soon van een Keyser en d'ander een Soon van een Coning is, welckers Landen, aen de Rivier Mississippi leggen; en dat haer Lighamen vol beeldsprakelijcke Characters zijn, die in haer kindsheyd op haer gedrukt werden, en ook grooter werden, na mate dat de Personen in waschdom toenemen."

75   *Leipziger Spectateur* 3 (1723): 147–148.

76   See Mairin Odle, *Under the Skin: Tattoos, Scalps, and the Contested Language of Bodies in Early America* (Philadelphia: University of Pennsylvania Press, 2023), 13–43.

77   Joel Konrad, "'Curiously and Most Exquisitely Painted': Body Marking in British Thought and Experience, 1580–1800" (PhD diss., McMaster University, 2011), 53.

Berichten aus Virginia sowie zu Pights Beschreibung ihrer
»Hieroglyphen«.

Als Pight die Zeichen auf Ocktscha Rinscha und Tuski
Stannaki als »hieroglyphische Figuren und indianische Buchstaben« beschrieb, spiegelte er ein seit Langem bestehendes
englisches Bewusstsein für die Verständlichkeit solcher
Zeichen wider. Wie Mairin Odle gezeigt hat, stellten sich die
englischen Kolonisten des 17. Jahrhunderts die Markierungen
der indigenen Männer Virginias als eine Art »permanente
Livree« vor, die die Herkunft und politische Zugehörigkeit
ihrer Träger durch hieroglyphische Symbole anzeigte (siehe S.
45f.)[76] Einerseits war die soziale Ordnung und Hierarchie, die
die Engländer in diesen indigenen Körpermerkmalen sahen,
beruhigend vertraut. Wie Joel Konrad feststellte, zeigte diese
Interpretation der Zeichen, inwieweit die Virginier, obwohl sie
›Wilde‹ waren, eine klare soziale Hierarchie aufrechterhiel-
ten. Da sie kaum Kleidung trugen, mussten die Lehnszeichen
zwangsläufig auf der Haut prangen, ein deutlicher Hinweis auf
eine nachvollziehbare Hierarchie und die Bereitschaft, sich beherrschen zu lassen.«[77] Andererseits verrieten die Zeichen nur
anderen indigenen Menschen, »welchem Fürsten sie untertan
sind, oder von welchem Ort sie ihren ursprünglichen [eth-
nischen Ursprung] haben«. Die Engländer konnten sie nicht
direkt entziffern oder lesen, was aus mehreren Gründen beun-
ruhigend war. Auf praktischer Ebene konnten die Engländer die
Markierungen nicht verwenden, um Verbündete oder Feinde
zu erkennen. Auf einer abstrakteren Ebene waren die Syste-
me der Hautmarkierungen ein klarer Beweis für Wissens- und
Kommunikationsformen, die sich dem europäischen Verständnis entzogen.

Der *Leipziger Spectateur* berichtete skeptisch, dass Pight
behauptete, die Quantität und Qualität der Zeichen an den
Männern sei ein Zeichen ihres adeligen Status als »wahre
Fürsten«. Der veröffentlichte Breslauer Bericht ging in seiner
Skepsis sogar noch weiter und begründete dies damit, die
zahlreichen Markierungen von Ocktscha Rinscha und Tuski
Stannaki wahrscheinlich kein Zeichen von Adel sei, da »unter
diesen Amerikanern solche Körperinschriften als Zeichen der
Staatsbürgerschaft (Bürgerrecht) angenommen werden und
völlig üblich sind.«[78] Im Gegensatz zu früheren Assoziationen
der Hautmarkierung mit Adel, wie Pight betont, lasen und
lernten diese mitteleuropäischen Beobachter, dass die Hautmarkierung ein breiteres Zeichen der Zugehörigkeit zu einem

76   Mairin Odle, *Under the Skin: Tattoos, Scalps, and the Contested Language
of Bodies in Early America*, Philadelphia 2023: 13–43.

77   Joel Konrad, *Curiously and Most Exquisitely Painted‹: Body Marking in
British Thought and Experience, 1580–1800* (PhD Diss., McMaster University, 2011):53; Übers. von Jeannette Zuleeg.

78   *Sammlung von Natur- und Medicin-[…] Geschichten* [für 1722] 21 (1724):
315.

The *Leipziger Spectateur* reported skeptically that Pight claimed the quantity and quality of marks on the men was a sign of their noble status as "true Princes." The published Breslau account took this skepticism even further, reasoning that the degree of marking on Ocktscha Rinscha and Tuski Stannaki was probably not a sign of nobility because "among these Americans such bodily inscriptions are received as signs of citizenship [*Bürgerrecht*] and are entirely common."[78] In contrast to earlier associations of skin marking with nobility, as emphasized by Pight, these central European observers read and learned that marked skin was a broader sign of membership in a polity, open to almost everyone in the respective ethno-political group. Likewise, the German (and Dutch) accounts pushed the time of skin marking back into the childhood of the men so that it became a generic marker received from their parents—almost like race. These assertions in the Breslau and Leipzig reports on Ocktscha Rinscha and Tuski Stannaki emphasize dermal marking as inborn and thus associated more with nature and less with culture. This sense of inborn dermal marking, much sharper than in the previous century, allowed Europeans to erase or overlook its hieroglyphic character and its personal specificity. The ability to reinterpret the marks on the skin of these men shows how far the European understanding and use of epidermalization had come. European commentators transformed intricate African and American dermal signs that were incomprehensible to European eyes into marks of nature and "imagination." By effacing the cultural and personal expression of the tattoos on Ocktscha Rinscha and Tuski Stannaki, two distinct people from two different Native cultures, the men were transformed into generic "wild" Indians or "American Princes," commodified for their skin markings and kept as slaves. Even their acceptance of the "invisible mark" of baptism did not truly affect this status.

The legal status of Ocktscha Rinscha and Tuski Stannaki as slaves was never questioned. In all the initial accounts of the men, their owner, the "English ship-captain named Pecht" (i.e., John Pight), was right there, carefully managing access to them. The Breslau *Sammlung* notes that when the "Princes" arrived in Dresden, "their master ('maître') was willing to sell them for 1000 Thaler cash," while the *Leipziger Spectateur* speaks matter-of-factly of "their way of life when they

78   *Sammlung von Natur- und Medicin-(…) Geschichten* [for 1722] 21 (1724): 315.

Gemeinwesen war, das fast allen Angehörigen der jeweiligen ethnisch-politischen Gruppe offenstand. Auch in den deutschen (und niederländischen) Berichten wird der Zeitpunkt der Hautmarkierung in die Kindheit der Männer zurückverlegt, sodass sie zu einem allgemeinen Merkmal wurde, das sie von ihren Eltern erhielten – fast wie die *race*. Diese Behauptungen in den Berichten aus Breslau und Leipzig über Ocktscha Rinscha und Tuski Stannaki betonen, dass die Hautmarkierung angeboren ist und daher eher mit der Natur und weniger mit der Kultur in Verbindung gebracht wird. Dieser Sinn für die angeborene Hautzeichnung, der viel ausgeprägter war als im vorigen Jahrhundert, ermöglichte es den Europäer*innen, den hieroglyphischen Charakter und die persönliche Besonderheit der Hautzeichnung zu übersehen oder zu löschen. Die Fähigkeit, die Zeichen auf der Haut dieser Männer neu zu interpretieren, zeigt, wie weit das europäische Verständnis und die Verwendung der Epidermalisation fortgeschritten waren. Europäische Kommentatoren verwandelten die komplexen afrikanischen und amerikanischen Hautzeichen, die für europäische Augen unverständlich waren, in Zeichen der Natur und der »Phantasie«. Durch die Auslöschung des kulturellen und persönlichen Ausdrucks der Tätowierungen von Ocktscha Rinscha und Tuski Stannaki, zwei unterschiedlichen Menschen aus verschiedenen indigenen Kulturen, wurden die Männer in allgemeine »wilde« indigene Menschen oder »amerikanische Prinzen« verwandelt, die wegen ihrer Hautmalereien zu Waren gemacht und als Versklavte gehalten wurden. Selbst die Annahme des »unsichtbaren Zeichens« der Taufe änderte nichts an diesem Status.

Der rechtliche Status von Ocktscha Rinscha und Tuski Stannaki als Versklavte wurde nie infrage gestellt. In allen anfänglichen Berichten über die Männer war ihr Besitzer, der »englische Schiffskapitän namens Pecht« [d. h. John Pight], direkt anwesend und verwaltete sorgfältig den Zugang zu ihnen. Die Breslauer Sammlung vermerkt, dass bei der Ankunft der »Prinzen« in Dresden »ihr Herr (»Maître«) bereit war, sie für 1000 Taler in bar zu verkaufen«, während der *Leipziger Spectateur* nüchtern von ihrer »Lebens Art, als sie noch frey gewesen«[79] spricht. Auch private und amtliche Dokumente bestätigten ihren Status als Versklavte. Im Herbst 1725 schrieb Bernhard Walther Marperger, der Oberhofprediger in Dresden, an August Hermann Francke über die »amerikanischen Prinzen, die der König als Sklaven erkauft [hat]«.[80] In ihrem eigenen Taufgesuch, das sie im Mai 1725 einreichten, bezeichneten sich Ocktscha Rinscha und Tuski Stannaki nicht als Versklavte,

---

79   *Sammlung von Natur- und Medicin-[…] Geschichten* [für 1722] 22 (1724): 705; *Leipziger Spectateur* 3 (1723): 146: »Ihre Lebens Art, als sie noch frey gewesen«.

80   Wotschke (wie Anm. 50): 183.

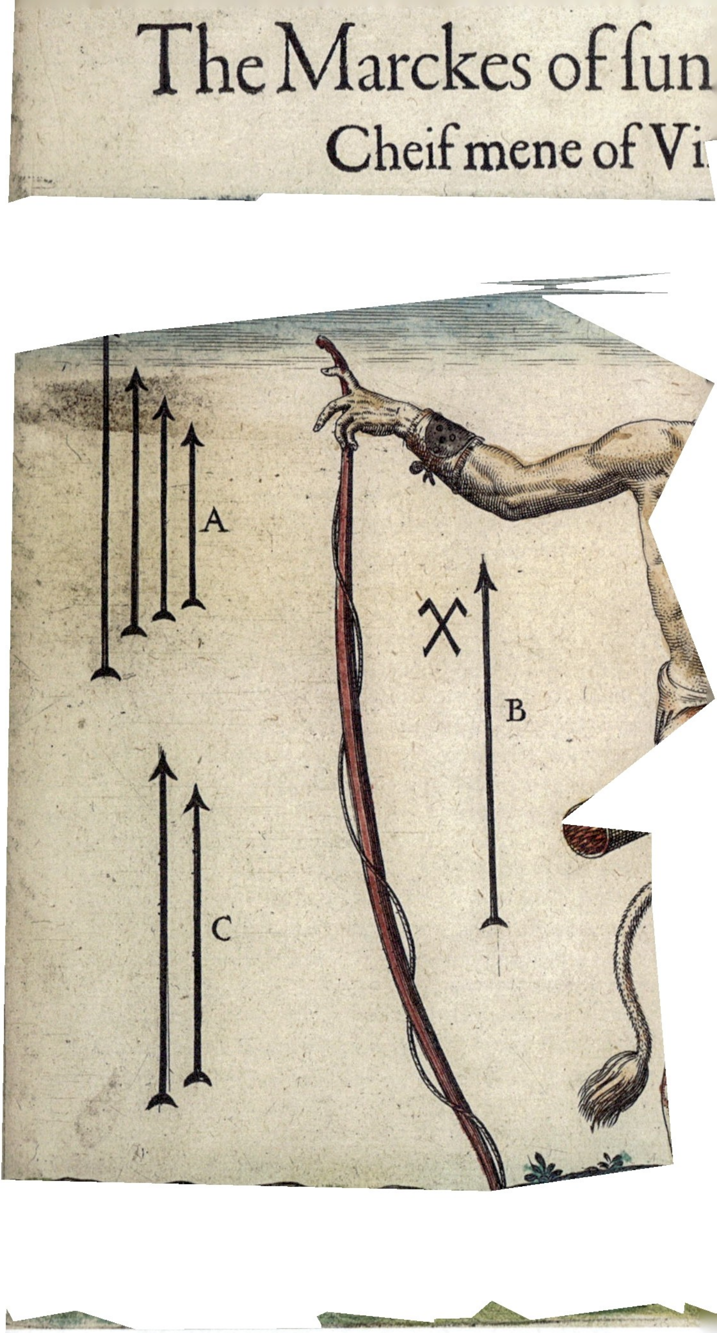

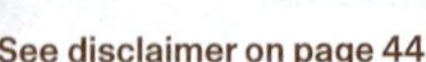

See disclaimer on page 44.

Illustration by Theodor de Bry for Thomas Hariot's *A Briefe and True Report of the New Found Land of Virginia* (Frankfurt: Theodor de Bry, 1590). From the British Library Collection. Public domain.

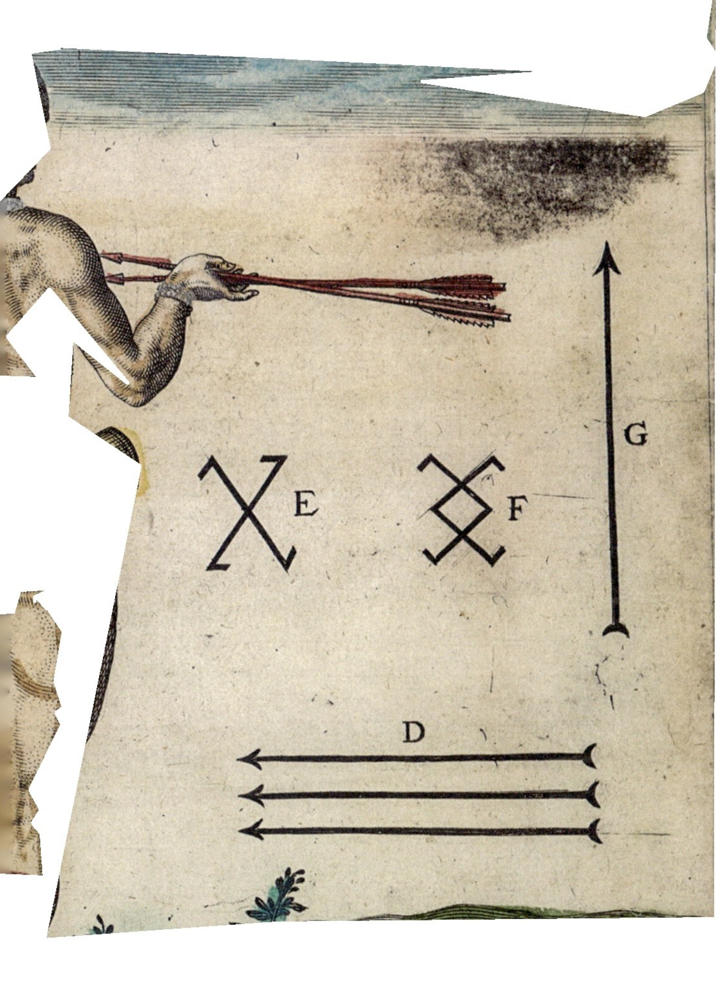

Siehe Hinweis auf Seite 45.

Illustration von Theodor de Bry für Thomas Hariots *A Briefe and True Report of the New Found Land of Virginia*, Frankfurt 1590. British Library, lizenzfrei.

were still free."[79] Private and official documents also affirmed their slave status. In the fall of 1725, Bernhard Walther Marperger, the Senior Court Preacher (*Oberhofprediger*) in Dresden, wrote to August Hermann Francke regarding "the two American Princes whom the King bought as slaves."[80] In their own petition to be baptized, submitted in May 1725, Ocktscha Rinscha and Tuski Stannaki do *not* refer to themselves as slaves, writing simply as "we poor and distressed foreigners." But the angry inquiry by the King-Elector about the Lutheran baptism of the two men refers to "the two Americans we purchased as slaves some time ago."[81]

We know from a growing body of scholarship about the uncertain legal and quotidian status of many Africans in early modern Germany—balanced between slave and servant, between dependent and employee, sometimes entering service as a "gift" like property, in other cases hired and paid like other court personnel.[82] In the case of Ocktscha Rinscha and Tuski Stannaki, there was no doubt: their owner was Herr Pecht, who came from a place where the line between employee and slave was drawn very sharply indeed. And as their owner, he "offered them for purchase to His Majesty in Poland, our most gracious Lord, for 1000 Rthl."[83]

The men were slaves because they had been "captured by their enemies in battle."[84] Their Native captors "had the right, according to the customs of the land, to kill them," but had preferred to deliver them over to "an English captain."[85] Pight was their owner because he had obtained them as prisoners of war from other Native Americans (*Leipziger Spectateur*) or because he had captured them himself at sea and taken them as "Prisonniers de guerre" (Breslau *Sammlung* and the *Leipziger Jahr-Buch*). In any case, the accounts from

79   *Sammlung von Natur- und Medicin-(...) Geschichten* [for 1722] 22 (1724): 705, and *Leipziger Spectateur* 3 (1723): 146: "Ihre Lebens Art, als sie noch frey gewesen."
80   Wotschke, "Oberhofprediger Marperger," 183.
81   Sächsisches Staatsarchiv, 10025 Geheimes Konsilium, Loc. 4692/07, fol. 2r: "wir arme betrübte Frembdlinge" and fol. 5v: "die beyden Americaner, so Wir vor einiger Zeit als Sclaven erkaufft."
82   See most recently the chapters by Arne Spohr, "Violence, Social Status, and Blackness in Early Modern Germany: The Case of the Black Trumpeter Christian Real (ca. 1643–after 1674)" and Rebekka von Mallinckrodt, "Slavery and the Law in Eighteenth-Century Germany," in *Beyond Exceptionalism: Traces of Slavery and the Slave Trade in Early Modern Germany, 1650–1850*, ed. Rebekka von Mallinckrodt, Josef Köstlbauer, and Sarah Lentz (Berlin and Boston: De Gruyter, 2021), 57–80 and 137–162.
83   *Leipziger Spectateur* 3 (1723): 150.
84   *Leipziger Spectateur* 3 (1723): 146.
85   *Leipziger Spectateur* 3 (1723): 146.

sondern einfach als »wir arme betrübte Frembdlinge«. Doch die verärgerte Anfrage des Kurfürsten zur lutherischen Taufe der beiden Männer bezieht sich auf »die beyden Americaner, so Wir vor einiger Zeit als Sclaven erkaufft«.[81]

Wir wissen aus einer wachsenden Zahl von Forschungsarbeiten über den unsicheren rechtlichen und alltäglichen Status vieler Afrikaner*innen im frühneuzeitlichen Deutschland – sie schwankten zwischen Versklavten und Knechten, zwischen Abhängigen und Angestellten, traten manchmal als »Geschenk« wie Eigentum in den Dienst, in anderen Fällen wurden sie wie anderes Hofpersonal angestellt und bezahlt.[82] Im Fall von Ocktscha Rinscha und Tuski Stannaki gab es keinen Zweifel: Ihr Besitzer war Herr Pecht, der aus einer Gegend kam, in der die Grenze zwischen Angestellten und Versklavten sehr scharf gezogen war. Und als ihr Besitzer bot er sie »Ihro Majestät in Pohlen, unserm Allergnädigsten Herrn, um 1000 Rthl. zu Kauff«.[83]

Die Männer waren versklavt, weil sie »von ihren Feinden gefangen worden im Kriege« waren.[84] Ihre einheimischen Entführer »hätten nach Landes-Gebrauch wohl das Recht gehabt, sie umzubringen, sie haben aber lieber einem Englischen Capitain als dem Tode, ihr geraubtes Gut überantworten wollen.«[85] Pight war ihr Besitzer, weil er sie als Kriegsgefangene von anderen indigenen Bewohner*innen Amerikas erhalten hatte (*Leipziger Spectateur*) oder weil er sie selbst auf See gefangen genommen und als »Prisonniers de guerre« (Breslau Sammlung und Leipziger Jahr-Buch) mitgenommen hatte. In jedem Fall erlaubten die Berichte aus Breslau, Leipzig und Dresden den Deutschen, die bekannte Rechtfertigung für den Handel mit versklavten Afrikaner*innen zu wiederholen. Die Behauptung, dass schwarze versklavte Menschen bereits in Afrika nach afrikanischen Sitten und in Übereinstimmung mit dem Kriegsrecht rechtmäßig versklavt worden waren, wurde auf den konkreten Kontext von Pight und seinen gefangenen Amerikanern übertragen. In den 1720er-Jahren mehrten sich die Einwände gegen die absurde Ausdehnung des Kriegsrechts auf die Versklavung afrikanischer Frauen und Kinder sowie auf die Rechtfertigung der erblichen Sklaverei.[86] Aber

81   Sächsisches Staatsarchiv, 10025 Geheimes Konsilium, Loc. 4692/07, fol. 2r: »wir arme betrübte Frembdlinge«; fol. 5v.

82   Siehe zuletzt die Kapitel von Arne Spohr, »Violence, Social Status, and Blackness in Early Modern Germany: The Case of the Black Trumpeter Christian Real (ca. 1643–nach 1674)«; Rebekka von Mallinckrodt, »Slavery and the Law in Eighteenth-Century Germany,« in: *Beyond Exceptionalism: Traces of Slavery and the Slave Trade in Early Modern Germany, 1650–1850*, hrsg. von ders., Josef Köstlbauer und Sarah Lentz, Berlin/Boston 2021: 57–80 und 137–162.

83   *Leipziger Spectateur* 3 (1723): 150.

84   *Leipziger Spectateur* 3 (1723): 146.

85   Ebd.

86   Zum Beispiel liest man in der deutschen Übersetzung (1709) von Aphra Behns *Oroonoko*, dass Imoinda »über ihres Gemahls und ungeborenen

Breslau, Leipzig, and Dresden allowed Germans to rehearse the familiar justification for trade in enslaved Africans. The claim that Black slaves had already been legitimately enslaved in Africa according to African customs and in accord with the law of war was transferred to the more tangible context of Pight and his captive Americans. By the 1720s, there were growing objections to the absurd extension of the law of war to include the enslavement of African women and children as well as to justify hereditary slavery.[86] But Pight's captives were "clearly" his, taken as adult fighting men—effectively an "ideal case" in the justification of Atlantic slavery. Oddly, the German accounts are less clear on the role of Pight himself: he styled these men as "Princes," but Germans also understood that they were his captives. He is never (as far as I have been able to find) referred to as their master ("Herr") or owner ("Besitzer")—instead, the reports call him the "Patron," "Führer," or "Maître" of Ocktscha Rinscha and Tuski Stannaki.

No one seems to have challenged the two Native Americans' enslavement as such. After Pight sold the men to Augustus II sometime in 1723, their legal status did not change as far as we can tell. Later, when the struggle over their desire to be baptized as Lutheran Christians commenced, some of Ocktscha Rinscha and Tuski Stannaki's supporters claimed that when the "English Captain sold them to our King (…) the King is supposed to have promised to give them complete freedom of religion."[87] There is no record of the sale or any conditions that might have accompanied it, however.

Nor has anyone found any evidence of the men's legal emancipation: neither their purchase by the King-Elector nor their baptisms in October 1725 had any effect on their status. As noted above, supporters of Augustus's authority over Ocktscha Rinscha and Tuski Stannaki claimed that the Native men "had no freedom of religion, because they were purchased with money

---

86   For example, in the German translation (1709) of Aphra Behn's *Oroonoko* one reads that Imoinda "wept and sighed over the servitude of her husband and unborn child" ("über ihres Gemahls und ungeborenen Kindes Knechtschafft zu weinen und zu seuffzen"), evoking the question of hereditary slavery. Behn, *Lebens- und Liebes-Geschichte*, 122.

87   Franckesche Stiftungen Halle, Estate of A. H. Francke 9/17: 1, "Brief von Christian Gerber an August Hermann Francke," [fol. 2v]: "Die beyde Americanischen Prinzen stecken nun leider zu Warschau auf im Kloster. Wenn doch Dero [J.] Kön. Maj. in Engell. ins Herz gäbe, sich dieser Prinzen anzunehmen, weil sie [?] ein Engell. Capitain an unsern König Verkaufft habe, u. der König Versprochen haben soll, Ihnen moge der Religion alle Freyheit zulassen."

Pights Gefangene gehörten »eindeutig« ihm, da sie als erwachsene, kämpfende Männer genommen wurden – quasi ein »Idealfall« zur Rechtfertigung der atlantischen Sklaverei. Seltsamerweise sind die deutschen Berichte weniger klar, was die Rolle von Pight selbst betrifft: Er bezeichnete diese Männer als »Prinzen«, aber die Deutschen verstanden auch, dass sie seine Gefangenen waren. Er wird nie (soweit ich finden konnte) als ihr »Herr« oder »Besitzer« bezeichnet – stattdessen nennen ihn die Berichte den »Patron«, »Führer« oder »Maître« von Ocktscha Rinscha und Tuski Stannaki.

Niemand scheint die Versklavung der beiden indigenen Amerikaner als solche angefochten zu haben. Nachdem Pight die Männer irgendwann im Jahr 1723 an August II. verkauft hatte, änderte sich ihr rechtlicher Status, soweit wir wissen, nicht. Später, als der Kampf um ihren Wunsch, als lutherische Christen getauft zu werden, begann, behaupteten einige der Unterstützer von Ocktscha Rinscha und Tuski Stannaki, dass der englische Kapitän, als er sie »an unsern König Verkaufft habe, der König Versprochen haben soll, Ihnen moge der Religion alle Freyheit zulassen«.[87] Es gibt jedoch keine Aufzeichnungen über den Verkauf oder etwaige Bedingungen, die damit einhergegangen sein könnten.

Auch für die rechtliche Emanzipation der Männer hat man keine Belege gefunden: Weder ihr Kauf durch den Kurfürsten noch ihre Taufe im Oktober 1725 hatten irgendeine Auswirkung auf ihren Status. Wie bereits erwähnt, behaupteten die Befürworter der Autorität Augusts über Ocktscha Rinscha und Tuski Stannaki, dass die beiden »keine Religionsfreiheit hatten, weil sie mit Geld als Leibeigene gekauft wurden.« Die Bezeichnung der Männer als »Leibeigene« und nicht als Versklavte könnte dieser Behauptung mehr Rechtskraft verliehen haben.[88] Trotz der Behauptung, sie seien unfrei, entschieden sich Ocktscha Rinscha und Tuski Stannaki für die Taufe, und die sächsischen Lutheraner feierten die Freiheit, die ihnen das Sakrament brachte:

> »Dresden hat in der Tat noch nie die Freude erlebt, heidnische Prinzen unter sich zu sehen, geschweige denn, sie in ihre Gemeinschaft und Kirche aufzunehmen. Sie sind nun nicht nur aus der körperlichen, sondern auch aus der spirituellen Sklaverei befreit. Sie sind nun Mitbürger in Christi Reich und unsere Brüder geworden.«[89]

Kindes Knechtschafft zu weinen und zu seuffzen« hatte, was die Frage der erblichen Sklaverei aufwirft; Behn (wie Anm. 63): 122.
87 Franckesche Stiftungen Halle, Nachlass A. H. Francke 9/17: 1, »Brief von Christian Gerber an August Hermann Francke« [fol. 2v]: »Die beyde Americanischen Prinzen stecken nun leider zu Warschau auf im Kloster. Wenn doch Dero [J.] Kön. Maj. in Engell. ins Herz gäbe, sich dieser Prinzen anzunehmen, weil sie [?] ein Engell. Capitain an unsern König Verkaufft habe, u. der König Versprochen haben soll, Ihnen moge der Religion alle Freyheit zulassen.«
88 Wotschke (wie Anm. 50): 178.
89 *Kurtzgefastes sächsisches Kern-Chronicon* 6 (1725/26): 559–562.

as serfs [*Leibeigene*]".[88] Designating the men as "serfs" rather than slaves may have lent this claim more legal precedent. Despite the assertion that they were unfree, Ocktscha Rinscha and Tuski Stannaki *did* choose to receive baptism, and Saxony's Lutherans celebrated the freedom brought by the sacrament:

> Dresden has indeed never experienced the joy of seeing heathen Princes among them, much less of accepting them into their community and church. They have now been freed not only from physical slavery but also from their spiritual slavery. They have now become fellow citizens in Christ's kingdom and our brothers.[89]

This claim that the men were "freed not only from physical slavery but also from their spiritual slavery" appears only in this single journal report and does not seem to reflect any actual change of status. Even if Ocktscha Rinscha and Tuski Stannaki were considered "as free as" other members of the court, that meant that they were being fed, clothed, and sheltered in the extended household of the King. Baptized Lutherans or not, they still "belonged to the court" and could not ignore the royal summons to Warsaw.[90]

During their time in Poland, about which we know little, the men seem to have made two significant transitions: from Lutheran to Roman Catholic, and from ad hoc members of the court living in a Dresden inn to true court servants—paid, employed, and registered alongside many others in the court personnel books. Their undefined status as slaves, serfs, or servants at court left them in the state of "privileged dependency" so typical for African court personnel in the Empire under the Old Regime.[91]

If the references to Ocktscha Rinscha and Tuski Stannaki as lawfully enslaved prisoners of war allowed Germans to reiterate a key justification for Atlantic slavery, then the thorough bodily examinations to which the men were subjected seem to have enabled the rehearsal of another key aspect of the Atlantic slave

---

88 Wotschke, "Oberhofprediger Marperger," 178.
89 *Kurtzgefastes sächsisches Kern-Chronicon* 6 (1725–26): 559–562.
90 Wotschke, "Oberhofprediger Marperger," 184.
91 See Vera Lind, "Privileged Dependency on the Edge of the Atlantic World: Africans and Germans in the Eighteenth Century," in *Interpreting Colonialism*, ed. Byron R. Wells (Oxford: Voltaire Foundation, 2004), 369–391. See Arne Spohr, "'Mohr und Trompeter': Blackness and Social Status in Early Modern Germany," *Journal of the American Musicological Society* 72, no. 3 (2019): 613–663, and the literature cited there.

Die Behauptung, die Männer seien »nicht nur von der körperlichen, sondern auch von der spirituellen Sklaverei befreit«,
taucht nur in diesem einen Tagebuchbericht auf und scheint
keine tatsächliche Änderung des Status widerzuspiegeln.
Selbst wenn Ocktscha Rinscha und Tuski Stannaki als »so frei
wie« andere Mitglieder des Hofes betrachtet wurden, bedeutete dies, dass sie im erweiterten Haushalt des Königs ernährt,
gekleidet und untergebracht wurden. Getaufte Lutheraner
oder nicht, sie gehörten weiterhin »zum Hof« und konnten die
königliche Vorladung nach Warschau nicht ignorieren. [90]

Während ihrer Zeit in Polen, über die wir nur wenig wissen,
scheinen die Männer zwei bedeutende Wandlungen durchgemacht zu haben: vom lutherischen zum römisch-katholischen
Glauben und von Ad-hoc-Mitgliedern des Hofes, die in einem
Dresdner Gasthaus lebten, zu echten Hofdienern – bezahlt,
angestellt und neben vielen anderen in den Personalbüchern
des Hofes eingetragen. Ihr undefinierter Status als Versklavte,
Leibeigene oder Hofbedienstete ließ sie in einem Zustand »pri-
vilegierter Abhängigkeit«, wie sie für afrikanisches Hofpersonal im Reich unter dem Ancien Régime typisch war.[91]

Wenn die Erwähnung von Ocktscha Rinscha und Tuski
Stannaki als rechtmäßig versklavte Kriegsgefangene es den
Deutschen ermöglichte, eine zentrale Rechtfertigung für
die atlantische Sklaverei zu wiederholen, dann scheinen die
gründlichen Körperuntersuchungen, denen die Männer unter-
zogen wurden, die Einübung eines anderen zentralen Aspekts
des atlantischen Sklavenhandels ermöglicht zu haben, nämlich die Inspektion der versklavten Körper für den Verkauf. Um
diese gekennzeichneten und versklavten Körper zu verstehen,
suchten die deutschen Beobachter einen möglichst nahen
Zugang zur Haut. Der Breslauer Autor berichtet, dass »man mit
angefeuchteten Fingern auf die Linien [Tätowierungen] drück-
te, kratzte und rieb, aber die Farbe änderte sich überhaupt
nicht«. Im *Leipziger Spectateur* lesen wir ebenfalls von einer
sehr genauen, praktischen Untersuchung der Haut der beiden
Männer, die zu dem Schluss kam, dass »die Figuren nur leicht
über die zweite Haut [d.h. die Dermis] erhaben sind.« In Breslau stellte man bei der Untersuchung der Haut der indigenen
Amerikaner fest, dass »das Pigment dieser charakteristischen
[Zeichen] so fest und tief in der Cuticula [Oberhaut] verankert
[war], dass man nicht die geringste Spur eines Verschmierens
davon wahrnehmen konnte«.[92] Auch ihr Haar faszinierte die

90 Wotschke (wie Anm. 50): 183.
91 Siehe Vera Lind, »Privileged Dependency on the Edge of the Atlantic World:
Africans and Germans in the Eighteenth Century«, in: *Interpreting Colonialism*, hrsg. von Byron R. Wells, Oxford 2004: 369–391; Arne Spohr, »›Mohr
und Trompeter‹: Blackness and Social Status in Early Modern Germany«, in:
Journal of the American Musicological Society 72, Nr. 3 (2019): 613–663,
und die dort zitierte Literatur.
92 *Leipziger Spectateur* 3 (1723): 148; *Sammlung von Natur- und Medicin-[…]*

trade, namely, the inspection of enslaved bodies for sale. To understand these marked and enslaved bodies, the German observers sought the closest possible access to the skin. The Breslau author reports that "one pinched, scratched, and rubbed with a moistened finger on the lines [tattoos], but the color did not change at all." In the *Leipziger Spectateur*, we likewise read of a very close, hands-on inspection of the skin of the two men, which concluded that "the figures are just slightly raised above the second skin [i.e., the dermis]." In Breslau, study of the Native Americans' skin brought the determination that "the pigment of these characteristic [marks] was [set] so firmly and deeply in the cuticula [epidermis] that one could not perceive the slightest trace of any smearing of it."[92] Their hair also fascinated observers: according to the Breslau report, "the hair (...) was not only coal black, but it also had the same consistency—in thickness, strength, and hardness—as horsehair." The bodily invasion suffered by the men whenever "on display" is especially vivid when we read that the Breslau authors "pulled back and held together the entire mass of hair" of one of the men, and that "it was just like holding the tail or mane of a horse."[93]

In their "inspections" of Ocktscha Rinscha and Tuski Stannaki, the curious observers encountered only one barrier—and their repeated attempts to cross it reveal their expectations regarding access to commodified bodies. As the author of the *Leipziger Spectateur* explained: "I have often been amazed by the singular curiosity of people viewing these Princes, because I have often seen them while in the company of others who have inquired about the nature of their genital members."[94] Indeed, the Breslau authors remarked with regret that "one could not see any of the *genitalibus*, although one would have gladly, in order to investigate whether these Princes might be circumcised."[95] Like the purchasers of slave bodies, these curious men expected unfettered access to the Native American bodies they had just paid "ein Sieben-Creutzer" (about four pence) to examine.

The excruciatingly close physical inspections call to mind both the precise anatomical work being performed at the time on African skin (in London, Leiden,

92 *Leipziger Spectateur* 3 (1723): 148; *Sammlung von Natur- und Medicin-(...) Geschichten* [for 1722] 21 (1724): 313.
93 *Sammlung von Natur- und Medicin-(...) Geschichten* [for 1722] 21 (1724): 314.
94 *Leipziger Spectateur* 3 (1723): 151.
95 *Sammlung von Natur- und Medicin-(...) Geschichten* [for 1722] 21 (1724): 313.

Beobachter: Dem Breslauer Bericht zufolge war »das Haar [...]
nicht nur kohlschwarz, sondern es hatte auch die gleiche Kon-
sistenz – Dicke, Stärke und Härte – wie Rosshaar.« Der körper-
liche Eingriff, den die Männer erlitten, wenn sie »zur Schau
gestellt« wurden, wird besonders anschaulich, wenn wir lesen,
dass die Breslauer Autoren »die gesamte Haarmasse« eines
der Männer »zurückzogen und zusammenhielten« und dass
»es so war, als würde man den Schwanz oder die Mähne eines
Pferdes halten«.[93]

Bei ihren »Inspektionen« von Ocktscha Rinscha und Tuski
Stannaki stießen die neugierigen Beobachter nur auf eine Bar-
riere – und ihre wiederholten Versuche, diese zu überwinden,
offenbart viel über ihre Erwartungen an den Zugang zu den
komodifizierten Körpern. So erklärte der Autor des *Leipziger
Spectateur:* »Ich habe mich oft über die einzigartige Neugier
der Leute gewundert, die diese Prinzen betrachten, denn ich
habe sie oft in Gesellschaft anderer gesehen, die sich nach der
Beschaffenheit ihrer Genitalien erkundigt haben.«[94] In der Tat
bemerkten die Breslauer Autoren mit Bedauern, dass »man
keinen der *genitalibus* sehen konnte, obwohl sie gern gesehen
hätte, um zu untersuchen, ob diese Prinzen beschnitten sein
könnten.«[95] Genau wie die Käufer von versklavten Körpern
erwarteten diese neugierigen Männer ungehinderten Zugang
zu den Körpern der indigenen Amerikaner, für deren Untersuchung sie gerade »einen Sieben-Creutzer« (etwa vier Pfenni-
ge) bezahlt hatten.

Die quälend genauen körperlichen Inspektionen erinnern
sowohl an die präzisen anatomischen Arbeiten, die damals
an der afrikanischen Haut durchgeführt wurden (in London,
Leiden oder Paris), um die empirische Grundlage des »afrikanischen Schwarzseins« zu ermitteln, als auch an die tägliche,
brutale Inspektion der versklavten Körper für den Kauf (in
Hueda oder Bunce Island, Cartagena oder Charleston). Diese
beiden Aspekte der atlantischen Sklaverei – der wissenschaft-
lich/ideologische und der alltägliche/kommerzielle – wurden
in den riesigen atlantischen Imperien der Spanier, Niederlän-
der, Briten oder Franzosen sorgfältig voneinander getrennt.
Wenn wir jedoch nach Spuren des atlantischen Sklavenhandels im Heiligen Römischen Reich suchen und sowohl den
Handel von Menschen wie Ocktscha Rinscha und Tuski Stannaki als auch die diskursive Auseinandersetzung mit Haut und
Sklaverei, die sie hervorriefen, untersuchen, kommen diese
normalerweise getrennten Aspekte des Handels zusammen.
Die Möglichkeit, disparate Aspekte der atlantischen Sklaverei
in einem engeren Rahmen zu betrachten – zum Beispiel das

Geschichten [für 1722] 21 (1724): 313.
93   Ebd.: 314
94   *Leipziger Spectateur* 3 (1723): 151.
95   *Sammlung von Natur- und Medicin-[...] Geschichten* [für 1722] 21 (1724): 313.

or Paris) to uncover the empirical basis of "African blackness" and the daily, brutal inspection of enslaved bodies for purchase (in Hueda or Bunce Island, Cartagena or Charleston). These two aspects of Atlantic slavery—the scientific/ideological and the quotidian/commercial—were carefully separated from one another in the vast Atlantic empires of the Spanish, Dutch, British, or French. But when we search for traces of the Atlantic slave trade in the Holy Roman Empire, examining both the trafficking of people like Ocktscha Rinscha and Tuski Stannaki and the discursive engagement with skin and slavery they evoked, these typically separate (or separated) aspects of the trade come together. The opportunity to see disparate aspects of Atlantic slavery together in a tighter frame—to see practices of colonial knowledge-making and profit-making collide, for example—means that the study of slavery in the Empire can deepen our understanding of early modern slavery everywhere.

Conclusion

The rich evidence of the lives of Ocktscha Rinscha and Tuski Stannaki described here can inform a range of issues in Native American, Atlantic, and Central European history. This essay has focused on changing relationships between skin, slavery, and race as fundamental to early modern epidermalization. From the sixteenth to the eighteenth century, European accounts of permanent skin marking in the Atlantic World gradually shifted from describing them as a hieroglyphic sign of nobility (complex, intelligible, and reserved for only a few in a given society) to considering the marks as a merely symbolic or decorative—and thus ubiquitous—aspect of ethnic identity (marking all in a given society in similar ways).

The personal and unique dermal marks that in a sense *made* Ocktscha Rinscha and Tuski Stannaki the men they were serve as an example of traditional epidermalization. But German observers also noted the color of the skin on which the marks had been made. Either soot or the juice of some "American root" was used to make the marks permanent, the *Leipziger Spectateur* explained, noting that the bluish figures "do not look bad on a nearly coffee-colored body."[96] The Breslau

96   *Leipziger Spectateur* 3 (1723): 148.

Aufeinandertreffen von Praktiken der kolonialen Wissensproduktion und des Profitmachens – bedeutet, dass die Untersuchung der Sklaverei im Alten Reich unser Verständnis der
frühneuzeitlichen Sklaverei überall vertiefen kann.

Schlussfolgerung

Die reichhaltigen Zeugnisse aus dem Leben von Ocktscha
Rinscha und Tuski Stannaki, die hier beschrieben wurden,
können eine Reihe von Fragen zur Geschichte der indigenen
Amerikaner, des Atlantiks und Mitteleuropas aufwerfen. Dieser
Aufsatz hat sich auf die sich verändernden Beziehungen zwischen Haut, Sklaverei und *race* konzentriert, die für die Frühe
Neuzeit von grundlegender Bedeutung sind. Vom 16. bis zum
18. Jahrhundert wandelten sich die europäischen Darstellungen der permanenten Hautmarkierung in der atlantischen Welt
allmählich von der Beschreibung als hieroglyphisches Zeichen
des Adels (komplex, verständlich und nur wenigen in einer
bestimmten Gesellschaft vorbehalten) hin zur Betrachtung der
Markierungen als rein symbolischen oder dekorativen – und
damit allgegenwärtigen – Aspekt der ethnischen Identität
(die alle in einer bestimmten Gesellschaft auf ähnliche Weise
kennzeichnet).

Die persönlichen und einzigartigen Hautmale, die
Ocktscha Rinscha und Tuski Stannaki in gewisser Weise zu
den Männern machten, die sie waren, sind ein Beispiel für
die traditionelle Epidermalisation. Deutsche Beobachter bemerkten aber auch die Farbe der Haut, auf der die Zeichen
hinterlassen worden waren. Entweder wurde Ruß oder der Saft
einer »amerikanischen Wurzel« verwendet, um die Zeichen
dauerhaft zu machen, erklärte der *Leipziger Spectateur* und
bemerkte, dass die bläulichen Figuren »auf einem fast kaffee-
farbenen Körper nicht schlecht aussehen.«[96] In der Breslauer
Sammlung heißt es, dass »ihre Hautfarbe fast zigeunerartig
war, bräunlich oder braun-gelblich.«[97] In diesen Berichten
sehen wir eine verhängnisvolle Verschiebung weg von der
indigenen Hautmarkierung (von der man einst annahm, dass
sie Hieroglyphen enthielt, die sich dem europäischen Verständnis entzogen) hin zu einer Vorstellung von der Haut, die
von den Eltern gezeichnet wurde, d. h. die ihrer tatsächlichen
Farbe entsprach. Dies ist ein wichtiger Schritt in Richtung der

96   *Leipziger Spectateur* 3 (1723): 148.n
97   *Sammlung von Natur- und Medicin-[...] Geschichten* [für 1722] 21 (1724):
     312. Zum Thema *deutscher Weißheit* und der Roma siehe Wulf D. Hund, *Wie
     die Deutschen weiss wurden: Kleine (Heimat) Geschichte des Rassismus*,
     Stuttgart 2017: 61ff. Entsprechend den Vorstellungen über die Hautfarbe
     der indigenen Amerikaner im frühen 18. Jahrhundert wird die Hautfarbe der
     beiden indigenen Männer nie als Rot bezeichnet. Siehe Nancy Shoemaker,
     *A Strange Likeness: Becoming Red and White in Eighteenth-Century North
     America*, Oxford 2006: insb. 126–140.

Sammlung states that "their skin color was almost Gypsy-like, brownish or brown-yellowish."[97] In these reports, we see a fateful shift away from Indigenous skin marking (once thought to contain hieroglyphics beyond European understanding) toward a notion of skin marked by one's parents—that is, like its actual color. This is an important step toward the racialization of skin color as *the* defining attribute of a specific geographic, ethnic, or racial group. The German discussions of marked skin examined in this chapter show this transition, reflecting the culture of Atlantic slavery even in lands far from the trade itself.

When they entered Europe, the bodies of Ocktscha Rinscha and Tuski Stannaki were "painted over" by European associations of skin color and skin markings with slavery and race, just as their bodies had initially been covered with the personal, honorable markings of their own cultures. By reframing these markings as common to all their people (rather than being reserved for nobles) and as aesthetic products of imagination (rather than hieroglyphs of a written language) applied to them as children, the men were stripped of their individuality and refashioned as slaves. In this nascent European dermal regime, skin that was "unmarked" or "white" would come to signify privilege and mastery. The whiteness of a body marked as such would be received as a sign of citizenship (*Bürgerrecht*) and become the common property or privilege of Europeans and their descendants (to rephrase the 1722 Breslau report quoted above). This development in the history of epidermalization brings us one step closer to whiteness as the *Bürgerrecht* of the West in the nineteenth and twentieth centuries.

97   *Sammlung von Natur- und Medicin-(...) Geschichten* [for 1722] 21 (1724): 312. On German whiteness and the Romany, see Wulf D. Hund, *Wie die Deutschen weiss wurden: Kleine (Heimat) Geschichte des Rassismus* (Stuttgart: J.B. Metzler Verlag, 2017), 61ff. Consistent with perceptions of Native American skin color in the early eighteenth century, no one ever refers to the skin color of the two Native men as red. See Nancy Shoemaker, *A Strange Likeness: Becoming Red and White in Eighteenth-Century North America* (Oxford: Oxford University Press, 2006), esp. 126–140.

Rassifizierung der Hautfarbe als definierendes Merkmal einer bestimmten geografischen oder ethnischen Gruppe. Die in diesem Kapitel untersuchten deutschen Diskussionen über markierte Haut zeigen diesen Übergang und spiegeln die Kultur der atlantischen Sklaverei sogar in Ländern wider, die weit vom eigentlichen Handel entfernt waren.

Als sie nach Europa kamen, wurden die Körper von Ocktscha Rinscha und Tuski Stannaki durch die europäischen Assoziationen von Hautfarbe und Hautmarkierungen mit Sklaverei und *race* »übermalt«, so wie ihre Körper ursprünglich mit den persönlichen, ehrenhaften Markierungen ihrer eigenen Kulturen bedeckt gewesen waren. Durch die Umdeutung dieser Zeichen als etwas, das allen ihren Völkern gemeinsam war (und nicht nur Adligen vorbehalten), und als ästhetische Produkte der Fantasie (und nicht als Hieroglyphen einer Schriftsprache), die ihnen als Kindern aufgetragen wurden, wurden die Männer ihrer Individualität beraubt und zu Versklavten degradiert. In diesem aufkommenden europäischen Hautregime sollte »unmarkierte« oder »*weiße*« Haut Privilegien und Herrschaft symbolisieren. Das Weißsein eines so gekennzeichneten Körpers wurde als Zeichen des Bürgerrechts angenommen und wurde zum gemeinsamen Eigentum oder Privileg der Europäer*innen und ihrer Nachkommen (um den oben zitierten Breslauer Bericht von 1722 wiederzugeben). Diese Entwicklung in der Geschichte der »Epidermalisation« bringt uns einen Schritt näher an das Weißsein als das Bürgerrecht des Westens im 19. und 20. Jahrhundert.

Übersetzt von
Jeannette Zuleeg

FROM PORCELAIN

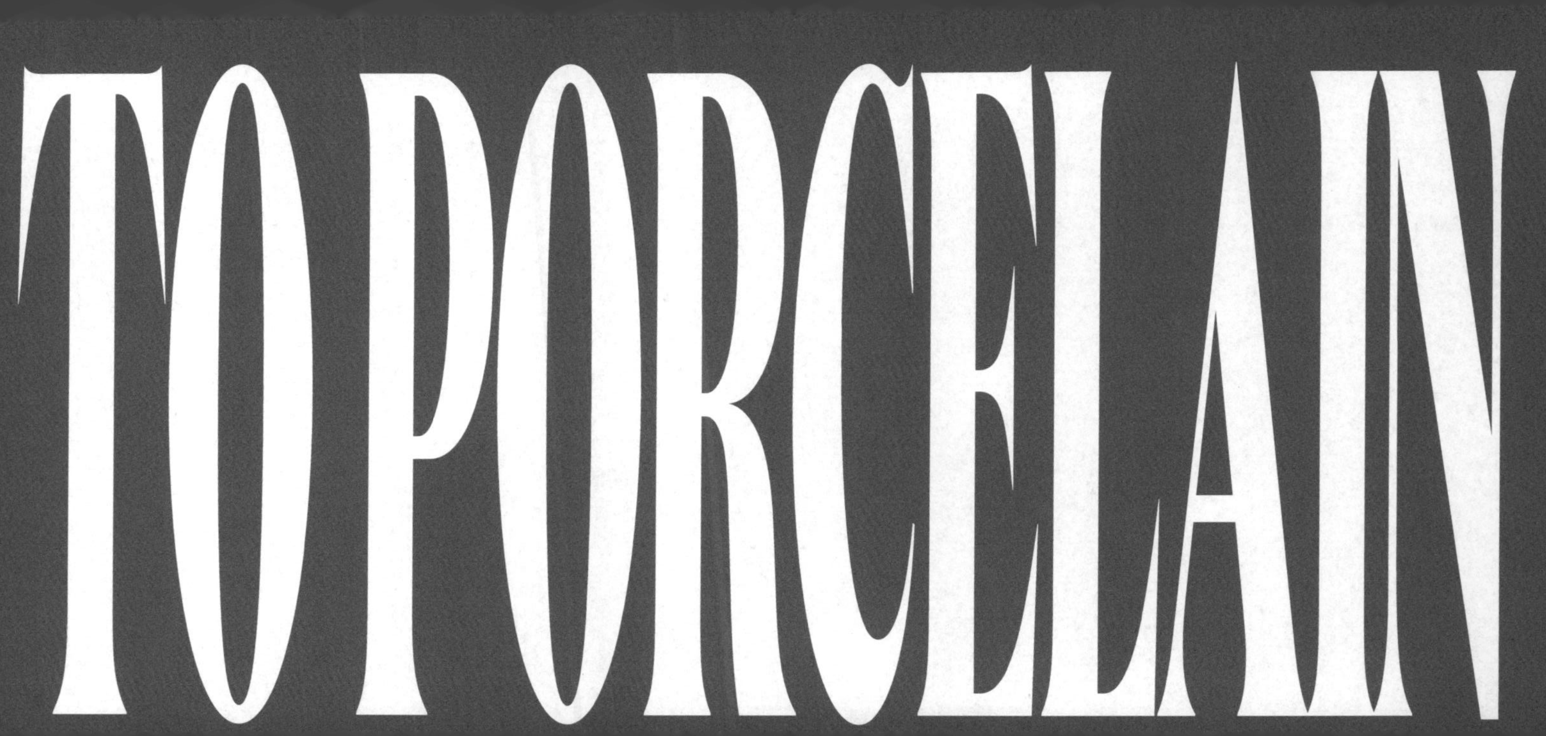
TO PORCELAIN

From Porcelain to Porcelain

Tuan Mami, Sojin Baik, and Anna-Lisa Reith

Inspired by East Asian porcelain art, the Dresden court developed a keen interest in the craft of porcelain production during the seventeenth and eighteenth centuries. Today, the Porzellansammlung of the Staatliche Kunstsammlungen Dresden (SKD) exhibits porcelain from the Chinese Empire in close proximity to Meissen porcelain, which is painted with "chinoiseries."

Figurative scenes and landscapes "à la chinoise" offer a rich source of insight into how the Chinese Empire was perceived and evaluated in Europe, which we discuss within the context of the complex relationship between cultural appropriation and European commercialization. By imitating porcelain craftsmanship—the pinnacle of Chinese art—while simultaneously appropriating it with Eurocentric motifs and aesthetics, Meissen porcelain painters produced stereotypical images of Asian people and their culture. In this Stannaki Forum, artist Tuan Mami, Sojin Baik, research project assistant at the SKD's Kunstgewerbemuseum and the Grünes Gewölbe, and Anna-Lisa Reith, research coordinator in the SKD's Research Department, explore methods of tracing and decoding porcelain motifs, as well as the challenge of commenting on and engaging with chinoiseries without perpetuating stereotypes in the present.

Von Porzellan auf Porzellan

Tuan Mami, Sojin Baik und Anna-Lisa Reith

Angeregt von ostasiatischer Porzellankunst entwickelte der Dresdner Hof im 17. und 18. Jahrhundert großes Interesse am Kunsthandwerk der Porzellanherstellung. Heute stehen daher in der Porzellansammlung der Staatlichen Kunstsammlungen Dresden Porzellane aus dem chinesischen Kaiserreich in unmittelbarer Nähe zu den Meissener Porzellanen, bemalt mit »Chinoiserien«.

Die figürlichen Szenen und Landschaften »à la chinoise« sind ein zu entschlüsselnder Wissensspeicher über die Wahrnehmung und Beurteilung des chinesischen Kaiserreichs in Europa, die wir im Spannungsverhältnis zwischen kultureller Aneignung und europäischer Vermarktung besprechen. In der Nachahmung der chinesischen Kunsttechnologie par excellence, der Porzellankunst, einerseits und deren Vereinnahmung durch eurozentrische Motivik und Ästhetik andererseits, produzierten Meissener Porzellanmaler stereotype Vorstellungen asiatischer Menschen und ihrer Kultur.

Im Rahmen des Stannaki Forums werden der Künstler Tuan Mami, Sojin Baik, wissenschaftliche Mitarbeiterin im Kunstgewerbemuseum und im Grünen Gewölbe der SKD, sowie Anna-Lisa Reith, Forschungskoordinatorin der Forschungsabteilung der SKD, Methoden zur Spurensuche und Entschlüsselung von Porzellanmotiven erörtern. Dabei wird auch die Frage aufgeworfen, wie man sich mit Chinoiserien in der Gegenwart auseinandersetzen und kommentieren kann, ohne dabei Stereotype zu reproduzieren.

In 2022, the artist Tuan Mami had his first encounter with chinoiserie during a visit to the SKD's Porzellansammlung. As this visit was the starting point and motivation for the following exchange, he will describe his first impressions.

> I went there as a regular visitor and while looking at everything I thought that all of the beautiful objects were from China. At a certain point, something seemed weird to me. When I looked into the details, I said to myself, the Chinese have special butterflies and dragonflies that are painted on the porcelain. I slowly figured out that they weren't butterflies, but mosquitos. And then I began to question myself: Where are these objects coming from? After reading the text, I realized that it wasn't from China—the paintings on the objects were called chinoiserie. I began to research this further. What exactly are these motifs? I now know it was invented by the German artist Johann Gregorius Höroldt (1696–1775) in the early eighteenth century. In theory, the porcelain also looked Chinese, but had its own meanings and stories—often the opposite of the meanings in Chinese porcelain painting—which seemed quite strange to me. In one object I saw, if you look closely, birds seem like they are trying to fight with each other. There are also figures hunting, complete with a man in Chinese dress, but his face is totally strange. That was the beginning of my interest and inspiration to look at and think about Meissen's porcelain production and its Chinese models. How can we see through the histories of both regions? What is the connecting history that combined Chinese porcelain and Western art? And why was porcelain even collected so intensively in Dresden?

What Tuan Mami saw, was so-called "chinoiserie," primarily figurative ornaments that express a European conception of China and life there. In a brief introduction, Anna-Lisa Reith will provide insights into the origins and implementation of decorative elements on porcelain objects that not only caught Tuan Mami's at-

Im Jahr 2022 begegnete der Künstler Tuan Mami der Chinoiserie zum ersten Mal bei einem Besuch der Porzellansammlung der SKD. Da dieser Besuch der Ausgangspunkt und die Motivation für den folgenden Austausch war, wird er seine ersten Eindrücke beschreiben.

> Ich ging als gewöhnlicher Besucher dorthin und betrachtete alles aufmerksam. Dabei fiel mir auf, dass all die schönen Gegenstände aus China stammen. Doch irgendwann kam mir etwas seltsam vor. Als ich mir die Details genauer ansah, dachte ich zunächst, die Chinesen hätten ganz besondere Schmetterlinge und Libellen, die auf das Porzellan gemalt sind. Nach und nach erkannte ich jedoch, dass es sich nicht um Schmetterlinge handelte, sondern um Mücken. Und dann begann ich mich zu fragen: Woher kommen diese Objekte? Nachdem ich den Text gelesen hatte, wurde mir klar, dass sie nicht aus China stammen – die Bemalungen auf diesen Objekten wurden Chinoiserie genannt. Ich begann, weiter zu recherchieren. Um welche Motive handelt es sich dabei genau? Inzwischen weiß ich, dass sie von dem deutschen Porzellanmaler Johann Gregorius Höroldt (1696–1775) im frühen 18. Jahrhundert erfunden wurden. Theoretisch sah das Porzellan zwar chinesisch aus, trug jedoch eigene Bedeutungen und Geschichten in sich – oft im Gegensatz zu den Bedeutungen in der chinesischen Porzellanmalerei –, was mir ziemlich eigenartig erschien. Bei einem der Objekte, die ich gesehen habe, erkennt man bei genauem Hinschauen Vögel, die aussehen, als würden sie miteinander kämpfen. Außerdem gibt es Figuren auf der Jagd, begleitet von einem Mann in chinesischer Kleidung, dessen Gesicht jedoch äußerst ungewöhnlich wirkt. Das war der Beginn meines Interesses und meiner Inspiration, mir die Meissener Porzellanproduktion und ihre chinesischen Vorbilder anzusehen und darüber nachzudenken. Wie können wir die Geschichte beider Regionen verstehen, was ist die gemeinsame Geschichte, die chinesisches Porzellan und westliche Kunst verbindet? Und warum wurde Porzellan in Dresden überhaupt so umfangreich gesammelt?

Was Tuan Mami sah, waren sogenannte Chinoiserien, zumeist figürliche Verzierungen, die eine europäische Vorstellung

tention but also influenced his artistic work. Plates, vases, lanterns, and much more were painted with motifs that, at first glance, bear a striking resemblance to their Chinese models. The example of the Dresden Porzellansammlung discussed in this Stannaki Forum comes from the Meissen Porcelain Manufactory, which was founded in 1710. This institution was established to the delight of Augustus the Strong (1670–1733) after Johann Friedrich Böttger (1682–1719) and Ehrenfried Walther von Tschirnhaus (1651–1708) succeeded in producing porcelain from kaolin and alabaster after years of experimentation. Following Böttger's death, the recipe was expanded to include feldspar and quartz, which is still used today in Meissen ceramics in varying quantities.

The Saxon ruler was not alone in his endeavor; during the same period, Italy, France, and the Netherlands—where efforts had already begun in 1675—invested in the imitation and local production of porcelain made according to East Asian designs. Augustus the Strong's considerable passion for collecting can still be felt in the SKD's Porzellansammlung today, which is located in the famous Zwinger building. The ruler was said to be so enthusiastic about the impressive porcelain from China that he even dreamed of decorating an entire palace with porcelain. In 1729, with the renovation of the Japanisches Palais, he set this ambitious plan in motion: a palace in the middle of the city completely decorated with porcelain. A small porcelain castle had previously been built on this site, but its size was no longer sufficient. Although Augustus's grand plan was never completed, it undoubtedly testifies to his profound fascination with this material. At the same time, Johann Gregorius Höroldt was commissioned to reproduce East Asian porcelain and the paintings on it.

Inspired by the objects that can be seen today as historical evidence of Höroldt in the Dresden Porzellansammlung, the artist Tuan Mami developed two collages. The first one is entitled *Chinese Garden*. He therefore filtered several motifs from Chinese porcelain, to superimpose and juxtapose them without any context other than their origin. They show a color scheme that softly ranges from blue to orange across different spectrums. The composition is also characterized by recurring pictorial motifs, some of which are borrowed from Chinese mythology, while others are naturalistic depictions of Chinese plants.

von China und dem dortigen Leben zum Ausdruck bringen. In einer kurzen Einleitung wird Anna-Lisa Reith an Ursprung und Umsetzung der Zierelemente auf Porzellanobjekten heranführen, die Tuan Mami nicht nur auffielen, sondern auch in seine künstlerische Arbeit einflossen. Teller, Vasen, Laternen und vieles mehr wurden in Sachsen mit Motiven bemalt, die auf den ersten Blick ihren chinesischen Vorbildern verblüffend ähnlich sehen. Die Beispiele der Dresdner Porzellansammlung, die im Stannaki Forum besprochen wurden, stammen aus der Meissener Porzellanmanufaktur, gegründet im Jahr 1710. Diese Institution wurde zur Freude Augusts des Starken ins Leben gerufen, nachdem es Johann Friedrich Böttger (1682–1719) und Ehrenfried Walther von Tschirnhaus (1651–1708) nach jahrelangen Experimenten gelungen war, aus Kaolin und Alabaster Porzellan herzustellen. Nach Böttgers Tod wurde das Rezept um Feldspat und Quarz erweitert, das bis heute in veränderter Menge in Meißen verwendet wird.

Der sächsische Herrscher war mit seinem Vorhaben nicht allein; gleichzeitig investierten Italien, Frankreich und die Niederlande – wo die Bemühungen bereits 1675 begonnen hatten – in die Nachahmung und lokale Produktion von Porzellan nach ostasiatischen Entwürfen.

Die große Sammelleidenschaft Augusts des Starken wird bis heute in der Porzellansammlung der SKD erlebbar, die im berühmten Zwinger untergebracht ist. Der Regent soll so begeistert von den beeindruckenden Porzellanen aus China gewesen sein, dass er sogar davon träumte, einen ganzen Palast mit Porzellan zu dekorieren. Im Jahr 1729, mit der Renovierung des Japanischen Palais, setzte er diesen ehrgeizigen Plan in die Tat um: ein Palais inmitten der Stadt, vollständig in Porzellan ausgekleidet. Zuvor wurde an dieser Stelle bereits ein kleines Porzellanschlösschen errichtet, dessen Größe nun nicht mehr ausreichte. Obwohl Augusts ambitionierter Plan nie vollendet wurde, zeugt er zweifellos von der großen Faszination für dieses Material. Zur gleichen Zeit wurde Johann Gregorius Höroldt beauftragt, auch ostasiatische Porzellane und die Bemalungen darauf zu replizieren.

Inspiriert von den Objekten, die heute als historische Zeugnisse von Höroldt in der Dresdner Porzellansammlung zu sehen sind, entwickelte der Künstler Tuan Mami zwei Collagen. Die erste trägt den Titel *Chinese Garten*. Er filterte daher mehrere Motive aus chinesischem Porzellan, um sie zu überlagern und nebeneinander zu stellen, ohne jeglichen Kontext außer ihrer Herkunft. Sie zeigen ein Farbschema, das sanft von Blau bis Orange über verschiedene Spektren reicht. Daneben ist die Collage von wiederkehrenden Bildmotiven geprägt: Sie sind zum Teil aus der chinesischen Mythologie entlehnt, zum Teil sind es naturnahe Darstellungen chinesischer Pflanzen.

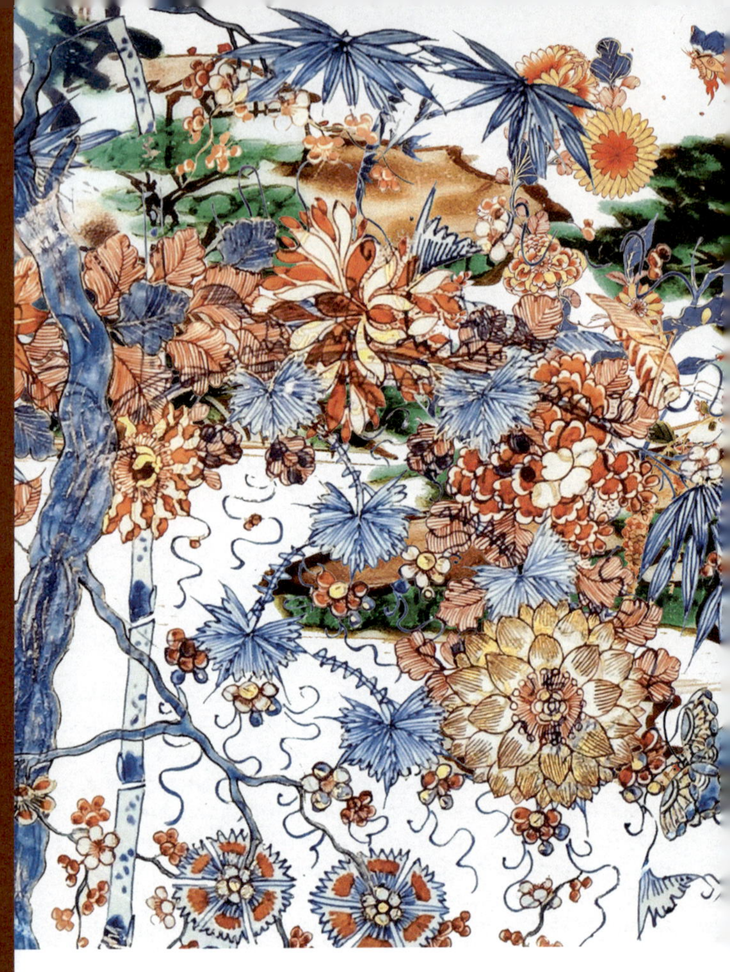

Chinese Garden Image Collage;
Lost in Translation 1; Immigrating
Garden; Research-based project by
Tuan Mami, 2022.

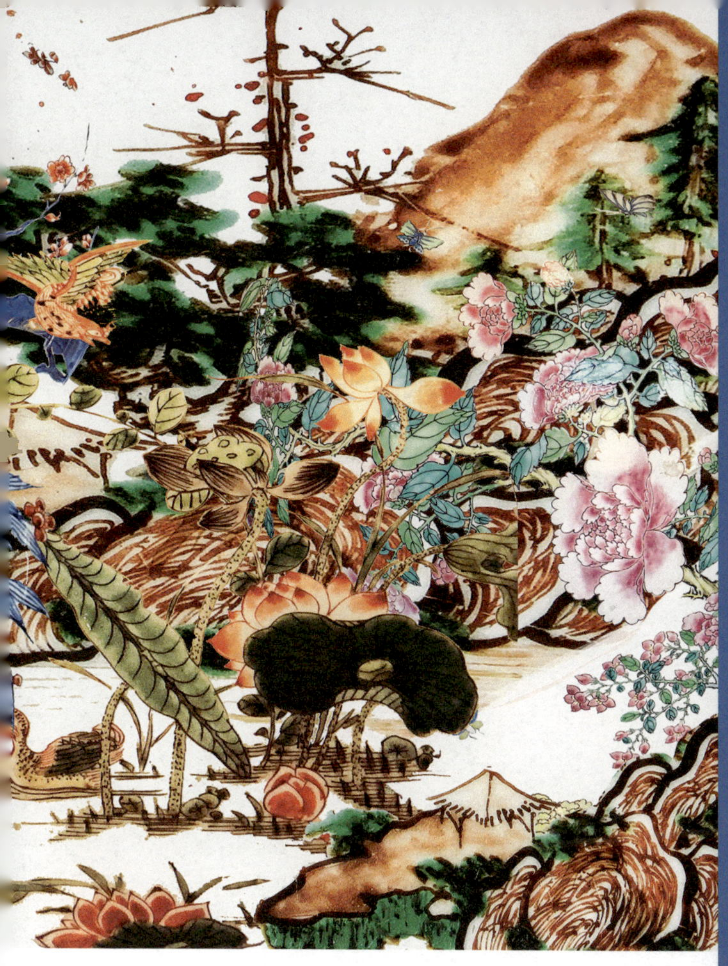

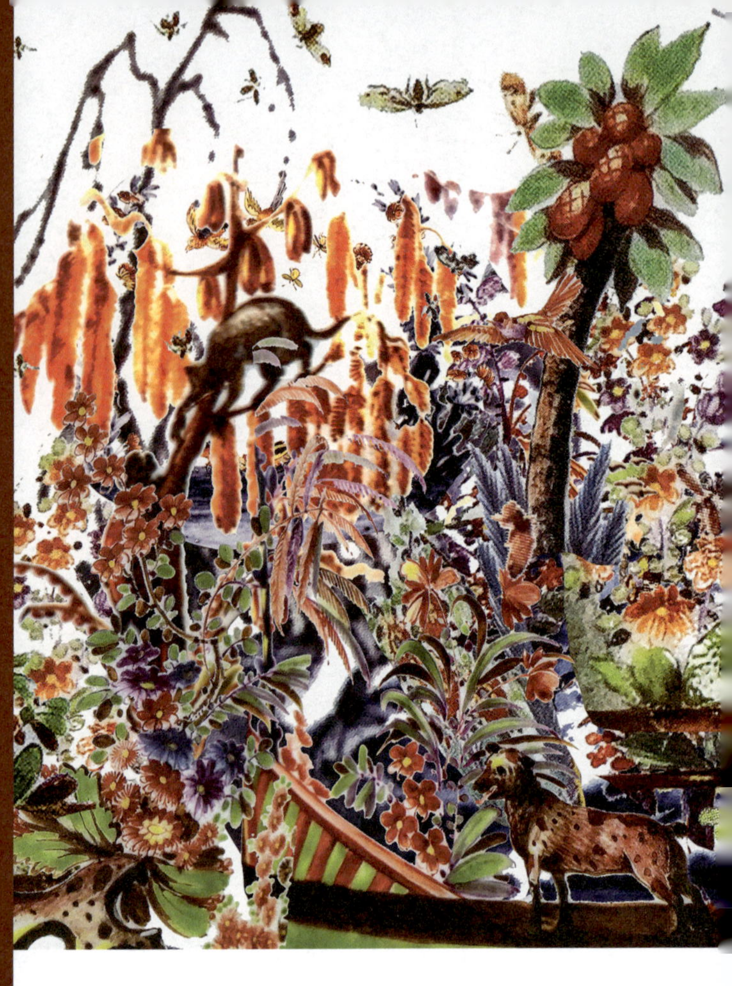

Chinoseries Garden Image Collage;
Lost in Translation 2; Immigrating
Garden; Research-based project by
Tuan Mami, 2022.

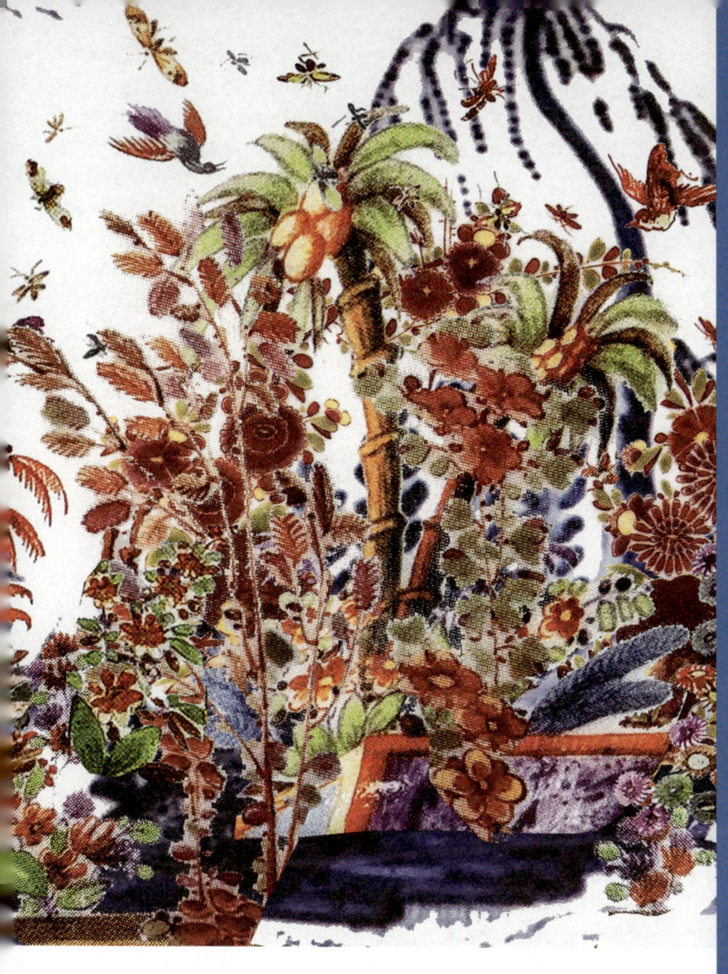

Chinoseries Garden Image Collage;
Lost in Translation 2; Immigrating
Garden; Forschungsprojekt von
Tuan Mami, 2022.

By contrast, his second collage, *Chinoseries Garden*, another superimposition of motifs, is extracted from the paintings on the Meissen pieces. Unlike their East Asian counterparts, the individual aesthetic is strikingly diverse. The variety ranges from palm trees and leopard-like animals to various flowers and insects. The color selection also appears much stronger, with darker colors predominating. European decor reveals how China or the general depiction of the "Far East"—which was only rarely known from personal experience—was not copied, but imagined.

Even available travel reports at the time only reflected real life in China to a limited extent, contributing to the formation of myths. In early eighteenth-century Europe, knowledge about China was generally quite sparse. Only a few scholars were able to devote themselves to the study of Chinese writing and culture. The majority of the European population had no access to information about China and its culture, let alone to personal exchange. The ideas that developed about China in Europe followed the luxurious imported goods from the distant Empire. China therefore served above all as a projection and counterimage to European self-perception, primarily an expression of its own superiority at the end of the eighteenth century.

Building on these introductory thoughts about Tuan Mami's artistic work, embedded in the History of Meissen Porcelain, Sojin Baik will examine the complexity of Chinoiserie at the Saxon Court.

At first glance, observers of Tuan Mami's collage works may find themselves drawn into a visual world whose origins initially appear enigmatic. His compositions raise questions: Is Mami referencing traditional Chinese symbols, or are his motifs more closely aligned with European chinoiserie? This ambiguity adds intrigue to his works, drawing attention to the complex cultural layers that Mami weaves into his art. However, a closer look reveals that Mami's pieces are deeply rooted in the visual language of chinoiserie, primarily inspired by European porcelain designs from the 1730s. This period corresponds to the early phase of chinoiserie, roughly from 1670 to 1730, a time that coincided with the rise of absolutist monarchies across Europe. During this era, the performance and perception of sovereign authority

Im Gegensatz dazu ist seine zweite Collage, *Chinoseries Garden,* eine erneute Überlagerung, diesmal mit Motiven aus den Bemalungen der Meissener Stücke extrahiert. Im Gegensatz zu ihren ostasiatischen Pendants ist die individuelle Ästhetik auffallend vielfältig. Die Bandbreite reicht von Palmen und leopardenähnlichen Tieren bis hin zu verschiedenen Blumen und Insekten.

Die Farbauswahl wirkt ebenfalls kräftiger, und es überwiegen dunkle Farben. Aus dem europäischen Dekor wird ablesbar, wie China und der sogenannte Ferne Osten im Allgemeinen – nur in den seltensten Fällen aus eigener Anschauung bekannt – nicht kopiert, sondern imaginiert wurden. Selbst damals verfügbare Reiseberichte spiegelten nur bedingt das wahrhaftige Leben in China wider und trugen zur Mythenbildung bei. Generell war das Wissen über China zu Beginn des 18. Jahrhunderts in Europa stark eingeschränkt; nur wenige Gelehrte konnten sich dem Studium der chinesischen Schrift und Kultur widmen. Die Mehrheit der europäischen Bevölkerung hatte keinen Zugang zu Informationen über China und seine Kultur, geschweige denn einen persönlichen Austausch. Die Vorstellungen, die sich in Europa über China entwickelten, folgten den luxuriösen Importgütern aus dem fernen Kaiserreich. So diente China vor allem als Projektionsfläche und Gegenbild zur europäischen Selbstwahrnehmung und zum Ende des 18. Jahrhunderts vorrangig zum Ausdruck eigener Überlegenheit.

Aufbauend auf diesen einführenden Gedanken zu Tuan Mamis künstlerischer Arbeit, eingebettet in die Geschichte des Meissener Porzellans, wird sich Sojin Baik mit der Komplexität der Chinoiserie am sächsischen Hof auseinandersetzen.

Beim ersten Blick auf Tuan Mamis Kollagen mag das Publikum in eine visuelle Welt eintauchen, deren Ursprünge zunächst rätselhaft wirken. Die Kompositionen werfen Fragen auf: Greift Mami auf traditionelle chinesische Symbole zurück, oder sind seine Motive eher Anlehnungen an europäische Chinoiserie? Diese Ambivalenz macht den Reiz seiner Werke aus und lenkt die Aufmerksamkeit auf die komplexen kulturellen Schichten, die Mami in seinen Arbeiten aufgreift und verbindet. Doch ein genauerer Blick offenbart, dass Mamis Arbeiten tief in der Bildwelt der Chinoiserie verwurzelt sind und sich hauptsächlich an europäischen Porzellandesigns der 1730er-Jahre orientieren. Diese Zeit markiert die frühe Phase der Chinoiserie, etwa von 1670 bis 1730, die mit dem Aufstieg absolutistischer Monarchien in ganz Europa zusammenfällt. In dieser Epoche gewann die Inszenierung und Wahrnehmung monarchischer Autorität

became central to Baroque aesthetic culture. At the French court of Louis XIV (1643–1715), for example, displays of grandeur reached new heights to convey the majesty and absolute power of the French monarch.

Decorative arts thus provided the perfect stage to showcase the power and splendor of Louis XIV, setting a standard for princely representation throughout Europe. During his Grand Tour of France in 1687 and 1688, Augustus the Strong experienced firsthand the exceptional quality of decorative arts within the French royal court, which left a lasting impression on him. Enthralled by Louis XIV's model of rule, he sought to replicate this in numerous aspects of his own governance.

In this context, chinoiserie emerged as a tool for imaginative transformation within the decorative arts and architecture, conveying Baroque ideals of representation. Rather than striving for accurate depictions of Chinese or Japanese originals, European artisans embraced a Baroque aesthetic, using chinoiserie as a decorative veneer to adorn surfaces of objects with a stylized vision of East Asia. This vision was closely linked to the growing import of luxury goods from the Far East—porcelain, lacquerware, and silk—which were valued not only for their material worth but also as symbols of wealth and power. Accounts from diplomats, missionaries, and traders reinforced this idealized view, often portraying East Asian political and social structures in romanticized terms.

Fascination with the "Asian" was part of the broader Orientalism of the eighteenth century, which often blurred cultural and geographic distinctions. For example, East Asian artifacts were frequently categorized as "Indian" in European inventories, as seen in the classification of Chinese woodblock prints at the Kupferstich-Kabinett. The *Throne of the Great Mogul Aurangzeb* (1701–1708) in the Grünes Gewölbe exemplifies this exotic conflation, creatively blending Indian, Chinese, Japanese, and European Baroque styles into a so-called "Indian" aesthetic. This synthesis highlights the limited understanding of Asian cultures at the time—a defining feature of early chinoiserie.

In the cabinet pieces exclusively made for Augustus the Strong, chinoiserie was often employed as a lavish decoration, incorporating gold, silver, and gemstones. These pieces also featured imported materials like tortoiseshell and ivory, which enhanced their exotic allure. One notable example is the *Figure with Emerald*

zunehmend an Bedeutung in der barocken Ästhetik. Am französischen Hof Ludwigs XIV. (1643–1715) erreichte zum Beispiel die Zurschaustellung von Pracht und Herrschaft neue Dimensionen, um die Majestät und absolute Macht des französischen Monarchen zu vermitteln.

Das Kunst- und Luxushandwerk bot somit die perfekte Bühne, um die Macht und den Glanz Ludwigs XIV. zu präsentieren und setzte den Standard für die fürstliche Repräsentation in ganz Europa. Während seiner Grand Tour durch Frankreich in den Jahren 1687 und 1688 konnte August der Starke die wertvolle und qualitätvolle Innenausstattung am französischen Königshof aus erster Hand begutachten, was einen bleibenden Eindruck bei ihm hinterließ. Begeistert vom Herrschaftsvorbild Ludwigs XIV. versuchte er, dieses in zahlreichen Aspekten seiner eigenen Regierungsführung zu reproduzieren.

In diesem Zusammenhang entwickelte sich die Chinoiserie zu einem Instrument der fantasievollen Umgestaltung von Kunst- und Luxushandwerk sowie der Architektur, das barocke Repräsentationsideale vermittelte. Statt nach einer genauen Nachbildung chinesischer oder japanischer Originale zu streben, wendeten europäische Kunsthandwerker eine barocke Ästhetik an und nutzten Chinoiserie als dekorative Verkleidung. Sie schmückten Oberflächen der Objekte mit einer stilisierten Darstellung Ostasiens, die eher europäischen Vorstellungen entsprach als der Realität. Diese Vision stand in engem Zusammenhang mit dem zunehmenden Import von Luxusgütern aus dem Fernen Osten – Porzellan, Lackwaren und Seide –, die nicht nur wegen ihres materiellen Wertes, sondern auch als Symbole für Reichtum und Macht geschätzt wurden. Berichte von Diplomaten, Missionaren und Händlern untermauerten diese idealisierte Sichtweise, indem sie die politischen und sozialen Strukturen Ostasiens oft in romantischer Weise darstellten.

Die Faszination für das »Asiatische« war Teil des verbreiteten Orientalismus des 18. Jahrhunderts, bei dem kulturelle und geografische Unterschiede oft verwischt wurden. So wurden ostasiatische Artefakte in europäischen Inventaren häufig als »indisch« kategorisiert, wie die Klassifizierung der chinesischen Holzschnitte des Kupferstich-Kabinetts zeigt. Der *Thron des Großmoguls Aurang-Zeb* (1701–1708) im Grünen Gewölbe ist ein Beispiel für diese exotische Vermischung, bei der indische, chinesische, japanische und europäische Barockstile kreativ zu einer sogenannten »indischen« Ästhetik verschmolzen werden. Diese Synthese verdeutlicht das mangelnde Verständnis der asiatischen Kulturen zu dieser Zeit – ein typisches Merkmal der frühen Chinoiserie.

In den Kabinettstücken, die eigens für August den Starken angefertigt wurden, wurde die Chinoiserie häufig als prachtvolle Dekoration eingesetzt, bei der Gold, Silber und Edel-

Cluster (ca. 1724), inspired by an inhabitant of the so-called New World. The young man, who is crafted from dark brown-lacquered pearwood, presents a Colombian emerald specimen on a tortoiseshell tray adorned with a chinoiserie landscape. This combination exemplifies how chinoiserie was adapted to integrate foreign motifs, serving as a powerful symbol of representation in European courts.

In Dresden, chinoiserie served as an instrument of absolutist authority, especially visible in its architectural applications. The Japanisches Palais and Schloss Pillnitz, built in the 1720s for Augustus the Strong as "oriental pleasure palaces," are prominent examples of chinoiserie in architectural form. The Chinese herms in the courtyard of the Japanisches Palais, meant to support the Meissen porcelain collection on the upper floor, demonstrate the connection between architectural design and the cultural-political agenda of Augustus the Strong. Thus, chinoiserie in Saxony was not merely an aesthetic choice but also a reflection of political and cultural ambitions, using exotic motifs to reinforce absolutist authority.

In contemporary discourse, chinoiserie is frequently questioned as a construct of Eurocentric perspectives that proffered a singular interpretation of East Asia. Rather than authentically representing the cultural diversity and complexity of China and Japan, it relied on exoticized fantasies that inadequately represented these cultures. Modern interpretations regard chinoiserie as a reflection of historical power dynamics and European perceptions of the East—an aesthetic from a bygone era that encapsulates Europe's views of foreign lands.

The Visual Language of Chinoiserie: Sojin Baik Discusses Symbolism and Misunderstandings Through the Example of Porcelain

The Staatliche Kunstsammlungen Dresden features remarkable chinoiserie artworks, reflecting a European fascination with East Asian aesthetics and iconography. What is most captivating about chinoiserie is its foundation in a rich and complex system of imagery that draws from East Asian culture. This art form represents a European interpretation of Chinese visual and decorative arts, most notably influencing porcelain decoration and architecture.

steine verwendet wurden. Bei diesen Stücken wurden auch importierte Materialien wie Schildkrötenpanzer und Elfenbein verwendet, was ihren exotischen Reiz noch verstärkte. Ein bemerkenswertes Beispiel ist die *Figur mit Smaragdstufe* (wohl 1724), die von einem Bewohner der sogenannten Neuen Welt inspiriert wurde. Der Figur des jungen Mannes aus dunkelbraun lackiertem Birnbaumholz präsentiert einen kolumbianischen Smaragd auf einem Schildpatt-Tablett, das mit einer Chinoiserie-Landschaft verziert ist. Diese Kombination ist ein Beispiel dafür, wie die Chinoiserie fremde Motive aufnahm und zu einem mächtigen Repräsentationssymbol an europäischen Höfen wurde.

In Dresden fungierte die Chinoiserie als Instrument absolutistischer Macht, was insbesondere in der Architektur Ausdruck fand. Das Japanische Palais und das Schloss Pillnitz, die August der Starke in den 1720er-Jahren als »orientalische Lustschlösser« errichten ließ, sind prominente Beispiele für die architektonische Umsetzung der Chinoiserie. Die chinesischen Hermen im Hof des Japanischen Palais, die die Meissener Porzellansammlung im Obergeschoss stützen sollten, demonstrieren die Verbindung zwischen architektonischer Gestaltung und kulturpolitischer Agenda Augusts des Starken. So war die Chinoiserie in Sachsen nicht nur eine ästhetische Entscheidung, sondern auch Ausdruck politischer und kultureller Ambitionen, wobei exotische Motive zur Stärkung der absolutistischen Autorität eingesetzt wurden.

In der zeitgenössischen Diskussion wird Chinoiserie häufig als Konstrukt eurozentrischer Perspektiven betrachtet, die eine einseitige Interpretation Ostasiens präsentierten. Anstatt die kulturelle Vielfalt und Komplexität Chinas und Japans authentisch darzustellen, stützte sie sich auf exotisierende Fantasien, die diese Kulturen nur unzureichend repräsentierten. Moderne Interpretationen sehen in der Chinoiserie eine Widerspiegelung historischer Machtdynamiken und europäischer Wahrnehmungen des Ostens – eine Ästhetik aus einer vergangenen Ära, die Europas Ansichten über fremde Länder widerspiegelt.

Sojin Baik wird im Folgenden die Bildsprache der Chinoiserie mit Fokus auf Symbolik und Missverständnisse am Beispiel von Porzellan diskutieren.

Die Staatlichen Kunstsammlungen Dresden beherbergen bemerkenswerte Chinoiserie-Kunstwerke, die eine europäische Faszination für ostasiatische Ästhetik und Ikonographie widerspiegeln. Was an der Chinoiserie besonders fasziniert, ist ihre Verankerung in einem traditionellen und komplexen Bildsystem, das sich aus der langjährigen ostasiatischen Kultur speist.

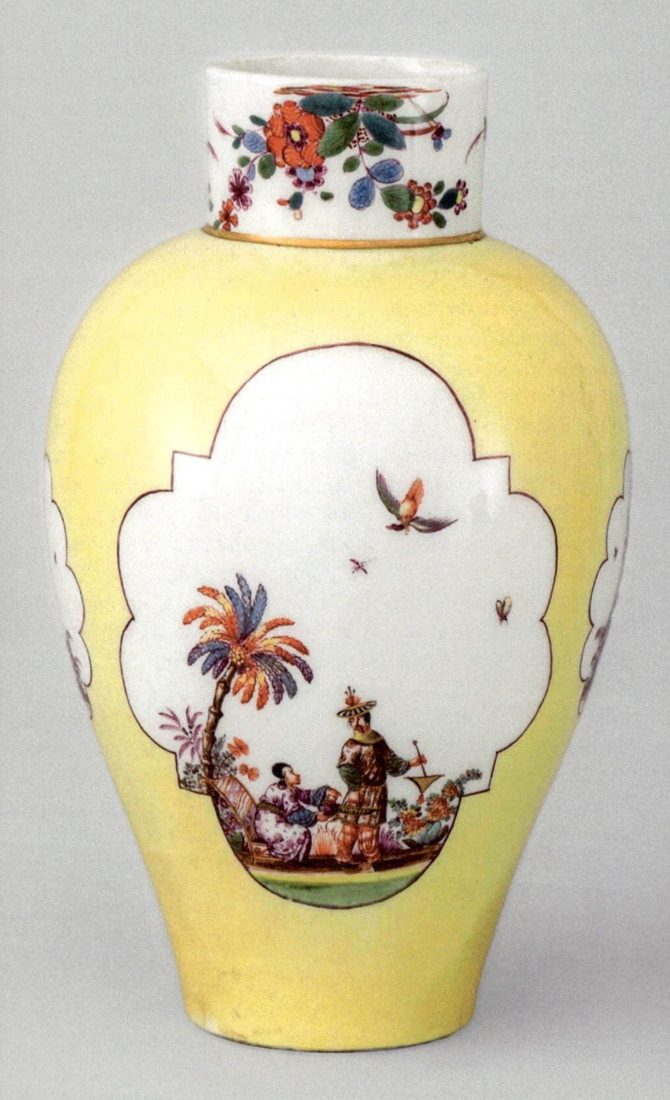

Vase, Johann Gregorius Höroldt
(1696–1775). Meissen, ca. 1730–35.
Porcelain painted with overglaze
colors and gold. Height: 20.3 cm;
diameter: 12.8 cm; base diameter:
6.5 cm. Porcelain Collection, Staatliche
Kunstsammlungen Dresden,
inv. no. PE 1476.

Vase, Johann Gregorius Höroldt
(1696–1775). Meissen, ca. 1730–1735.
Porzellan, Bemalung: Aufglasurfarben
und Gold. Höhe: 20,3 cm; Durchmesser:
12,8 cm; Sockeldurchmesser: 6,5 cm.
Porzellansammlung, Staatliche
Kunstsammlungen Dresden,
Inv.-Nr. PE 1476.

Vase, Johann Ehrenfried Stadler
(1701–1741), attributed. Meissen,
1727–30. Porcelain with overglaze
colors and gold decoration. Height:
32.6 cm; diameter: 20.1 cm; base diameter: 10.1 cm. Porcelain Collection,
Staatliche Kunstsammlungen
Dresden, inv. no. PE 8280.

Vase, Johann Ehrenfried Stadler
(1701–1741), zugeschrieben. Meissen,
1727–1730. Porzellan, Bemalung: Aufglasurfarben und Gold. Höhe: 32,6 cm;
Durchmesser: 20,1 cm; Sockeldurchmesser: 10,1 cm. Porzellansammlung,
Staatliche Kunstsammlungen Dresden,
Inv.-Nr. PE 8280.

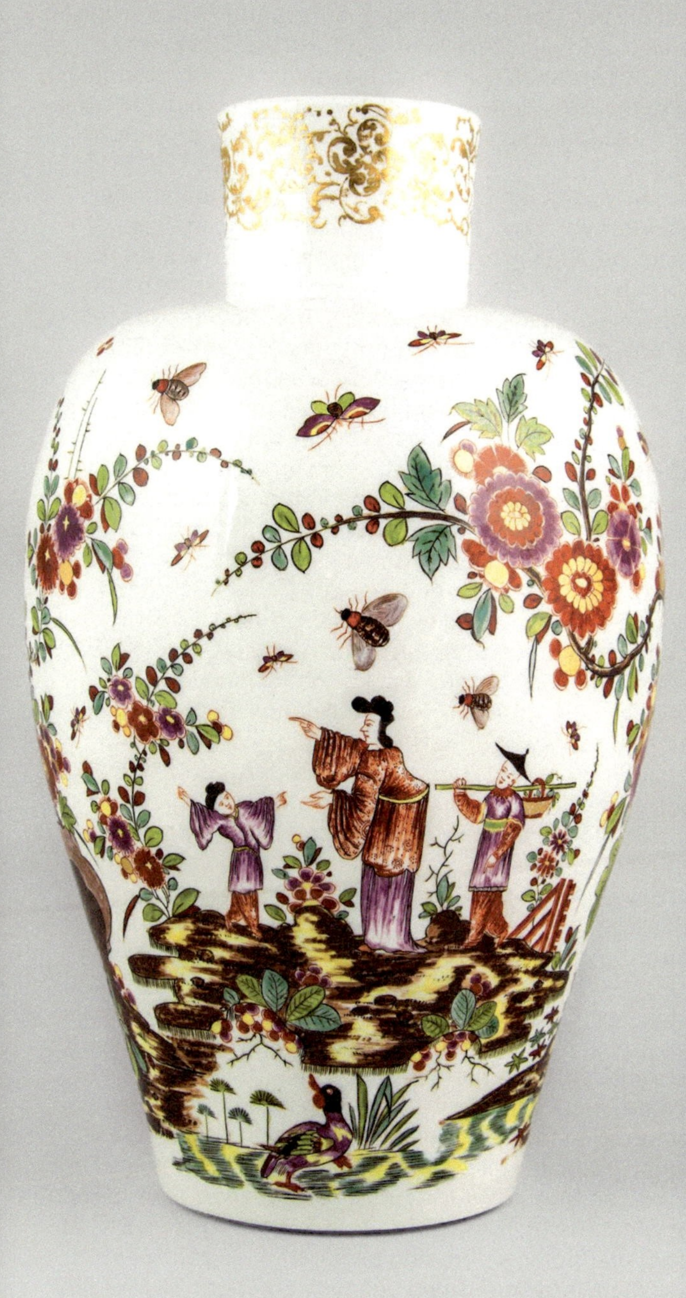

A notable piece is one of the Meissen covered vases (*Deckelvase*), painted by Adam Friedrich von Löwenfinck (1714–1754) in the 1730s. Adorned with a bright yellow background and mythical creatures like dragons, *shishi,* and qilin, this vase captures the European enchantment with the exotic. However, a closer examination reveals a fundamental disconnection between the original Chinese symbols and their European adaptations.

In traditional Chinese art, motifs are not merely decorative; they carry profound symbolic meanings, often conveying auspicious messages. These symbols form part of a rich visual language intended to bestow positive blessings. For instance, the "flower and bird" genre, popular since the Song dynasty (960–1279), embodies wishes for longevity, wealth, and prosperity. Specific combinations of flora and fauna hold nuanced meanings. The butterfly and peony pairing (Ch. 蝴蝶富貴 *fudie fugui)* symbolizes a wish for an accumulation of blessings, wealth, and an elevated social status. The peony itself has long been revered in China, with its association with wealth and nobility dating back to the Sui (618–907) and Tang dynasties (581–618), when the flower was cultivated in Imperial gardens. Likewise, a pairing of chrysanthemums and peonies (Ch. 長壽富貴 *changshou fugui)* conveys wishes for long life and honor, while squirrels depicted alongside grapevines signify abundant offspring. For a Chinese viewer, these images represent a language of visual poetry, imbuing the artwork with cultural values and blessings.

European chinoiserie frequently reinterpreted and often distorted traditional Chinese symbols. European artisans, fascinated by the exoticism of Eastern aesthetics, would often place motifs such as butterflies or birds within landscapes unfamiliar to Chinese iconography—for instance, setting them amidst palm trees or classical European flora—thus reshaping the symbolic language that would have been recognizable to observers with a background in East Asian art (pp. 102–105). This selective adaptation not only reflected European admiration for Chinese art but also altered its meanings, creating a visual language that was both novel and divorced from the intricate cultural associations of its origins. The Meissen porcelain vase exemplifies this aspect distinctly, embracing exotic themes yet transforming them into something uniquely European and largely detached from their original cultural context.

Diese Kunstform stellt eine europäische Interpretation der chinesischen visuellen und dekorativen Kunst dar und hat vor allem die Porzellandekoration und die Architektur beeinflusst.

Eine der von Adam Friedrich von Löwenfinck (1714–1754) in den 1730er-Jahren bemalten Meissener Deckelvasen ist dabei ein besonders bemerkenswertes Stück. Mit einem leuchtend gelben Hintergrund und Fabelwesen wie Drachen, *shishi,* und *qilin,* zeigt diese Vase die europäische Faszination für das Exotische. Bei näherer Betrachtung zeigt sich jedoch ein grundlegender Unterschied zwischen den ursprünglichen chinesischen Symbolen und ihren europäischen Adaptionen.

In der traditionellen chinesischen Kunst sind Motive weit mehr als eine Ornamentik; sie verkörpern tief verwurzelte Bedeutungen und tragen oft glückverheißende Botschaften. Diese Symbole sind Teil einer reichhaltigen Bildsprache, die positive Segnungen vermitteln soll. Das seit der Song-Dynastie (960–1279) beliebte Genre der »Blumen und Vögel« beispielsweise verkörpert Wünsche nach Langlebigkeit, Reichtum und Wohlstand. Bestimmte Kombinationen von Flora und Fauna haben unterschiedliche Bedeutungen. So symbolisiert die Darstellung von Schmetterling und Pfingstrose (ch. 蝴蝶富贵 *fudie fugui*) den Wunsch nach einem Leben voller Segen, Wohlstand und hohem sozialem Ansehen. Die Pfingstrose selbst gilt in China seit Langem als Symbol des Wohlstands und Adels; ihre Verehrung lässt sich bis in die Sui- (581–618) und Tang-Dynastie (618–907) zurückverfolgen, als sie in kaiserlichen Gärten kultiviert wurde. Auch ein Paar aus Chrysanthemen und Pfingstrosen (ch. 長壽富貴 *changshou fugui*) vermittelt Wünsche für ein langes Leben und Ehre, während Eichhörnchen, die neben Weinreben dargestellt sind, eine Allegorie für Fruchtbarkeit und Nachkommenschaft bilden. Für einen chinesischen Betrachter manifestieren sich in diesen Darstellungen eine visuelle Poesie und ein kultureller Wertekanon, die das Kunstwerk mit segensreichen Wünschen aufladen.

Die europäische Chinoiserie nahm häufig eine selektive Umdeutung traditioneller chinesischer Symbole vor und veränderte deren ikonografische Bedeutung. Fasziniert von der exotischen Ästhetik des Ostens, positionierten europäische Kunsthandwerker Motive wie Schmetterlinge oder Vögel in Landschaften, die für die chinesische Bildsprache fremdartig wirkten – etwa inmitten von Palmen oder klassisch europäischer Flora (S. 102–105). Diese selektive Anpassung spiegelt nicht nur die europäische Bewunderung für die chinesische Kunst wider, sondern transformierte deren Bedeutungen grundlegend und schuf eine neuartige visuelle Sprache, die von den komplexen kulturellen Assoziationen ihrer Ursprünge losgelöst war. So verwandelte die Meissener Chinoiserie chinesische Motive in dekorative Elemente, die primär das europäische Bedürfnis nach exotischer Vielfalt bedienen.

By contrast, later phases of chinoiserie and the subsequent wave of japonisme reveal a more nuanced approach. During the industrial era, the heightened interest in craft and the founding of design schools, particularly in Dresden, fostered a renewed emphasis on authentic engagement with Asian motifs. For instance, the influence of Japanese art is vividly apparent in the decorative elements of the main hall of the Bergpalais at Schloss Pillnitz, where the stylistic shift from chinoiserie to japonisme illustrates a deeper appreciation for Asian aesthetics. Art historians such as Yoko Mori and Anke Fröhlich have identified that certain motifs—like depictions of children at play—appear to be directly inspired by Japanese sources, specifically the illustrated children's book *Kodomo asobi gajo* (1888), with scenes potentially attributed to the renowned Japanese artist Eitaku Kobayashi (1843–1890). Such examples reflect an evolving dialogue between East and West, where European artists increasingly incorporated Asian motifs with a greater awareness of their cultural significance, marking a departure from the early, more superficial appropriation typical of chinoiserie.

Both the Meissen vases and the Bergpalais hall stand as fascinating examples of the evolving relationship between Europe and East Asia, illustrating how chinoiserie transitioned from a superficial imitation to a more informed cultural translation. While initially shaped by admiration and fantasy, this cultural exchange grew into a more nuanced engagement with Chinese symbolism. These works remain memorable not only for their aesthetic qualities but also for the insights they provide into European interpretations of East Asian art—an intricate interplay of exoticism, adaptation, and perhaps even cultural appreciation.

Tuan Mami agrees that there is always a way to explore what lies beneath the surface, and there is much he still wants to learn, as he states in the following excerpt from the Stannaki Forum:

There is always a way to explore what lies beneath the surface, and I believe there is much I can still learn. Perhaps we have reached a point where it is time to dig deeper in museums, and I want to show you why this exploration is important to me. In the future, we might even invite more people to collaborate on this. For now, I think it makes sense to take a closer look at the series of motifs that are shown in my collages, especially in relation to mythology.

Spätere Phasen der Chinoiserie und die darauffolgende
Welle des Japonismus zeigen dagegen einen nuancierteren
Ansatz. Das verstärkte Interesse am Kunsthandwerk und die
Gründung von Kunstgewerbeschulen, vor allem in Dresden,
förderten im Zeitalter der Industrialisierung eine erneute au-
thentische Auseinandersetzung mit asiatischen Motiven. Der
Einfluss der japanischen Kunst wird beispielsweise in den
Ausstattungselementen des Hauptsaals des Bergpalais von
Schloss Pillnitz deutlich, wo der stilistische Wechsel von der
Chinoiserie zum Japonismus eine tiefere Wertschätzung asia-
tischer Ästhetik verdeutlicht. Kunsthistoriker wie Yoko Mori
und Anke Fröhlich haben festgestellt, dass bestimmte Motive
wie Darstellungen spielender Kinder direkt von japanischen
Quellen inspiriert zu sein scheinen, insbesondere von dem
illustrierten Kinderbuch *Kodomo asobi gajo* (1888), dessen
Szenen möglicherweise dem renommierten japanischen
Künstler Eitaku Kobayashi (1843–1890) zugeschrieben werden.
Solche Beispiele spiegeln einen sich entwickelnden Dialog
zwischen Ost und West wider, bei dem europäische Künstler
zunehmend asiatische Motive mit einem größeren Bewusstsein für deren kulturelle Bedeutung aufnahmen, was eine
Abkehr von der für die Chinoiserie typischen frühen, eher
oberflächlichen Aneignung darstellt.

Sowohl die Meissener Vasen als auch der Bergpalais-Saal
sind faszinierende Beispiele für die sich entwickelnde Bezie-
hung zwischen Europa und Ostasien und veranschaulichen,
wie sich die Chinoiserie von einer oberflächlichen Nachahmung zu einer sachkundigeren kulturellen Übersetzung entwickelte. Während dieser kulturelle Austausch anfangs von
Bewunderung und Fantasie geprägt war, entwickelte er sich zu
einer differenzierteren Auseinandersetzung mit der chinesischen Symbolik. Diese Werke bleiben nicht nur wegen ihrer ästhetischen Qualitäten in Erinnerung, sondern auch wegen der
Einblicke, die sie in die europäische Interpretationen ostasiatischer Kunst gewähren – ein kompliziertes Zusammenspiel von
Exotik, Anpassung und schließlich kultureller Wertschätzung.

Dem stimmt auch Tuan Mami zu: Es gibt stets neue Möglichkeiten, das bisher verborgene Wissen zu erkunden. Ihm
ist es wichtig, kontinuierlich über die Objekte nachzudenken
und im Austausch zu bleiben, wie er im folgenden Auszug des
Stannaki Forums verdeutlicht:

Es gibt immer einen Weg zu erforschen, was unter der
Oberfläche liegt, und ich glaube, dass ich noch viel lernen
kann. Vielleicht sind wir an einem Punkt angelangt, an
dem es an der Zeit ist, in Museen tiefer zu graben, und ich
möchte Ihnen zeigen, warum diese Erkundung für mich
wichtig ist. In Zukunft werden wir vielleicht sogar noch
mehr Leute einladen, daran mitzuarbeiten. Für den Moment halte ich es für sinnvoll, die Motivreihen in meinen

Chinese mythology, for instance, is often transformed when adapted to different contexts, and I find that intriguing. The way we interpret mythology plays a significant role, particularly when elements are taken out of their original context, such as the image of the "dragonfly," which can shift from representing peaceful elegance to something entirely different in new cultural settings.

Recently, I have been interested in nature and the depiction of plants, particularly in chinoiserie. What I find fascinating is how the plants depicted in chinoiserie represent entirely different environments, blending species from Asia, Africa, and the West. For example, chinoiserie often shows plants symbolizing the four seasons, each with its own meaning. I'm passionate about gardening and the idea of creating different types of gardens, so I've started thinking about how the plants in chinoiserie could be combined into a single garden. I also see plants as a political tool, and in chinoiserie, the representation of plants can feel dark and heavy, especially if we don't understand the deeper cultural significance behind a specific plant or flower. Missing that meaning can lead us to overlook or misinterpret its value, which reflects the broader issue of how we respect other cultures.

This brings me back to a key point: if we don't take the time to seriously research or understand a culture, we risk missing its essence. That's why I believe it's essential to question whether we have a deep enough understanding of the things we encounter, so that we can truly respect them.

Given the contemporary role of the museum, we must critically engage with the images that we exhibit and recognize how they have been shaped through different influences and historical contexts, Anna-Lisa Reith states. The concept of "Asian," for example, was largely constructed in Europe and reflects an imagined notion that did not align with the realities of people outside of Europe. This raises the important question: How should we describe these objects today, and how can we work with them responsibly as a museum? What are the challenges involved? What made certain symbols and objects appear "Chinese" to European viewers, and how do the patterns appear today?

Collagen näher zu betrachten, vor allem in Bezug auf die Mythologie. Die chinesische Mythologie zum Beispiel wird oft transformiert, wenn sie an verschiedene Kontexte angepasst wird, und das finde ich faszinierend. Die Art und Weise, wie wir die Mythologie interpretieren, spielt eine wichtige Rolle, vor allem, wenn Elemente aus ihrem ursprünglichen Kontext gerissen werden, wie zum Beispiel das Bild der »Libelle«, eine Darstellung friedlicher Eleganz, die in neuen kulturellen Kontexten zu etwas völlig anderem werden kann.

In letzter Zeit habe ich mich für die Natur und die Darstellung von Pflanzen interessiert, insbesondere in der Chinoiserie. Ich finde es faszinierend, wie die in der Chinoiserie dargestellten Pflanzen völlig unterschiedliche Umgebungen repräsentieren und Arten aus Asien, Afrika und dem Westen miteinander vermischen. In der Chinoiserie werden zum Beispiel oft Pflanzen gezeigt, die die vier Jahreszeiten symbolisieren, wobei jede ihre eigene Bedeutung hat. Meine Leidenschaft gilt der Gartenarbeit und der Idee, verschiedene Arten von Gärten anzulegen, und so habe ich angefangen, darüber nachzudenken, wie die Pflanzen der Chinoiserie in einem einzigen Garten kombiniert werden könnten. Ich sehe Pflanzen auch als politisches Werkzeug, und in der Chinoiserie kann die Darstellung von Pflanzen düster und bedrückend wirken, vor allem wenn wir die tiefere kulturelle Bedeutung hinter einer bestimmten Pflanze oder Blume nicht verstehen. Wenn wir Bedeutungen nicht kennen, können wir ihren Wert übersehen oder falsch interpretieren. Das wirft die allgemeine Frage auf, wie wir andere Kulturen respektieren.

Damit komme ich auf einen wichtigen Punkt zurück: Wenn wir uns nicht die Zeit nehmen, eine Kultur ernsthaft zu erforschen oder zu verstehen, laufen wir Gefahr, ihr Wesen zu verfehlen. Deshalb glaube ich, dass es wichtig ist, zu hinterfragen, ob wir die Dinge, denen wir begegnen, tief genug verstehen, um sie wirklich respektieren zu können.

Anna-Lisa Reith erklärt: Angesichts der zeitgenössischen Rolle des Museums müssen wir uns kritisch mit den Bildern auseinandersetzen, die wir ausstellen, und anerkennen, wie sie durch verschiedene Einflüsse und historische Kontexte geprägt wurden. Das Konzept von »Asien« wurde zum Beispiel weitgehend in Europa konstruiert und spiegelt eine imaginierte Vorstellung wider, die nicht der Realität der Menschen außerhalb Europas entsprach. Das wirft wichtige Fragen auf: Wie sollten wir diese Objekte heute erzählen, und wie können wir als Museum verantwortungsvoll mit ihnen umgehen? Welche Herausforderungen gibt es dabei? Was ließ bestimmte Symbo-

Investigating the creation of objects and their symbols, weighing the intentions behind them, and questioning the knowledge they are based on is essential—particularly when museums share knowledge about collections through exhibitions and texts. This process is further enriched by the individual interpretations of visitors, shaped by their personal knowledge and visual habits. Delving deeper into the stereotypes, as well as the aesthetic and historical decisions that have shaped these representations, is fundamental to fostering a respectful understanding of the objects. At the same time, international exchange is crucial to shifting perspectives away from the European collector's viewpoint toward a transcultural dialogue. Shifting our perspective on these representations and considering how they reflect an understanding of humanity—through the lens of aesthetic strategies—can stimulate thought and offer new insights into multilayered cultural narratives for visitors.

Anna-Lisa Reith Reflects on Exploring Chinoiserie Through an Artistic Approach

In order to foster an actual transcultural approach in the museum, including a broader conception of museums as not only spaces for art history, but also social exchange and understanding, Tuan Mami also transfers his curiosity about the history of porcelain to plants and gardens. In his *Vietnamese Immigrating Garden* series, he creates seed libraries and gardens with Vietnamese plants in Kassel, Taipei, and Dresden, among other places. In an ongoing trans-geographical and interdisciplinary project, the artist explores the migration stories of people through the traces of immigrant plants. These plants, which are often closely linked to colonization, political flight, export trade, imported labor, and other migratory movements, act as silent witnesses to historical entanglements. Through this nature motif, Tuan Mami questions conceptions of home and local cultures in different countries and contexts. His research aims to reveal hierarchies in social interactions as well as structures of power and politics. The garden serves as a social platform where stories about life, migration, and cultural exchange are collected and shared. Instead of an imagined representation of real life, as we can see on the chinoiserie objects, an actual exchange between people takes place here.

le und Objekte für europäische Betrachter*innen »chinesisch«
wirken, wie wirken die Dekore heute?

Die Entstehung der Objekte und ihrer Symbole zu untersuchen, Absichten dahinter abzuwägen und das Wissen, auf
dem sie basieren, zu hinterfragen, ist unabdingbar, besonders
wenn Museen Wissen über ihre Sammlungen in Ausstellungen
und Texten teilen. Dazu kommen individuelle Interpretationen der Besuchenden, basierend auf persönlichem Wissen
und Sehgewohnheiten. Untersuchungen der Stereotypen und
ästhetischen sowie historischen Entscheidungen zu vertiefen,
die diese Darstellungen geprägt haben, ist daher grundlegend,
um ein respektvolles Verständnis für die Objekte zu erlangen.
Gleichzeitig ist der internationale Austausch notwendig, um
den Perspektivwechsel heraus aus der europäischen Samm-
lerposition, hin zum transkulturellen Dialog zu ermöglichen.
Wenn wir den Blickwinkel auf diese Darstellungen verändern
und darauf achten, wie sie ein Verständnis von Menschlich-
keit widerspiegeln – durch die Linse ästhetischer Strategien –,
können Gedanken angeregt und den Besuchenden neue Perspektiven auf vielschichtige kulturelle Erzählungen eröffnet
werden.

Mit einem weiterführenden Ausblick auf Tuan Mamis
künstlerische Arbeit in Dresden schließt Anna-Lisa Reith
das Stannaki Forum.

Um einen tatsächlichen transkulturellen Ansatz im Museum zu
fördern, der ein umfassendes Verständnis von Museen nicht
nur als Räume für Kunstgeschichte, sondern auch als Raum für
sozialen Austausch und Verständigung beinhaltet, überträgt
Tuan Mami seine Neugier für die Geschichte des Porzellans
auch auf Pflanzen und Gärten. In seiner Werkreihe *Vietnamese Immigrating Garden* schafft er Saatgut-Bibliotheken
und Gärten mit vietnamesischen Pflanzen, unter anderem in
Kassel, Taipeh und Dresden. In einem laufenden transgeografi-
schen und interdisziplinären Projekt erforscht der Künstler
die Migrationsgeschichten von Menschen anhand der Spuren
immigrierter Pflanzen. Diese Pflanzen, die oft eng mit Kolonialisierung, politischer Flucht, Exporthandel, importierten Arbeits-
kräften und weiteren Migrationsbewegungen verbunden sind,
fungieren als stille Zeugen historischer Verflechtungen. Durch
dieses Naturmotiv hinterfragt Tuan Mami Konzepte von Heimat
und lokalen Kulturen in verschiedenen Ländern und Kontexten.
Seine Forschung zielt darauf ab, Hierarchien in sozialen Interaktionen sowie Macht- und Politikstrukturen offenzulegen. Der
Garten dient dabei als soziale Plattform, auf der Geschichten
über das Leben, Migration und kulturellen Austausch gesammelt und geteilt werden. An die Stelle einer imaginierten
Darstellung von Lebensrealitäten, wie wir sie auf Chinoiserien

Within the framework of the Transcultural Academy *Towards a worlded public* in 2022, Tuan Mami familiarized himself with the Porzellansammlung during an artist residency in Dresden. Understanding the history behind these images, and actively researching their stories together, allows us to deepen our knowledge and become more aware of the fine line between cultural appreciation and appropriation. The blend of design, honoring imagery, and imagination present in chinoiserie must be thoughtfully conveyed to the public. This is both a significant challenge and an exciting opportunity.

The Stannaki Forum *From Porcelain to Porcelain* took place on April 5, 2023. The forum began with a tour through the Porzellansammlung, followed by a conversation between Sojin Baik, Tuan Mami, and the director of the Porzellansammlung, Julia Weber, moderated by Anna-Lisa Reith at the Japanisches Palais. The forum was the starting point for this text by Sojin Baik and Anna-Lisa Reith, which cites a number of Tuan Mami's contributions to the live event in April 2023.

References

Enlin, Yang. "Über den Einfluß des altchinesischen Porzellans auf die Herstellung des Meißner Porzellans." *Forschungen und Berichte* 31 (1991): 139–52. https://doi.org/10.2307/3881089.

Gerritsen, Anne, and Stephen McDowall. "Material Culture and the Other: European Encounters with Chinese Porcelain, ca. 1650–1800." *Journal of World History* 23, no. 1 (2012): 87–113. http://www.jstor.org/stable/41508052.

Impey, Oliver. "Japanese Export Art of the Edo Period and Its Influence on European Art." *Modern Asian Studies* 18, no. 4 (1984): 685–97. http://www.jstor.org/stable/312344.

Le Corbeiller, Clare. "German Porcelain of the Eighteenth Century." *The Metropolitan Museum of Art Bulletin* 47, no. 4 (1990): 1–56. https://doi.org/10.2307/3258738.

Porter, David L. "Monstrous Beauty: Eighteenth-Century Fashion and the Aesthetics of the Chinese Taste." *Eighteenth-Century Studies* 35, no. 3 (2002): 395–411. http://www.jstor.org/stable/30054206.

p. 118
Where are the flies coming from?
Image Collage; Lost in Translation 3; Immigrating Garden; Research-based project by Tuan Mami, 2022.

sehen können, tritt hier der tatsächliche Austausch zwischen Menschen.

Im Rahmen der Transcultural Academy »Towards a worlded Public« im Jahr 2022 machte sich Tuan Mami während eines Künstleraufenthalts in Dresden mit der Porzellansammlung vertraut. Indem wir die Geschichte hinter diesen Bildern verstehen und gemeinsam aktiv nach ihren Entstehungsgeschichten forschen, können wir unser Wissen vertiefen und uns der schmalen Gratwanderung zwischen kultureller Wertschätzung und Aneignung bewusst werden. Die in der Chinoiserie vorhandene Mischung aus Design, Ehrerbietung gegenüber Bildern und Vorstellungskraft muss der Öffentlichkeit auf wohlüberlegte Art und Weise vermittelt werden. Dies ist sowohl eine erhebliche Herausforderung als auch eine spannende Chance.

Das Stannaki Forum *Von Porzellan auf Porzellan* fand am 5. April 2023 statt. Das Forum begann mit einer Führung durch die Porzellansammlung, gefolgt von einem Gespräch zwischen Sojin Baik, Tuan Mami und der Direktorin der Porzellansammlung, Julia Weber, moderiert von Anna-Lisa Reith im Japanischen Palais. Das Forum war der Ausgangspunkt für diesen Text von Sojin Baik und Anna-Lisa Reith, der eine Reihe von Beiträgen von Tuan Mami bei der Live-Veranstaltung im April 2023 zitiert.

Literatur

Enlin, Yang. »Über den Einfluß des altchinesischen Porzellans auf die Herstellung des Meißner Porzellans«, in: *Forschungen und Berichte* 31 (1991): 139–52. https://doi.org/10.2307/3881089.

Gerritsen, Anne, und Stephen McDowall. »Material Culture and the Other: European Encounters with Chinese Porcelain, ca. 1650–1800«, in: *Journal of World History* 23, Nr. 1 (2012): 87–113. http://www.jstor.org/stable/41508052.

Impey, Oliver. »Japanese Export Art of the Edo Period and Its Influence on European Art«, in: *Modern Asian Studies* 18, Nr. 4 (1984): 685–97. http://www.jstor.org/stable/312344.

Le Corbeiller, C. »German Porcelain of the Eighteenth Century«, in: *The Metropolitan Museum of Art Bulletin* 47, Nr. 4 (1990): 1–56. https://doi.org/10.2307/3258738.

Porter, David L. »Monstrous Beauty: Eighteenth-Century Fashion and the Aesthetics of the Chinese Taste«, in: *Eighteenth-Century Studies* 35, Nr. 3 (2002): 395–411. http://www.jstor.org/stable/30054206. S. 118

S. 118
Where are the flies coming from?
Image Collage; Lost in Translation 3;
Immigrating Garden; Forschungsprojekt von Tuan Mami, 2022.

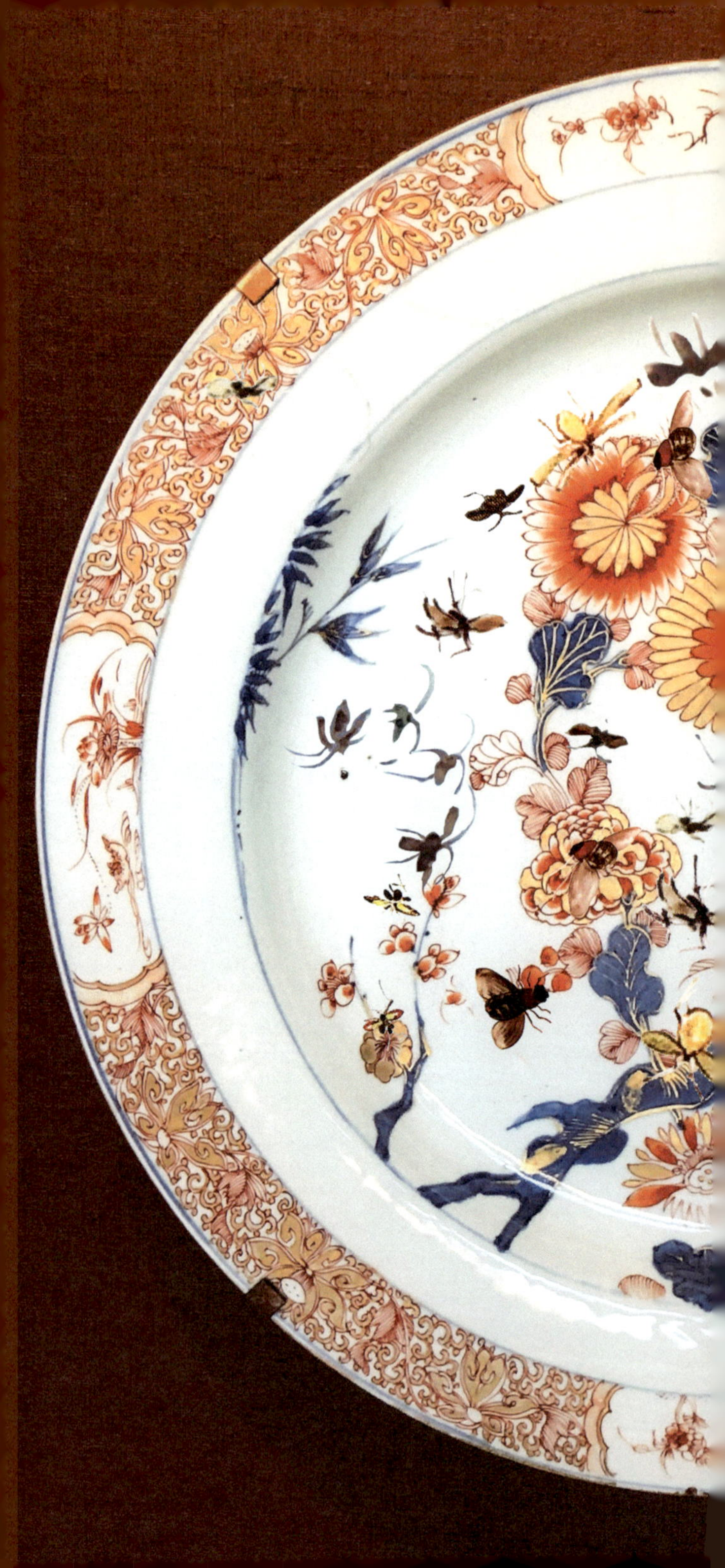

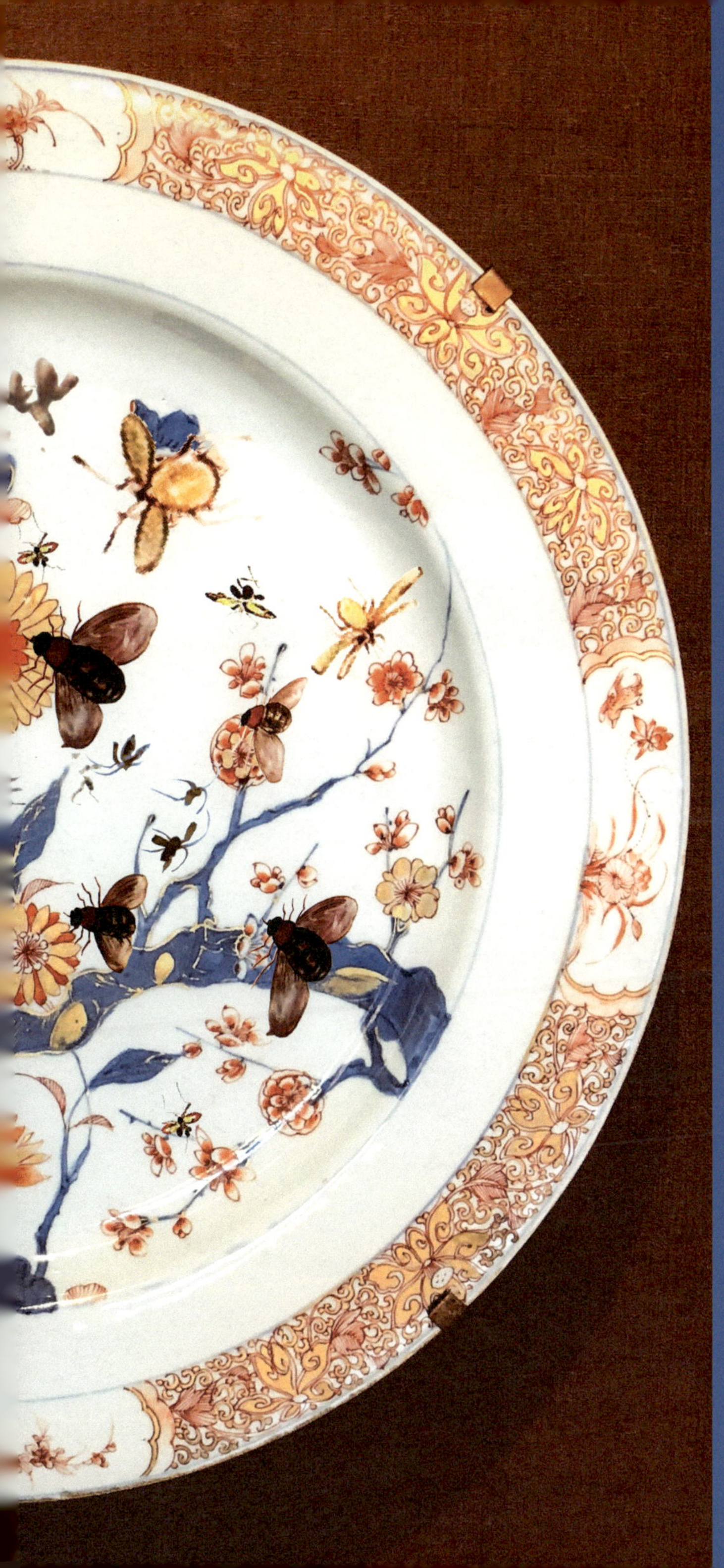

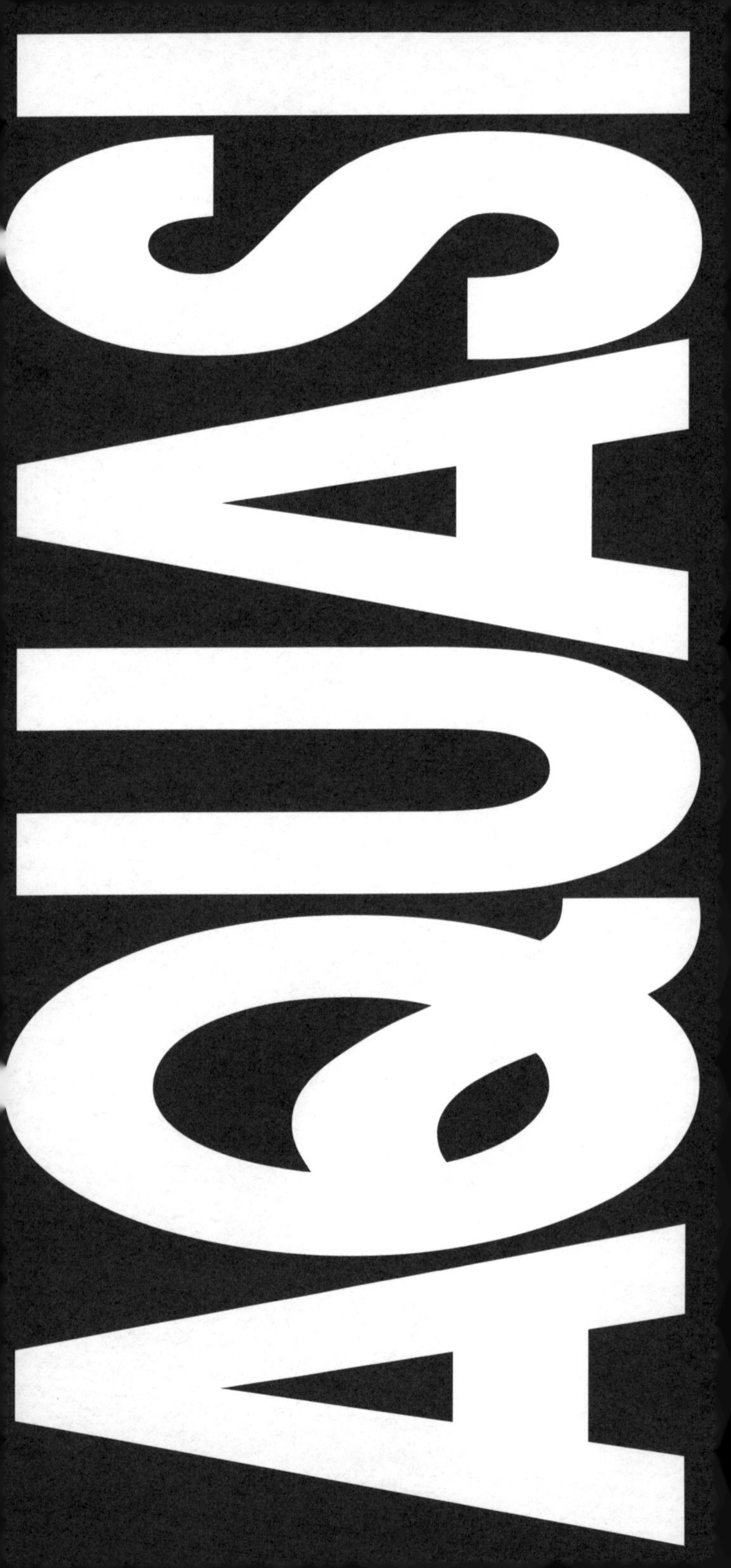

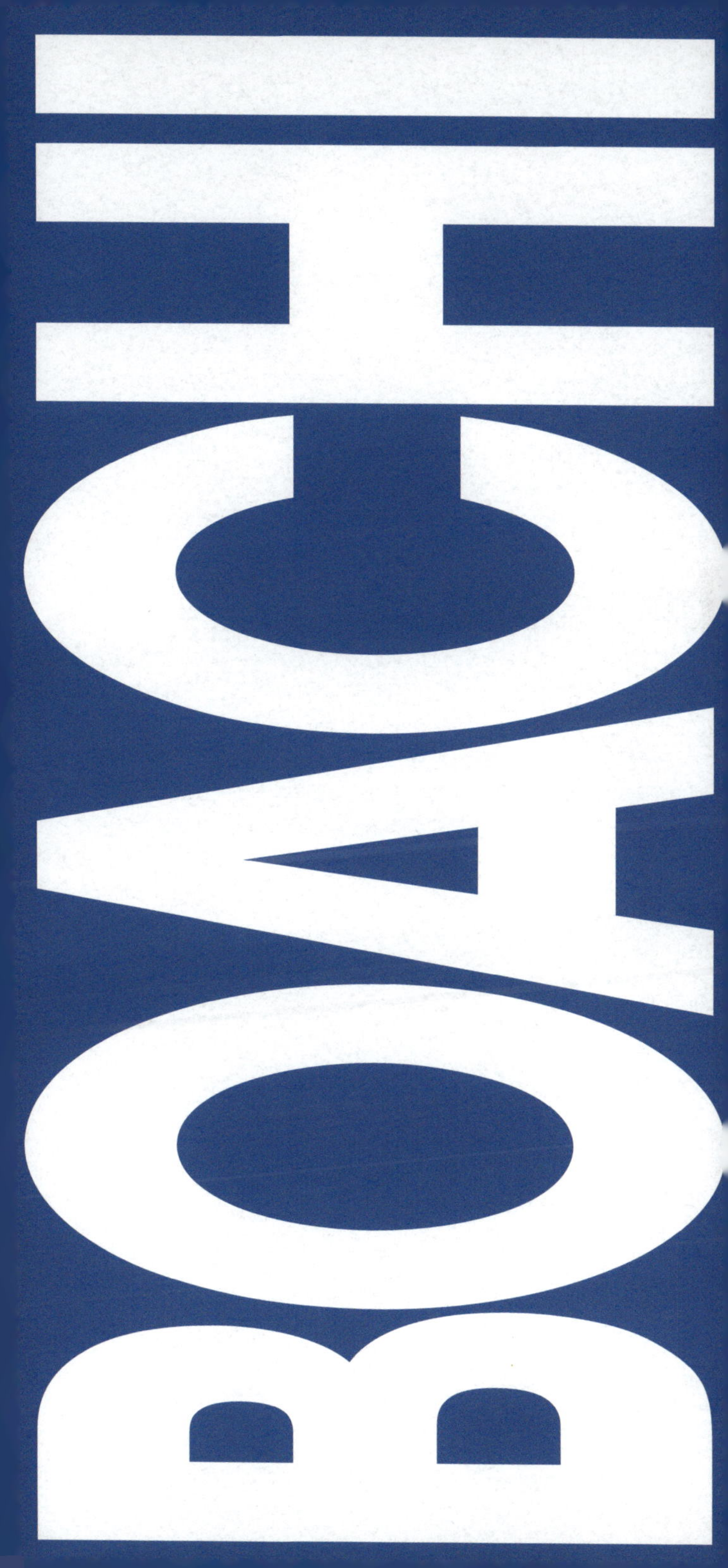

Aquasi Boachi: Transcontinental Remembrances

Andrea-Vicky Amankwaa-Birago,
Holger Birkholz, and Mahret Ifeoma Kupka

In 1847, Aquasi Boachi, also known as Kwasi Boakye, an Asante prince from present-day Ghana, studied mining in Freiberg, Saxony. The Dresden court painter Carl Christian Vogel von Vogelstein portrayed him as a historical figure of the late Romantic period. The painting from the Freiberg City and Mining Museum is now exhibited on loan at the Albertinum in Dresden. The Stannaki Forum takes the painting and Boachi's biography as an impulse to reflect on resonances in the history of culture, work, and relations between Ghana and Saxony. The conversation between the curator Holger Birkholz of Albertinum and the cultural theorist Andrea-Vicky Amankwaa-Birago was moderated by the art historian and curator Mahret Ifeoma Kupka.

Next page:
Porträt des Aquasie Boachi, Prinz von Aschantiland, Carl Christian Vogel von Vogelstein, 1849. Oil on paper, 33.8 x 30 cm. Stadt- und Bergbaumuseum Freiberg, inv. no. 52/237.

Aquasi Boachi. Transkontinentale Erinnerungen

Andrea-Vicky Amankwaa-Birago,
Holger Birkholz und Mahret Ifeoma Kupka

Im Jahr 1847 studierte Aquasi Boachi, auch bekannt als Kwasi Boakye, ein Aschanti-Prinz aus dem heutigen Ghana, im sächsischen Freiberg Bergbau. Als historische Persönlichkeit der späten Romantik porträtierte ihn der Dresdner Hofmaler Carl Christian Vogel von Vogelstein. Das Gemälde aus dem Stadt- und Bergbaumuseum Freiberg wird jetzt als Leihgabe im Albertinum ausgestellt. Das Stannaki Forum nimmt das Gemälde und Boachis Biografie zum Anlass, um Resonanzen in der Kultur-, Arbeits- und Beziehungsgeschichte zwischen Ghana und Sachsen zu reflektieren.
 Das Gespräch zwischen dem Kurator Holger Birkholz des Albertinum und der Kulturwissenschaftlerin Andrea-Vicky Amankwaa-Birago wurde moderiert von der Kunsthistorikerin und Kuratorin Mahret Ifeoma Kupka.

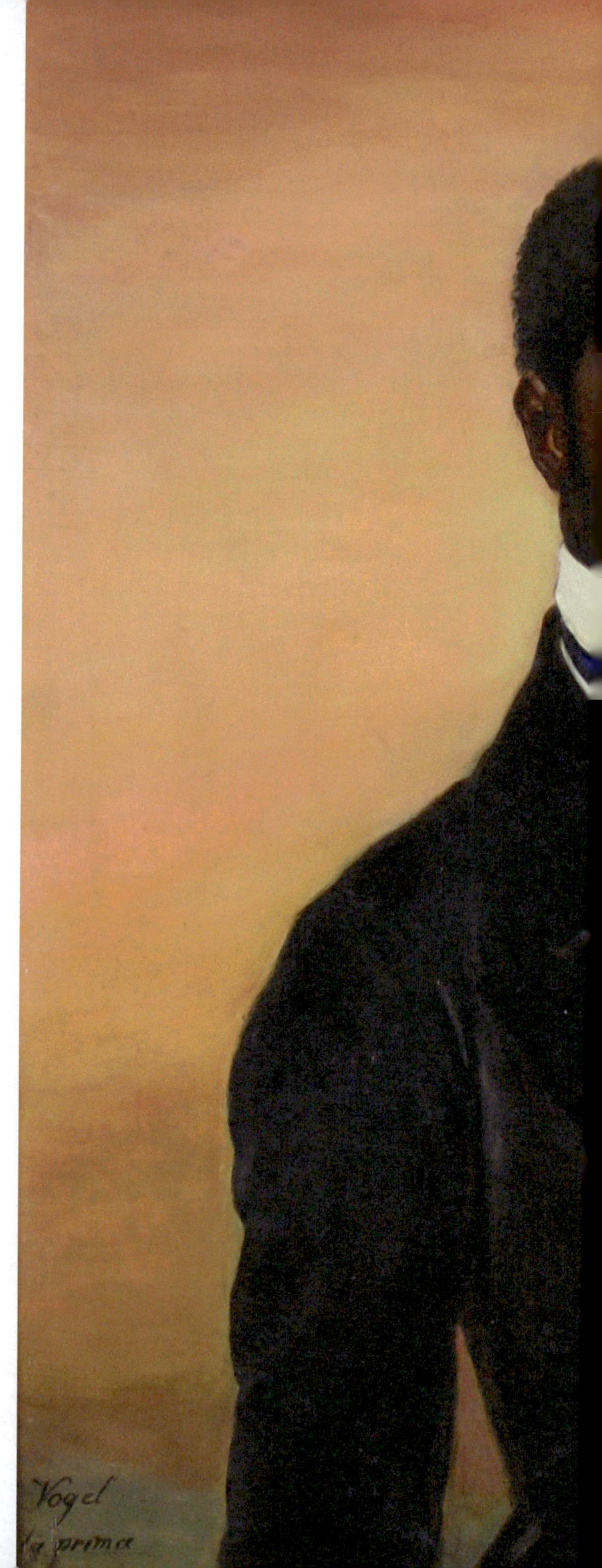

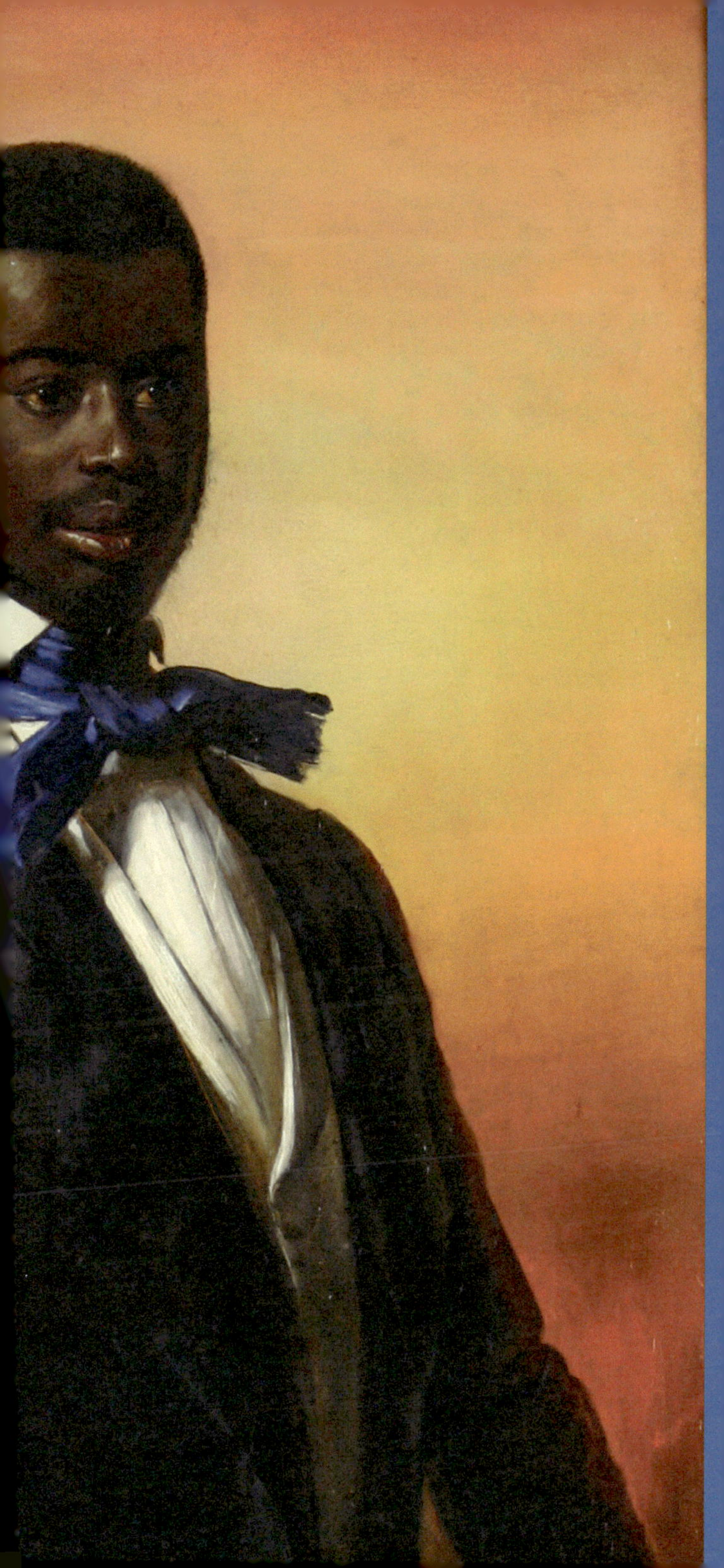

<u>Mahret Ifeoma Kupka (MIK):</u> I am very pleased to be able to moderate this conversation today because I am here with two very exciting discussion partners and the topic of the evening, Aquasi Boachi as a person and what he stands for, is highly topical and important. Not only because a portrait of Boachi, painted by the Dresden court painter Carl Christian Vogel von Vogelstein, can be seen here at the Albertinum on loan, but also because the story of Boachi and his portrait reveal a lot about the way archives work, how data is read in them, and what happens to the information that is not archived. So tonight is about Boachi, but also about forms of remembering and not remembering. I have to admit that I didn't know Boachi before the request came to moderate the conversation. Figures like Boachi are generally not part of German curricula. Those who go to school here learn relatively little about such life stories. But the story is highly exciting and we will talk about it in detail.

Prince Aquasi Boachi of Asante lived from 1827 to 1904. He was the eldest son and prince of the Asante Empire, who was sent to the Netherlands by his father King Kwaku Dua I Panyin in 1837 along with his cousin Kwame Poku, heir to the throne, as part of negotiations between the Asante and the Dutch over the recruitment of Asante soldiers for the Dutch East India Army. The two boys, it is said, were warmly welcomed and were often guests of King Willem II. They received extensive training and learned English, French, and German. They were baptized in 1843 and therefore became members of the Dutch Reformed Church. In August 1843, Boachi was admitted to the Royal Academy in Delft to train as a mining engineer, graduating in 1847. In the same year, his cousin Kwame Poku returned to the then so-called Dutch Gold Coast as planned. He entered Dutch service as a corporal, but did not receive the promised officer rank. He committed suicide three years later, which strengthened Boachi's efforts—at least according to sources—to break away from Dutch paternalism. He briefly succeeded in doing so with the support of the Dutch king, who enabled him to continue his studies at the Freiberg Mining Academy in Saxony. After graduation, Boachi returned to the Netherlands and was sent to the Dutch East Indies shortly thereafter, likely to

<u>Mahret Ifeoma Kupka (MIK)</u>: Ich freue mich sehr, dieses Gespräch heute moderieren zu dürfen, weil ich mit zwei sehr spannenden Gesprächspartner*innen hier bin. Außerdem ist das Thema des Abends, die Person Aquasi Boachi und das, wofür er steht, hochaktuell und wichtig. Nicht nur, weil ein Porträt Boachis, gemalt vom Dresdner Hofmaler Carl Christian Vogel von Vogelstein, als Leihgabe hier im Albertinum zu sehen ist, sondern auch, weil die Geschichte Boachis und seines Porträts viel über die Art und Weise verrät, wie Archive funktionieren, wie Daten darin gelesen werden und was mit den Informationen passiert, die nicht archiviert sind. Heute Abend geht es also um Boachi, aber auch um Formen des Erinnerns und Nicht-Erinnerns. Ich muss zugeben, dass ich Boachi nicht kannte, bevor die Anfrage kam, das Gespräch zu moderieren. Persönlichkeiten wie Boachi sind ja gemeinhin nicht Teil deutscher Lehrpläne. Wer hier zur Schule geht, lernt wenig über solche Lebensgeschichten. Die Geschichte ist aber hochspannend, und wir werden auch noch im Detail darüber sprechen.

Prinz Aquasi Boachi von Aschanti lebte von 1827 bis 1904. Er war der älteste Sohn und Prinz des Aschanti-Reiches, der von seinem Vater, König Kwaku Dua I. Panyin, 1837 zusammen mit seinem Cousin Kwame Poku, dem Thronerben, im Zusammenhang mit Verhandlungen zwischen den Aschanti und den Holländern über die Rekrutierung von Aschanti-Soldaten für die holländische Ostindien-Armee in die Niederlande geschickt wurde. Die beiden Jungen, so heißt es, wurden freundlich empfangen, waren auch häufige Gäste bei König Wilhelm II. Sie erhielten eine umfangreiche Ausbildung, lernten Englisch, Französisch und Deutsch. Sie wurden 1843 getauft und damit Mitglieder der Niederländisch-reformierten Kirche. Im August 1843 wurde Boachi an der Königlichen Akademie in Delft für eine Ingenieurausbildung zum Bergbauingenieur aufgenommen und graduierte dort 1847. Im gleichen Jahr kehrte sein Cousin Kwame Poku wie geplant an die damals sogenannte holländische Goldküste zurück und trat als Korporal in niederländische Dienste, erhielt jedoch den versprochenen Offiziersrang nicht. Drei Jahre später beging er Selbstmord, was Boachis Bestreben verstärkte – so zumindest die Quellen – sich von der niederländischen Bevormundung zu lösen. Für einen Moment gelang ihm dies mit Unterstützung des niederländischen Königs, der es ihm ermöglichte, seine Studien an der Bergakademie Freiberg in Sachsen fortzuführen. Nach dem Abschluss kehrte Boachi in die Niederlande zurück und wurde kurz darauf nach Niederländisch-Indien entsandt, wohl um zu verhindern, dass er in den Niederlanden eine führende

prevent him from taking a leading position in the corps of mining engineers in the Netherlands, which would have meant that European engineers would have had to work under him. He was also denied any promotion in the Dutch East Indies due to the racist hierarchies in the colonial system. After an official complaint, he received monthly payments and an estate, where he later died in 1904.

It is interesting to note that Boachi was far from being the only person who traveled from Africa to Europe, lived here, and left traces. In her book *African Europeans*, the British-Cameroonian historian Olivette Otele describes similar stories of a wide variety of personalities, including Anton Wilhelm Amo. Otele shows how strongly Europe and Africa have always been connected, not only since the Portuguese expeditions and trade relations in the fifteenth century.

However, she also emphasizes that many of these stories can only be told because their traces are found in archives. You often have to read between the lines in archives, which requires skill to identify the gaps and specifically ask for what has not been archived. The lives of women, queer people, employees, or enslaved people are often missing from the records. Archives primarily tell the stories of those who create them and reflect what was considered worth preserving at a given time—and what was not. Anyone who recognizes that the non-archived nonetheless existed uncovers an unexpected wealth of possibilities.

But how can this be worked with, especially in a scholarly framework based on references and evidence? Saidiya Hartmann uses the method of "critical fabulation," a combination of historical and archival research and fictional narrative, to fill in gaps in the historical record. It is not so much a matter of making a clear assertion, but of pointing out possible scenarios. It is crucial to understand that archives are unreliable and history must always be retold and discussed— which we will do tonight. So back to Boachi: His portrait closes a gap here at the Albertinum. Holger Birkholz has been a curator of nineteenth-century painting at the Albertinum since 2016 and has researched Boachi intensively. He will tell us more about how the painting came here and how he became aware of Boachi.

<u>Holger Birkholz (HB):</u> It's been more than three years since I came across the portrait while working with the

Position im Corps der Bergbauingenieure einnehmen könnte, was bedeutet hätte, dass europäische Ingenieure unter ihm hätten arbeiten müssen. Auch in Niederländisch-Indien wurde ihm jede Beförderung verweigert, ein Zitat besagt, seiner Hautfarbe wegen. Nach einer offiziellen Beschwerde erhielt er monatliche Zahlungen und ein Landgut, auf dem er 1904 starb.

Interessant ist, dass Boachi bei weitem nicht die einzige Person war, die von Afrika nach Europa reiste, hier lebte und Spuren hinterließ. Die britisch-kamerunische Historikerin Olivette Otele beschreibt in ihrem Buch *Afrikanische Europäer* ähnliche Geschichten unterschiedlichster Persönlichkeiten, darunter auch von Anton Wilhelm Amo. Otele zeigt, wie stark Europa und Afrika immer schon miteinander verbunden waren, nicht erst seit den portugiesischen Forschungsreisen und Handelsbeziehungen im 15. Jahrhundert.

Sie betont jedoch auch, dass viele dieser Geschichten nur erzählt werden können, weil ihre Spuren in Archiven zu finden sind. Sehr oft muss man in Archiven zwischen den Zeilen lesen, was Geschick erfordert, um die Lücken zu erkennen und ge-zielt nach dem zu fragen, was nicht archiviert wurde. Die Leben von Frauen, queeren Personen, Angestellten oder Versklavten fehlen oft in den Aufzeichnungen. Archive erzählen vor allem die Geschichten derer, die sie anlegen, und spiegeln wider, was zu welchem Zeitpunkt als bewahrenswert galt – und was nicht. Wer erkennt, dass das Nicht-Archivierte trotzdem existierte, entdeckt einen unerwarteten Reichtum an Möglichkeiten.

Doch wie lässt sich damit arbeiten, insbesondere in einem wissenschaftlichen Rahmen, der auf Quellenangaben und Belegen basiert? Saidiya Hartmann wendet die Methode der »critical fabulation« [dt. kritische Fabulation] an, eine Kombi-nation von historischer und archivarischer Forschung und fikti-ver Erzählung, um Lücken in den historischen Aufzeichnungen zu füllen. Es geht dabei weniger um eine eindeutige Behaup-tung, sondern um das Aufzeigen möglicher Szenarien. Es ist entscheidend zu verstehen, dass Archive unzuverlässig sind und Geschichte stets neu erzählt und diskutiert werden muss – was wir heute Abend tun werden. Damit zurück zu Boachi: Sein Porträt schließt hier im Albertinum eine Lücke. Holger Birkholz ist seit 2016 Kurator für die Malerei des 19. Jahrhun-derts im Albertinum und hat sich intensiv mit Boachi beschäf-tigt. Er wird uns gleich mehr darüber erzählen, wie das Bild hierherkam und wie er auf Boachi aufmerksam wurde.

<u>Holger Birkholz (HB):</u> Es ist jetzt über drei Jahre her, dass ich auf das Porträt gestoßen bin, während ich mich mit dem Be-stand der Romantik-Malerei im Albertinum beschäftigt habe. Dieser Korpus, vor allem die Landschaftsmalerei von männ-lichen Künstlern, bildet ein starkes kunstgeschichtliches Nar-rativ. Als ich 2016 im Albertinum anfing, interessierte mich, wie

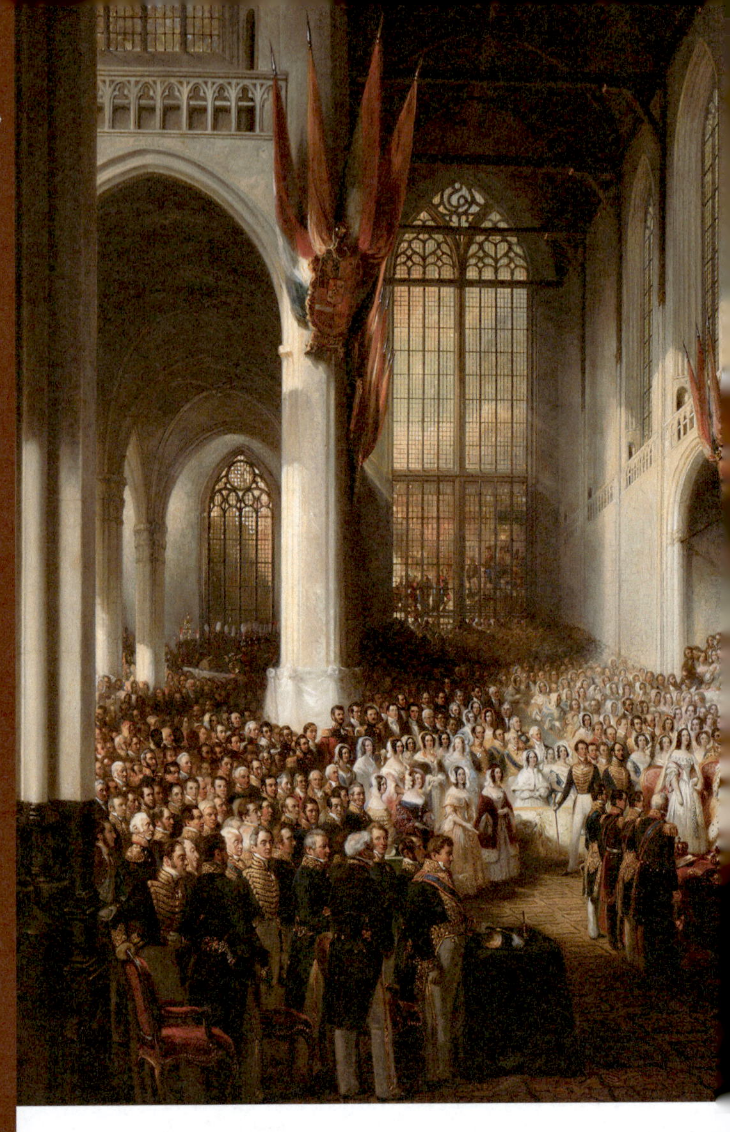

The Inauguration of King William II of the Netherlands on November 28, 1840, in the Nieuwe Kerk in Amsterdam, Nicolaas Pienemann, 1845. Oil on canvas, 161 × 237 cm. Paleis Het Loo Nationaal Museum, Apeldoorn.

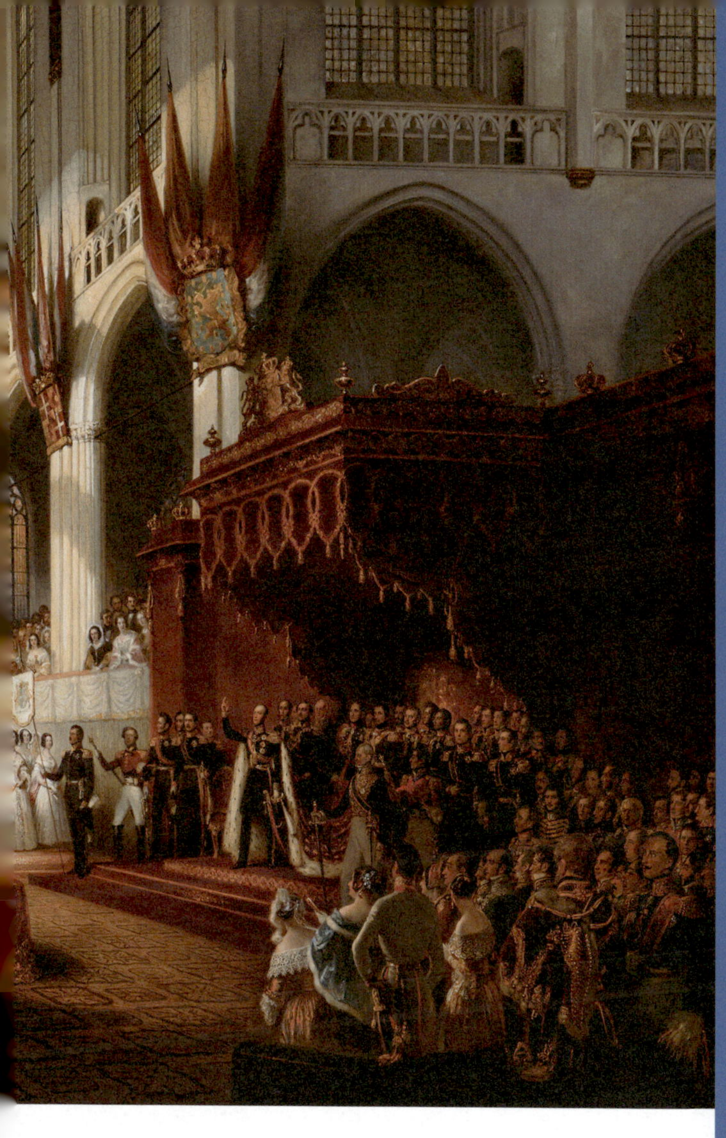

Die Inthronisierung von König Wilhelm II. der Niederlande am 28. November 1840 in der Nieuwe Kerk in Amsterdam. Nicolaas Pienemann, 1845. Öl auf Leinwand, 161 × 237 cm. Paleis Het Loo Nationaal Museum, Apeldoorn.

Romantic painting collection at the Albertinum. This corpus, especially landscape paintings by male artists, forms a strong art-historical narrative. When I started at the Albertinum in 2016, I was interested in what art looked like outside of these established positions. Early on, I came across Raden Saleh, an artist from what is now Indonesia, who spent a formative time in Dresden. In his biography, I found connections to Aquasi Boachi as their paths intersected at crucial points.

I researched further and discovered an image of Boachi's portrait, painted by Carl Christian Vogel von Vogelstein. I was very interested in the portrait, so I contacted the Stadt- und Bergbaumuseum in Freiberg [Freiberg City and Mining Museum], where it was located, and went there to see it. I was surprised that the image is relatively small, yet it has a strong presence.

Then the exchange with the museum began. We talked about how exciting it would be to show the painting in the Albertinum in order to open up an alternative narrative within Dresden's art and cultural history. After lengthy negotiations, I am pleased that it has been on display here in the gallery since Tuesday. We have adapted a historical frame from the period in which it was created so that, alongside other works by Vogelstein, it now represents the artist on the one hand and gives space to this important personality on the other.

I continued my research further and was very pleased when Doreen Mende approached me about the Stannaki Forum. Suddenly, a large space opened up, and the whole thing became a work in progress. We have found many interesting things, but many of them have only been briefly touched on so far.

I will show a few images to illustrate the connections. One of them is a painting of the coronation of King Willem II of the Netherlands, in which you can see Aquasi Boachi and his cousin in the background—small but important enough to integrate them as witnesses of this event. It is a large painting (161 × 237 cm) that hangs in Paleis Het Loo, but there is no good reproduction of it. A smaller version of the painting hangs in Amsterdam, but there the figures in the background are only sketchy and barely recognizable. This shows how documents are differently accessible, a topic that has occupied us throughout.

Kunst außerhalb dieser etablierten Positionen aussah. Dabei stieß ich früh auf Raden Saleh, einen Künstler aus dem heutigen Indonesien, der eine prägende Zeit in Dresden verbrachte. In seiner Biografie fand ich Verbindungen zu Aquasi Boachi, da sich ihre Lebenswege an entscheidenden Punkten überschneiden.

Ich recherchierte weiter und entdeckte eine Abbildung des Porträts von Boachi, gemalt von Carl Christian Vogel von Vogelstein. Das Porträt interessierte mich sehr, also nahm ich Kontakt mit dem Stadt- und Bergbaumuseum in Freiberg auf, wo es sich befand, und fuhr hin, um es mir anzusehen. Es überraschte mich, dass das Bild relativ klein ist, obwohl es eine starke Präsenz hat.

Dann begann der Austausch mit dem Museum. Wir sprachen darüber, wie spannend es wäre, das Bild im Albertinum zu zeigen, um eine alternative Narration innerhalb der Kunst- und Kulturgeschichte Dresdens zu eröffnen. Nach längeren Verhandlungen freue ich mich, dass es seit Dienstag hier in der Galerie zu sehen ist. Wir haben ihm einen historischen Rahmen aus der Entstehungszeit angepasst, sodass es nun neben weiteren Werken von Vogelstein einerseits den Künstler repräsentiert und andererseits dieser bedeutenden Persönlichkeit Raum gibt.

Ich habe dann weiter recherchiert und war sehr froh, als ich mit Doreen Mende bezüglich des Stannaki Forums ins Gespräch kam. Plötzlich tat sich ein großer Raum auf, und das Ganze wurde zu einem *work in progress*. Wir haben viele interessante Dinge gefunden, aber vieles bisher nur angerissen.

Ich werde ein paar Bilder zeigen, die Zusammenhänge verdeutlichen. Eines davon ist ein Gemälde von der Krönung König Wilhelms II. der Niederlande, auf dem man Aquasi Boachi und seinen Cousin im Hintergrund sieht – klein, aber wichtig genug, um sie als Zeugen dieses Ereignisses zu integrieren. Es ist ein großes Gemälde (161 × 237 cm), das in Het Loo hängt, aber es gibt keine gute Reproduktion davon. Eine kleinere Version des Gemäldes hängt in Amsterdam, doch dort sind die Figuren im Hintergrund nur skizzenhaft und kaum erkennbar. Das zeigt, wie unterschiedlich Dokumente zugänglich sind, ein Thema, das uns durchgehend beschäftigt hat.

MIK: Wie bist du auf diese Arbeit gestoßen?

HB: Ganz banal über die Internetrecherche. Es gibt eine zentrale Referenz zur Rezeption von Aquasi Boachi, einen Roman von Arthur Japin, der seine Lebensgeschichte poetisch erzählt. Der Roman, veröffentlicht 1997, lenkte in neuerer Zeit Aufmerksamkeit auf Boachi, aber heute würden wir einige Begriffe darin kritisch sehen, das fängt schon beim Titel an. Ein weiteres wichtiges Dokument zur Rezeption Boachis im Deutschen ist

<u>MIK</u>: How did you come across this work?

<u>HB</u>: Quite simply through Internet research. A novel by Arthur Japin that poetically tells Aquasi Boachi's life story is a central reference in his reception. The novel, published in 1997, recently drew attention to Boachi, but today we would take a critical view of some of the terms the author uses, starting with the title. Another important document in Boachi's reception in German is an essay by Rudolf Sachse from 1911 from the magazine of the Freiberg Association for Antiquity, which describes the presentation of the painting: "How graceful the prince's appearance was is shown by the many available images of the prince."[1] The friendships that Boachi fostered during his time in Freiberg and maintained until the end of his life are also interesting.

Boachi's portrait at the Albertinum was painted by Carl Christian Vogel von Vogelstein in his central Dresden studio. He signed it "alla prima," which means that he painted it in one sitting. Vogelstein was a passionate portraitist and depicted many personalities, including Raden Saleh, with whom Boachi came into contact on several occasions. These encounters, especially in Indonesia, are well documented, but there are still sources that need to be further investigated.

Saleh, who also came to the Netherlands in the context of Dutch colonialism, plays an important role in Aquasi Boachi's biography. In 1837, he created a monumental painting of Boachi and his cousin. This painting was sent to the King of the Asante, who found it sinister, as he interpreted it as a reference to the death of his son and nephew. The traces of the painting were then lost.

A second meeting between Boachi and Raden Saleh took place in Dresden in the winter of 1848–49, when Saleh visited Friedrich Anton Serre while Boachi was studying mining in Freiberg. In his novel, Arthur Japin depicts a competitive situation between them, which, however, would have to be examined more closely. They met for the third time in Indonesia, where they both spent the final years of their lives.

It is interesting to note that Raden Saleh was also portrayed by Carl Christian Vogel von Vogelstein. This portrait of Saleh shows him—similar to the portrait of Aquasi Boachi—in clothes associated with the dandy movement in The Hague. Another interesting docu-

1   Sachse 1911, 27.

ein Aufsatz von Rudolf Sachse aus dem Jahr 1911 im Magazin des Freiberger Vereins für Altertumskunde, in dem die Präsentation des Gemäldes beschrieben wird: »Wie anmutig die Erscheinung des Prinzen war, zeigen die vielen Bilder, die vom Prinzen vorhanden sind.«[1] Auch interessant sind die Freundschaften, die Boachi während seiner Zeit in Freiberg aufbaute und bis zu seinem Lebensende pflegte.

Boachis Porträt im Albertinum wurde von Carl Christian Vogel von Vogelstein in seinem in Dresden zentral gelegenen Studio gemalt. Er signierte es »alla prima«, was bedeutet, dass er es in einer Sitzung gemalt hat. Vogelstein war ein passionierter Porträtist und zeichnete viele Persönlichkeiten, darunter auch Raden Saleh, mit dem Boachi mehrfach in Kontakt kam. Diese Begegnungen, vor allem in Indonesien, sind gut dokumentiert, aber es gibt noch Quellen, die weiter untersucht werden müssen.

Saleh, der ebenfalls im Rahmen kolonialer niederländischer Kontexte in die Niederlande kam, spielt in der Biografie von Aquasi Boachi eine wichtige Rolle. Er malte 1837 ein Monumentalgemälde von Boachi und seinem Cousin. Dieses Gemälde wurde dem König der Aschanti geschickt, der es als unheilvoll empfand, da er es als Hinweis auf den Tod seines Sohnes und Neffen deutete. Die Spuren des Gemäldes verlieren sich danach.

Eine zweite Begegnung zwischen Boachi und Raden Saleh fand im Winter 1848/49 in Dresden statt, als Saleh Friedrich Anton Serre besuchte, während Boachi in Freiberg Bergbau studierte. Arthur Japin stellt in seinem Roman eine Konkurrenzsituation zwischen ihnen dar, die jedoch genauer untersucht werden müsste. Zum dritten Mal trafen sie sich in Indonesien, wo beide ihren Lebensabend verbrachten.

Interessant ist, dass Raden Saleh ebenfalls von Carl Christian Vogel von Vogelstein porträtiert wurde. Dieses Porträt von Saleh zeigt ihn – ähnlich wie in dem Porträt von Aquasi Boachi – in Kleidung, die mit der Dandy-Bewegung in Den Haag assoziiert wird. Ein weiteres interessantes Dokument ist eine Lithografie des Boachi-Porträts von Vogel, die im Verlag Hanfstaengl in München veröffentlicht wurde. Diese Lithografie war Teil einer populären Serie von Porträts europäischer Berühmtheiten. Boachi nahm offenbar eine Kopie dieser Lithografie mit nach Indonesien.

Es gibt auch ein interessantes Konvolut von Dokumenten aus Boachis Nachlass, die vermutlich nach seinem Tod über seine Kinder ins Stadtarchiv in Delft gelangten. Darunter eine frühe Fotografie von Boachi aus der Zeit, als Fotografie in Sachsen gerade erst möglich wurde. Diese Daguerreotypie stammt von einem Fotografen aus Freiberg und ist seine einzige signierte Aufnahme. Spätere Fotos zeigen Boachi im hohen

1   Sachse 1911, S. 27.

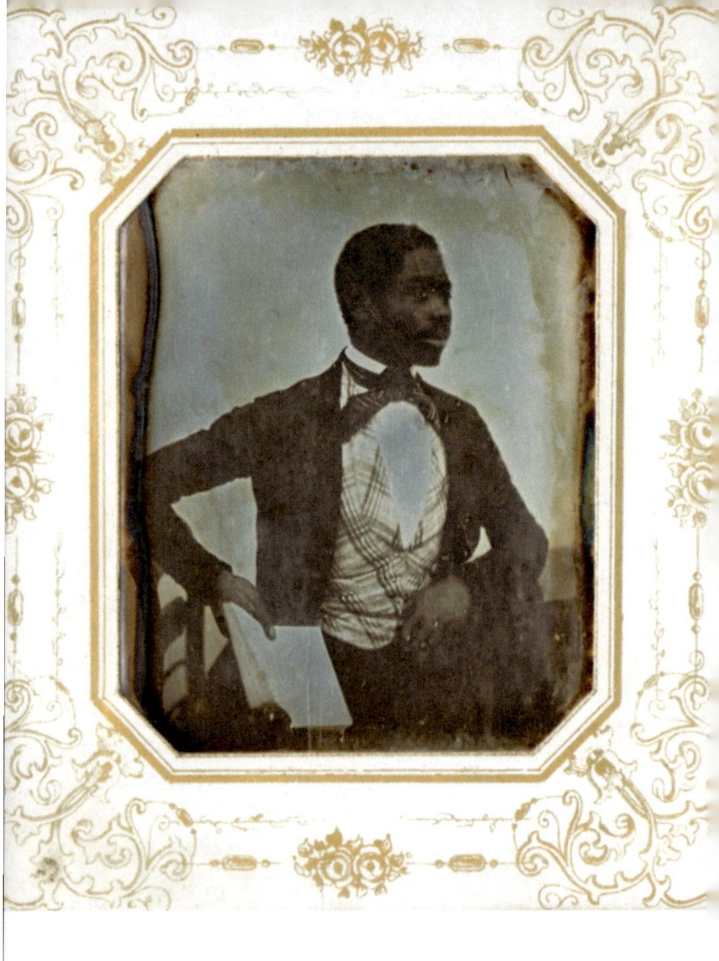

Portrait of Aquasi Boachi, Prince of Asante (present-day Ghana). Carte de visite, daylight collodion silver print. Signature on the back: P. Herrmann, Buitenzorg. Erfgoed Delft, Stadsarchief, object number 10476, archive/inv. no. 476.

Graduated in 1847 from the Royal Academy, becoming the first Black mining engineer. Thanks to the Aquasi Boachi Archive, the item was acquired in 1913. See the annual report.

↖ Porträt von Aquasi Boachi, Prinz von
Aschanti (heutiges Ghana). Carte de
Visite, Tageslicht-Kollodium-Silber-
druck, rückseitig signiert: P. Herrmann,
Buitenzorg. Erfgoed Delft, Stadsarchief, Objektnr. 10476, Archiv-/
Inv.-Nr. 476.
1847 schloss Boachi sein Studium
an der Königlichen Akademie ab und
wurde damit der erste Schwarze Bergbauingenieur. Dank des Archivs Aquasi
Boachi wurde das Objekt 1913 erworben. Siehe Jahresbericht. Hersteller:
P. Herrmann.

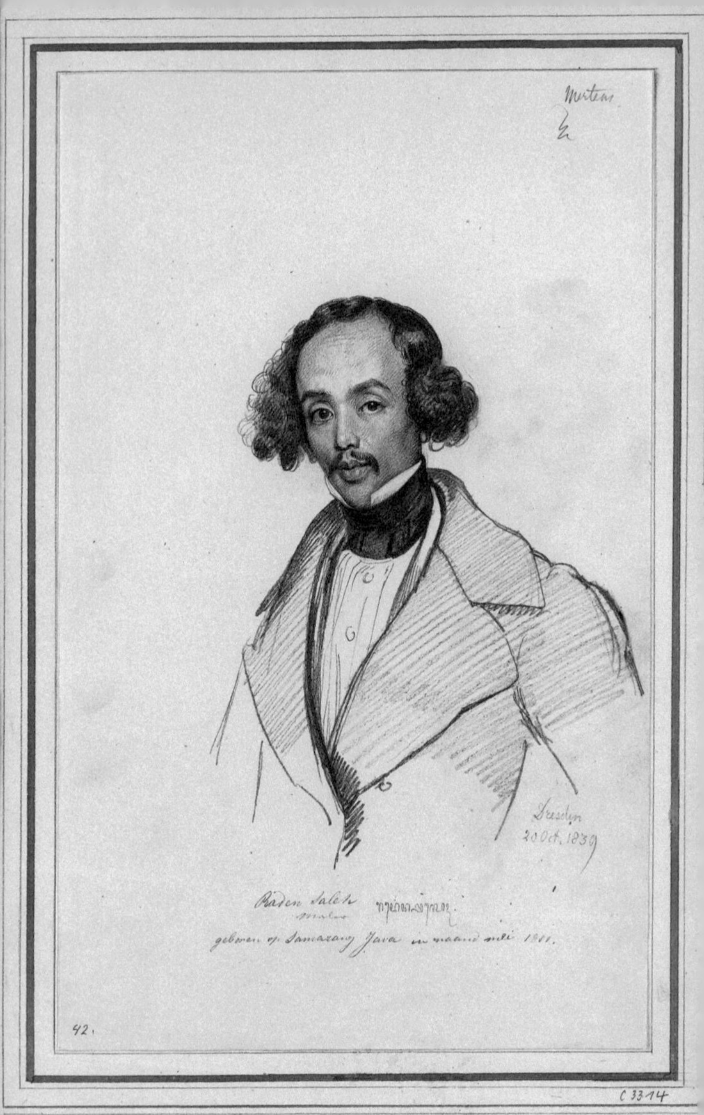

Portrait of Raden Saleh (1811–1880) by Carl Christian Vogel von Vogelstein (1788–1868). Pencil, heightened with white pigment, on grayish paper, 337 × 212 mm (sheet). Kupferstich-Kabinett, Staatliche Kunstsammlungen Dresden, inv. no. C 3314, Singer Bildn. 74702. Photograph by Herbert Boswank.

↗ Portrait of Aquasi Boachi, Prince of Asante (present-day Ghana), with his children Aquasi and Quamina. Photograph by P. Herrmann Buitenzorg. Erfgoed Delft, Stadsarchief, object number 10477, archive/inv. no. 476 Thanks to the Aquasi Boachi Archive, the item was acquired in 1913. See the annual report.

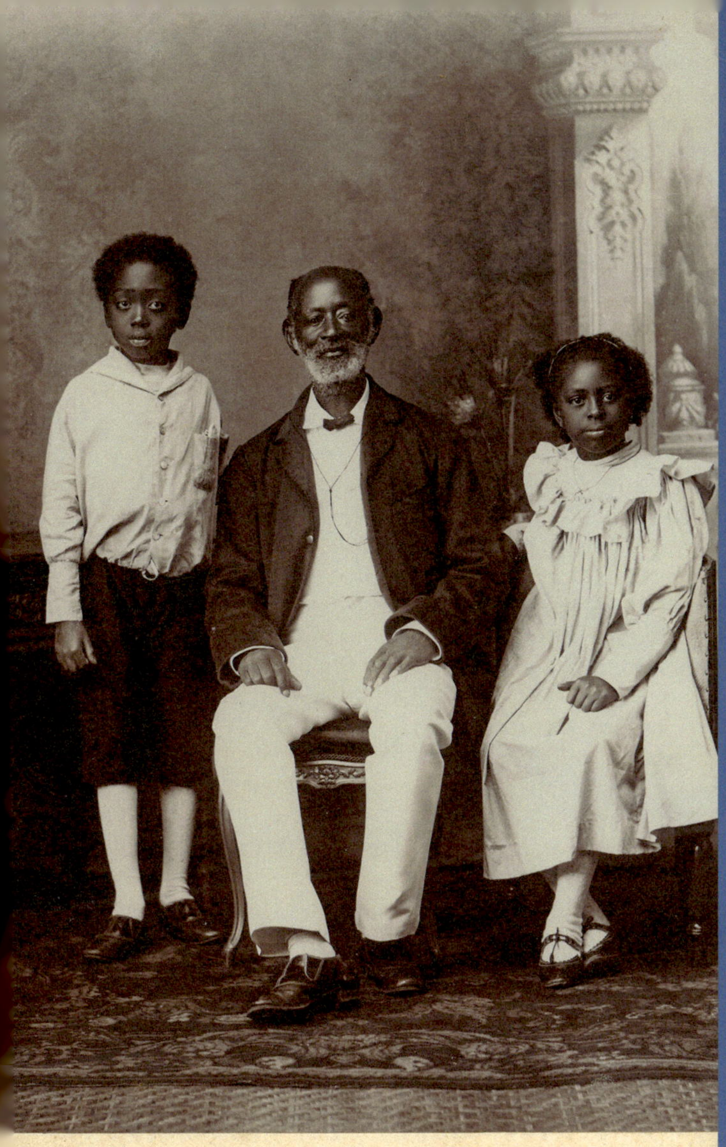

↖ Porträt von Raden Saleh (1811–1880), Carl Christian Vogel von Vogelstein (1788–1868). Bleistift, weiß gehöht, auf gräulichem Papier, 337 × 212 mm (Blatt). Kupferstich-Kabinett, Staatliche Kunstsammlungen Dresden, Inv.-Nr. C 3314, Singer Bildn. 74702. Foto: Herbert Boswank.

Porträt von Aquasi Boachi, Prinz von Aschanti (heutiges Ghana), mit seinen Kindern Aquasi und Quamina. Fotografiert von P. Herrmann Buitenzorg. Erfgoed Delft, Stadsarchief, Objektnr. 10477, Archivnr./Inv.-Nr. 476. Dank des Archivs von Aquasi Boachi wurde das Objekt 1913 erworben. Siehe Jahresbericht.

ment is a lithograph of Vogel's Boachi portrait, which was published by the Hanfstaengl publishing house in Munich. This lithograph was part of a popular series of portraits of famous Europeans. Boachi apparently took a copy of this lithograph with him to Indonesia.

There is also an interesting collection of documents from Boachi's estate, which presumably came to the city archives in Delft via his children after his death. Among them is an early photograph of Boachi from the time when photography was only just becoming possible in Saxony. This daguerreotype was taken by a photographer from Freiberg and is his only signed photograph. Later photographs show Boachi in old age, for example, this photograph by P. Hermann from Buitenzorg (now Bogor, Indonesia), which shows Aquasi Boachi with his children Aquasi and Quamina. There are also preserved drawings and silhouettes by Boachi's friends from Freiberg, which he carried with him throughout his life. He was also mentioned in the newspapers and was a member of the German Oriental Society. There are reports about Boachi's farewell from Dresden, as well as poems to mark this occasion. There is an interesting children's book from the Netherlands, which has been reprinted several times, which refers to Boachi and his cousin, but uses problematic terminology.

During my research, I also came across the contemporary work by the artist Omar Victor Diop, who has restaged, among others, the Vogelstein portrait of Aquasi Boachi in a series on the African diaspora.

MIK: There is a kind of reappropriation of history and memory here, which is a good transition to Vicky's contribution, which adds other important considerations to this perspective.

Andrea-Vicky Amankwaa-Birago (AVAB):

Good evening, I am Andrea-Vicky Amankwaa-Birago, a cultural historian and memory activist. I'm currently working on Kwasi Boachi, but for many years I have been focusing on another person who, interestingly, also came from what is now Ghana and also belonged to the Akan group. I am cross-regionally researching the history and memory culture of Anton Wilhelm Amo, who in my opinion is one of the best-known figures of Afro-diasporic history in Europe. Amo

Alter, zum Beispiel diese Aufnahme des Fotografen P. Hermann aus Buitenzorg [heute Bogor, Indonesien], die Aquasi Boachi an der Seite seiner Kinder Aquasi und Quamina zeigt. Auch erhalten sind Zeichnungen und Schattenrisse von Boachis Freunden aus Freiberg, die er sein Leben lang bei sich trug. Zudem wurde er in den Zeitungen erwähnt und war Mitglied der Deutschen Morgenländischen Gesellschaft. Es gibt Berichte über die Verabschiedung von Boachi aus Dresden sowie Gedichte zu diesem Anlass. Interessant ist auch ein mehrfach aufgelegtes Kinderbuch aus den Niederlanden, das auf Boachi und seinen Cousin Bezug nimmt, jedoch mit problematischer Terminologie.

Bei meinen Recherchen bin ich auch auf die zeitgenössische Arbeit des Künstlers Omar Victor Diop gestoßen, der in einer Serie zur *African Diaspora* unter anderem das Vogelstein-Porträt von Aquasi Boachi neu inszeniert hat.

MIK: Hier findet eine Art Rückaneignung von Geschichte und Erinnerung statt, was eine gute Überleitung zu Vickys Beitrag ist, die diese Perspektive um weitere wichtige Aspekte ergänzt.

Andrea-Vicky Amankwaa-Birago (AVAB):
> Guten Abend, ich bin Andrea-Vicky Amankwaa-Birago, Kulturwissenschaftlerin, Erinnerungsaktivistin. Aktuell beschäftige ich mich mit Kwasi Boachi, zuvor jedoch habe ich mich viele Jahre mit einer anderen Persönlichkeit beschäftigt, die interessanterweise auch aus dem heutigen Ghana stammte und auch der Gruppe der Akan angehörte. Ich untersuche überregional die Geschichte und Erinnerungskultur von Anton Wilhelm Amo, meines Erachtens nach eine der bekanntesten Figuren afrodiasporischer Geschichte in Europa. Er kam aus dem heutigen Ghana, wurde in Europa versklavt und erhielt in Ost- und Westpreußen vom Herzogtum Braunschweig-Wolfenbüttel eine exzellente Ausbildung. Er ist als vermeintlich erster in Deutschland ausgebildeter Schwarzer Philosoph bekannt. Es wurden sogar einige Orte nach ihm benannt, so warten wir in Berlin beispielsweise noch darauf, dass die M-Straße endlich in Anton-Wilhelm-Amo-Straße umbenannt wird. Heute geht es aber wie gesagt bei mir um Kwasi Boachi.

Ich möchte an dieser Stelle besonders auch den Teilnehmenden auf Zoom danken, insbesondere denjenigen Wissenschaftler*innen der University of Ghana, University of Winneba, University of Cape Coast, Mitarbeiter*innen im Java Museum und viele mehr in Ghana, die mir als mündliche Quellen gedient haben: Good evening, *ooo, Meda m'ase paa* [dt. Ich danke

came from what is now Ghana, was enslaved
in Europe, received an excellent education in
East and West Prussia from the ducal house of
Braunschweig-Wolfenbüttel. He is presumed to
be the first Black philosopher trained in Europe.
A number of different places have even been
named after him, for example in Berlin we're still
waiting for M-Straße to finally be renamed Anton
Wilhelm Amo Straße. But today, as I said, I'll be
speaking about Kwasi Boachi.

I would like to take this opportunity to thank the participants on Zoom, particularly the scholars from the University of Ghana, University of Wineba, University of Cape Coast, the staff at the Java Museum and many others in Ghana who have served as oral sources: good evening, *ooo, Meda m'ase paa* [Thank you very much]. On the continent of Africa, oral knowledge plays a central role, but its value is often not fully recognized in scholarly disciplines like history and philosophy. Without oral traditions and community-based knowledge from Ghana and the Ghanian diaspora, much of what I am bringing together here would not have been possible. Therefore it is important to me to greet these people and acknowledge their contribution, which sets the framework for this research.

I speak from the perspective of the diaspora, as someone with Ghanaian roots, Borga Ba [the daughter of a Borga], who grew up in Hamburg.

"Borga" is a term originally derived from the
word "Hamburg" and refers to migrants from
Kumasi who immigrated to Hamburg in the late
1970s and early 1980s. "Ba" means "child" in Twi.
Although I feel alienated from my core culture
in Ghana, I am still an integral part of the Borga
community, which is a distinct migrant culture
within the Ghanaian diaspora.

It is important to make this clear, because this is about the transmigrant history of a person who lived in Germany for a long time, who left something of himself and his existence behind, and then set off for new shores. But it is also linked to not giving up contact with the home country of Ghana. This means that I speak from the so-called "third space" as we know it from postcolonial theory, such as Homi Bhabha.

I find the story of Kwasi Boachi particularly interesting because it also reflects many of our family histories: for example, the story of my academic parents who

Ihnen sehr]. Auf dem Kontinent Afrika spielen orale Wissens-
bestände eine zentrale Rolle, die jedoch in wissenschaftlichen
Disziplinen, wie der Geschichtswissenschaft und Philosophie,
oft nicht als vollwertig anerkannt werden. Ohne mündliche
Überlieferungen und Community-basiertes Wissen aus Ghana
und aus den ghanaischen Diaspora-Räumen wäre vieles
von dem, was ich hier zusammentrage, nicht möglich gewesen.
Deshalb ist es mir wichtig, diese Menschen zu grüßen und
ihren Beitrag anzuerkennen, der den Rahmen für diese
Forschung setzt.

Ich spreche aus der Diaspora-Perspektive, als jemand mit
ghanaischen Wurzeln, Borga Ba [dt. Tochter eines Borga], aufgewachsen in Hamburg.

> »Borga« ist ein Begriff, der ursprünglich von dem Wort
> »Hamburg« abgeleitet wurde und sich auf Migrant*in-
> nen aus Kumasi bezieht, die Ende der 1970er- und An-
> fang der 1980er-Jahre nach Hamburg eingewandert
> sind. »Ba« bedeutet »Kind« auf Twi. Was ich damit aus-
> drücken möchte, ist, dass ich mich zwar von meiner
> Kernkultur in Ghana entfremdet fühle, aber dennoch
> ein fester Bestandteil der Borga-Community bin, einer
> eigenständigen Migrant*innenkultur innerhalb der
> ghanaischen Diaspora.

Es ist wichtig, das deutlich zu machen, denn es geht hier um
die transmigrantische Geschichte einer Person, die lange in
Deutschland gelebt hat, etwas von sich und seiner Existenz
hinter sich gelassen hat und dann zu neuen Ufern aufgebrochen ist. Aber es ist auch damit verbunden, dass man den Kontakt zur Heimat Ghana nicht aufgibt. Das heißt, ich spreche aus
dem sogenannten »dritten Raum«, wie wir ihn aus der postko-
lonialen Theorie kennen, etwa von Homi Bhabha.

Besonders interessant finde ich die Geschichte von Kwasi
Boachi, da sie auch die Familiengeschichte vieler von uns widerspiegelt: Zum Beispiel die Geschichte meiner Akademiker-
Eltern, die nach Ende des Kolonialismus nach Europa kamen,
und meine eigene. Es ist spannend zu sehen, wer vor uns in
Deutschland war, insbesondere Ghanaer wie Anton Wilhelm
Amo (um 1700 – ca. 1759), die hier gelebt und gewirkt haben.
Diese Geschichten interessieren mich, weil sie die Verbindung
zwischen der Diaspora und dem Zuhause verdeutlichen. In
meiner Familie waren viele die Ersten – die Ersten an der Universität, das erste Schwarze Kind in der Schule. Ich selbst war
oft die Erste in verschiedenen Kontexten. *Weiße* Menschen
müssen sich selten in diesem Maße positionieren, aber ich
muss es, weil es keine Sichtbarkeit für Menschen wie mich
gibt. Daher ist es wichtig, diesem Raum und unserer Geschichte Beachtung zu schenken und nicht einfach anzunehmen, es
gäbe keinen erklärbaren Kontext dazu.

came to Europe after the end of colonialism, and my own. It's exciting to see who was in Germany before us, especially Ghanaians like Anton Wilhelm Amo (ca. 1700 to ca. 1759) who lived and worked here. These stories interest me because they illustrate the connection between the diaspora and home. In my family, many were the first—the first at university, the first Black child in school. I myself was often the first in different contexts. White people rarely have to position themselves to this extent, but I have to because there is no visibility for people like me. It is therefore important to pay attention to this space and our history and not simply assume that there is no explicable context for it.

This quote by Professor Jenny Wüstenberg on the topic of "transnational memory" illustrates that transnational memory travels and changes. It is an active process influenced by different times: "Memory straddles established divides, it moves and travels, and it is actively transformed in the process. And yet, a significant part of what continues to fascinate scholars about memory is its groundedness in concrete locations."[2] This is also my research perspective. When we deal with Boachi, it is striking that much of what has been written about him in Germany is also known in Ghana. From a Ghanaian perspective, the question arises: What happened after he left the country?

In Germany, Boachi's time was marked by the Enlightenment and scientific ideology, which regarded Africa as a continent without history. This science was in the service of colonial aspirations, which continue to influence the way African history is told to this day. This is particularly evident in the connection between science and political interests, which deliberately portrayed Africa as lacking in history in order to legitimize colonial claims to power. Unfortunately, many of these contexts are not explained, which leads to certain ideas and narratives being adopted in the Ghanaian context.

It is also important to emphasize the long history of encounters between Ghana and Germany, which dates back well into the seventeenth century. One example is Fort Groß Friedrichsburg, the Electoral Brandenburg colony in West Africa from 1683 to 1717, which was used for the slave trade. This story illustrates how deeply Germany was involved in transatlantic trade, which still shapes relations between Ghana and Germany today.

2   Jenny Wüstenberg, "Locating Transnational Memory," *International Journal of Politics, Culture, and Society* 32, no. 4 (2019).

Dieses Zitat von Prof. Jenny Wüstenberg zum Thema *transnational memory* verdeutlicht, dass transnationale Erinnerung reist, sich verändert und ein aktiver Prozess ist, der von verschiedenen Zeiten beeinflusst wird: »Erinnerung überschreitet etablierte Grenzen, sie bewegt sich und reist und wird dabei aktiv transformiert. Und dennoch bleibt ein wesentlicher Teil dessen, was Wissenschaftler*innen an Erinnerung fasziniert, ihre Verankerung an konkreten Orten.«[2] Das ist auch meine Forschungsperspektive. Wenn wir uns mit Boachi beschäftigen, fällt auf, dass vieles, was in Deutschland über ihn geschrieben wurde, in Ghana ebenfalls bekannt ist. Aus ghanaischer Perspektive stellt sich die Frage: Was geschah, nachdem er das Land verlassen hatte?

In Deutschland war Boachis Zeit geprägt von der Aufklärung und der wissenschaftlichen Ideologie, die Afrika als geschichtslosen Kontinent betrachtete. Diese Wissenschaft stand im Dienst kolonialer Bestrebungen, was bis heute die Art und Weise beeinflusst, wie afrikanische Geschichte erzählt wird. Besonders deutlich wird dies in der Verknüpfung von Wissenschaft und politischen Interessen, die Afrika absichtlich als geschichtslos darstellen, um koloniale Machtansprüche zu legitimieren. Viele dieser Kontexte werden leider nicht erklärt, was dazu führt, dass bestimmte Vorstellungen und Narrative im ghanaischen Kontext übernommen wurden.

Es ist wichtig, auch die lange Geschichte der Begegnungen zwischen Ghana und Deutschland zu betonen, die weit ins 17. Jahrhundert zurückreicht. Ein Beispiel ist Fort Groß Friedrichsburg, die 1683 bis 1717 bestehende kurbrandenburgische Kolonie in Westafrika, die für den Sklavenhandel genutzt wurde. Diese Geschichte verdeutlicht, wie tief Deutschland in den transatlantischen Handel verstrickt war, was bis heute die Beziehungen zwischen Ghana und Deutschland prägt. Interessant ist in diesem Kontext die Rolle von Missionaren aus Deutschland während der Zeit des Kolonialismus. Die Arbeit von dem deutschen Missionar Gottlieb Christaller (1827–1895), ein Zeitgenosse von Kwasi Boachi, der maßgeblich an der Einführung der Verschriftlichung der Akan-Sprachen, insbesondere Akwapem Twi, beteiligt war.

> Doch es ist wichtig zu betonen, dass es bereits vor der Ankunft der Europäer Kommunikationsformen gab, unter anderem das Adinkra-Symbol, oder hier mal ein neueres Beispiel, wie ganz unabhängig von der europäischen Schriftsprache ein Adinkra-Symbol-Alphabet aussehen könnte. Das Adinkra-Alphabet ist eine Schrift, die einige der in Ghana und der Elfenbeinküste gesprochenen Sprachen wie Akan, Dagbani, Ewe und

2 Jenny Wüstenberg, »Locating Transnational Memory«, in: *International Journal of Politics, Culture, and Society,* 32, 4, 2019, übersetzt von Saskia Köbschall.

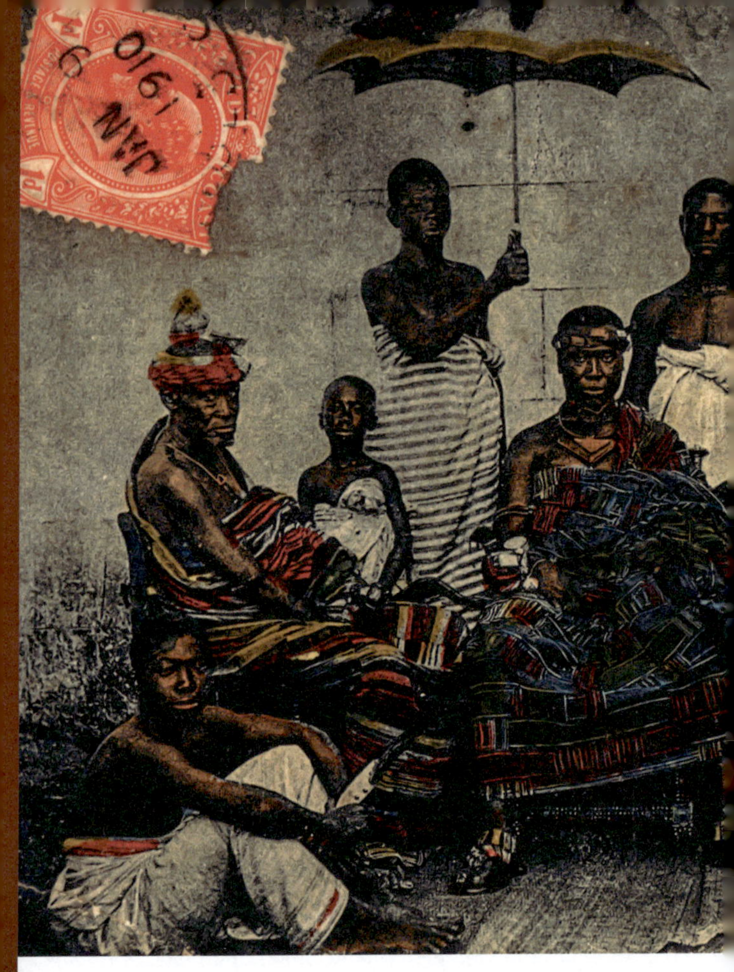

King Prempeh I and his attendants.
Public domain.

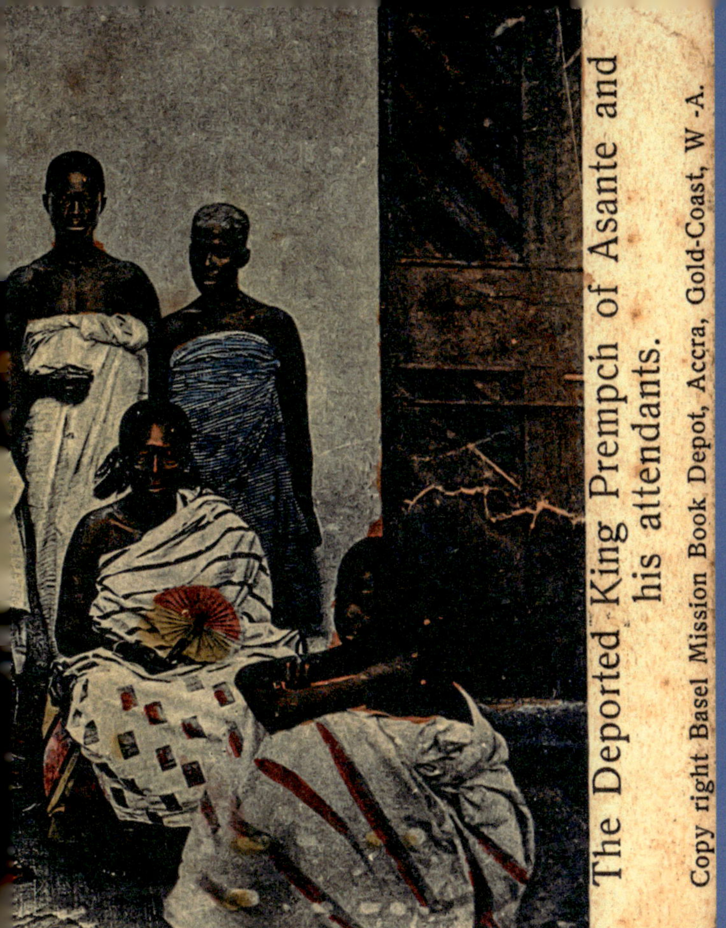

König Prempeh I. und seine
Dienerschaft. Lizenzfrei.

In this context, the role that German missionaries played during the time of colonialism is interesting, such as the work of Gottlieb Christaller (1827–1895), a contemporary of Kwasi Boachi, who was significantly involved in the writing of the Akan languages, especially Akwapem Twi.

But it is important to emphasize that forms of communication existed even before the arrival of the Europeans, including the Adinkra symbol or a recent example of how an Adinkra symbol alphabet could look, completely independent of European written language. The Adinkra alphabet is a script that represents some of the languages spoken in Ghana and Côte d'Ivoire, such as Akan, Dagbani, Ewe, and Ga. It is a simplified version of the traditional Adinkra symbols introduced by Charles M. Korankye in 2015.

The different positions we come from result in intergenerational and transnational research.

In the context of research from the diaspora, the Concentric Cycle describes an iterative process that focuses on the cyclical examination of historical and cultural narratives. It involves engaging with history in several steps and reconstructing it from different perspectives.

First you ask yourself: What happened? This step requires collecting and recording information from various sources in order to obtain a comprehensive picture of history. It is about collecting all available data and documenting the events that took place—whether through written records, oral traditions, or other sources.

The second step revolves around the question: What has survived? The aim here is to recognize what of all the information collected has actually survived to the present day. What has been preserved? Which aspects of history have been maintained and which have been lost or distorted? This stage is often about identifying gaps and finding out which parts of the story may have been suppressed or repressed.

The next step is to reconstruct the story: What can we reconstruct now? Here we try to put together the pieces of the puzzle that have survived in order to reconstruct the big picture. This reconstruction is not only done locally, but also with a view to transnational contexts—this

Ga darstellt. Es handelt sich um eine vereinfachte
Version der traditionellen Adinkra-Symbole, die 2015
von Charles M. Korankye eingeführt wurden. Korankye
hat mehrere Bücher über das Adinkra-Alphabet geschrieben.
Aus den unterschiedlichen Positionierungen, aus denen wir
kommen, ergibt sich ein intergenerationales und transnationa-
les Forschen.

Der Concentric Cycle im Kontext von Forschung aus
der Diaspora heraus beschreibt einen iterativen Prozess, der sich auf die zyklische Auseinandersetzung
mit historischen und kulturellen Narrativen konzentriert. Dabei geht es darum, sich in mehreren Schritten
mit der Geschichte auseinanderzusetzen und diese
aus verschiedenen Perspektiven zu rekonstruieren.

Zunächst fragt man sich: Was ist alles passiert?
Dieser Schritt erfordert das Sammeln und Festhalten
von Informationen aus verschiedenen Quellen, um ein
umfassendes Bild der Geschichte zu bekommen. Es
geht darum, alle verfügbaren Daten zu erfassen und
die Ereignisse zu dokumentieren, die stattgefunden
haben – sei es durch schriftliche Aufzeichnungen,
mündliche Überlieferungen oder andere Quellen.

Der zweite Schritt dreht sich um die Frage: Was
hat überlebt? Hier geht es darum, zu erkennen, was
von all den gesammelten Informationen tatsächlich
bis in die Gegenwart überdauert hat. Was wurde bewahrt? Welche Aspekte der Geschichte sind erhalten
geblieben, und welche sind verloren gegangen oder
verzerrt worden? In dieser Phase geht es oft darum,
Lücken zu identifizieren und herauszufinden, welche
Teile der Geschichte möglicherweise unterdrückt
oder verdrängt wurden.

Im nächsten Schritt geht es dann um die Rekonstruktion der Geschichte: Was können wir jetzt rekonstruieren? Hier wird versucht, die Puzzleteile
zusammenzusetzen, die überlebt haben, um das
große Bild zu rekonstruieren. Diese Rekonstruktion
erfolgt nicht nur lokal, sondern auch mit einem Blick
auf transnationale Kontexte – das bedeutet, dass
man auch die globalen Verbindungen und die Auswirkungen der Migration, der Kolonialgeschichte und
der Diaspora berücksichtigt. Es wird anerkannt, dass
die Geschichte nicht isoliert betrachtet werden kann,
sondern dass sie immer auch in einem globalen Zusammenhang steht.

Am Ende des Prozesses steht die Frage: Auf was
einigen wir uns? In dieser Phase geht es darum, zu
einer gemeinsamen Interpretation oder einem kon-

means also taking into account global connections and the impact of migration, colonial history, and diaspora. It is recognized that history cannot be viewed in isolation, but that it is always part of a global context.

At the end of the process, the question is: What do we agree on? This phase is about arriving at a common interpretation or consensus-based understanding. It recognizes that there are different perspectives, but that the different findings from different contexts—local and global—can complement or build on each other to create a complete and fair account of history. It is therefore not just about classifying facts, but also about constructively bringing together the different narratives and recognizing the diversity of experiences.

A good example of this transnational perspective is how Kwasi Boachi's name is considered. In Ghana, it is customary to name children after the day of the week when they were born. Kwasi means "born on a Sunday," and it often follows the reference to the position in the family, for example as the first-born or second-born. Names therefore also convey the origin of the person. Even if I were to drop dead now, one could use my name to reconstruct exactly where, according to the Ghanian cultural understanding, I would have to be buried. Ideally where my family is and where I come from, and not, as in the European context, where I died. There are different ways to say Kwasi's name, depending on the region and dialect. In some places, you might say "Akwasi," while in other places you might hear "Kwesi." These differences are closely related to regional languages and dialects. We, Holger and I, had exciting conversations about why there are so many spellings and pronunciations, which also has to do with the people who wrote down these names. I remember a discussion with the lecturer at the University of Ghana, Emmanuel Badu Amoah, in which we came to the conclusion that Boachi lived up to his name. His name, which means both "helper" and is linked to the idea of rebelling, clearly reflects how he structured his life.

The role that titles play is also interesting: Poku, Boachi's cousin, could have had a direct claim to the throne if he hadn't taken his own life. The Queen Mother could have appointed him, and he might have risen to become the most important bodyguard, one of the

sensbasierten Verständnis zu kommen. Dabei wird anerkannt, dass es unterschiedliche Perspektiven gibt,
aber die verschiedenen Erkenntnisse aus verschiedenen Kontexten – lokal und global – sich ergänzen oder
aufeinander aufbauen können, um eine vollständige
und gerechte Darstellung der Geschichte zu schaffen.
Es geht also nicht nur um die Einordnung von Fakten,
sondern auch um das konstruktive Zusammenbringen
der verschiedenen Narrative und die Anerkennung der
Vielfalt an Erfahrungen.

Ein gutes Beispiel für diese transnationale Perspektive ist die
Betrachtung von Kwasi Boachis Namen. In Ghana ist es üblich, Kinder nach dem Wochentag ihrer Geburt zu benennen.
Kwasi bedeutet »geboren an einem Sonntag«, und oft folgt
noch der Hinweis auf die Position in der Familie, etwa als Erst-
oder Zweitgeborener. Namen vermitteln demnach auch die
Herkunft der Person. Auch wenn ich jetzt tot umfallen würde,
könnte man anhand meines Namens genau rekonstruieren,
wo ich nach dem ghanaischen Kulturverständnis begraben
werden müsste – nämlich am besten dort, wo meine Familie
ist und wo ich herkomme, und nicht, wie im europäischen Kontext, dort, wo ich umgefallen bin. Es gibt verschiedene Arten,
Kwasis Namen zu sagen, je nach Region und Dialekt. An man-
chen Orten könnte man eher »Akwasi« sagen, während man
woanders vielleicht »Kwesi« hört. Diese Unterschiede hängen
eng mit den regionalen Sprachen und Dialekten zusammen.
Holger und ich hatten spannende Gespräche darüber, warum
es so viele Schreibweisen und Aussprachen gibt, was auch
mit den Menschen zusammenhängt, die diese Namen aufge-
schrieben haben. Ich erinnere mich an eine Diskussion mit dem
Dozenten an der University of Ghana, Emmanuel Badu Amoah,
in der wir zu dem Schluss kamen, dass Boachi seinem Namen
gerecht wurde. Sein Name, der sowohl »Helfer« bedeutet als
auch mit dem Gedanken des Rebellierens verknüpft ist, spiegelt deutlich wider, wie er sein Leben gestaltet hat.

Interessant ist auch die Rolle, die Titel spielen: Poku,
Boachis Cousin, hätte einen direkten Anspruch auf den Thron
haben können, wenn er sich nicht das Leben genommen hätte.
Die Queen Mother hätte ihn ernennen können, und er wäre
womöglich zum wichtigsten Leibwächter, einem der wichtigsten Berater des Aschanti-Königs, aufgestiegen. Diese Position
wäre von zentraler Bedeutung gewesen, doch sie blieb ihm
verwehrt. Die Erinnerung daran ist eng mit seiner tragischen
Geschichte verbunden.

Boachi hingegen hätte – obwohl auch er königliche An-
sprüche hatte – nicht denselben Zugang zur Macht wie sein
Cousin Poku gehabt. Er wäre nicht in die engere Auswahl
gekommen, um Aschanti-König zu werden. Was jedoch besonders bei Boachi heraussticht, ist seine mütterliche Ab-

Asante king's most important advisors. This position
would have been of central importance, but he was
denied it. The memory of this is closely linked to his
tragic story.

Boachi, on the other hand, although he also had
royal claims, would not have had the same access to
power as his cousin Poku. He would not have been on
the shortlist to become Asante King. What stands out
in particular about Boachi, however, is his maternal
descent from a blacksmith family—a connection to
goldsmithing, which was a highly respected profession
at the time. This tradition made it almost natural for
him to seek training in this field. Even if he had not
come to Freiberg, he would probably still have received
training in this field in Ghana, as it was part of his family
tradition.

And now I come to a central point that I have already
alluded to with my own positioning: Why does this play
such a big role here? I would like to show you an image
of Prempeh I, the 13th King of the Asante Empire in
Ghana. In this picture, we see how a king was depicted
during this time, together with his family. Particularly
striking is the proud look that Prempeh has in this picture. When I looked at the image, I felt a connection to
Boachi's expression in the portrait.

Now I would like to briefly touch on what Prempeh I
(1870–1931) experienced as the 13th King of the Asante
Empire, and what Poku would likely have gone through
if he had become king. A particularly intriguing episode
is the fight for the Golden Stool at the beginning of the
twentieth century. This battle was a pivotal event as the
British sought to completely colonize Ghana and break
the power of the Asante. In 1888, Prince Prempeh I as-
cended the throne and took the name Kwaku Dua III. He
was sent into exile in the Seychelles by the British and
a conflict broke out over the Golden Stool, which is the
symbol of the power and strength of the Asante Empire.

I'll summarize Asante history very briefly here.
Those of you on Zoom, please bear with me: What
makes this battle so fascinating is the role of Yaa
Asantewaa (1840–1921), a woman who went to war to
defend the stool. Her leadership took the British by sur-
prise and she became a symbolic figure for resistance
and feminism. Had Poku become the Asante King—or
had he not taken his own life—might this historic episode have been different? This is now an open question.
Her story may remind some of the portrayal of female

stammung aus einer Schmiedefamilie – eine Verbindung zum
Thema Goldschmiede, was damals ein sehr angesehener Beruf
war. Diese Tradition« machte es fast selbstverständlich, dass er
eine Ausbildung in diesem Bereich anstrebte. Selbst wenn er
nicht nach Freiberg gekommen wäre, hätte er in Ghana wahrscheinlich dennoch eine Ausbildung in diesem Bereich erhalten, da es Teil seiner familiären Tradition war.

Und nun komme ich zu einem zentralen Punkt, den ich
bereits mit meiner eigenen Positionierung angedeutet habe:
Warum spielt das hier eine so große Rolle? Ich möchte euch ein
Bild von Prempeh I., 13. König des Aschanti-Reiches in Ghana,
zeigen. Auf diesem Bild sehen wir, wie ein König in dieser Zeit
dargestellt wurde, zusammen mit seiner Familie. Besonders
auffällig ist der stolze Blick, den Prempeh auf diesem Bild hat.
Als ich das Bild betrachtete, fühlte ich eine Verbindung zu dem
Ausdruck, den Boachi auf dem Porträt besitzt.

Nun möchte ich kurz anreißen, was Prempeh I. (1870–1931),
der 13. König des Aschanti-Reiches, erlebt hat und was wahrscheinlich auch Poku durchgemacht hätte, wäre er König
geworden. Eine besonders spannende Episode ist der Kampf
um den Goldenen Stuhl Anfang des 20. Jahrhunderts. Dieser
Kampf war ein zentrales Ereignis, als die Briten versuchten, Ghana vollständig zu kolonialisieren und die Macht der
Aschanti zu brechen. Im Jahr 1888 bestieg Prinz Prempeh I.
den Thron und nahm den Namen Kwaku Dua III. an. Dieser wurde von den Briten auf die Seychellen ins Exil geschickt, und es
entbrannte ein Konflikt um den Goldenen Stuhl, der das Symbol der Macht und Kraft des Aschanti-Reiches darstellt.

Ich fasse die Geschichte der Aschanti hier stark verkürzt
zusammen. Ihr auf Zoom, seht es mir bitte nach: Was diesen
Kampf so faszinierend macht, ist die Rolle von Yaa Asantewaa
(1840–1921), einer Frau, die in den Krieg zog, um den Stuhl zu
verteidigen. Ihre Führungsrolle überraschte die Briten und sie
wurde zu einer Symbolfigur für den Widerstand und den Fe-
minismus. Wäre Poku Aschanti-König geworden – oder hätte
er sich nicht das Leben genommen – hätte diese Episode der
Geschichte möglicherweise anders ausgesehen? Das ist jetzt
eine offene Frage. Ihre Geschichte erinnert einige vielleicht
an die Darstellung von Kriegerinnen wie im Film *The Woman
King*, aber auch da wurde ja auch mit Fiktion gearbeitet. Die
Geschichte der »Queen Mother of Ejisu in the Aschanti Empire Yaa Asantewaa« ist wahr und von zentraler Bedeutung im
Aschanti-Widerstand gegen die Briten. Widerstand ist also ein
wichtiges Thema in der königlichen Aschanti-Familie.

Ich habe mich natürlich auch mit der Frage beschäftigt,
was passiert wäre, wenn Boachi zurückgekehrt wäre: Welche
Auswirkungen hätte das gesellschaftlich, innen- und außen-
politisch sowie kulturell gehabt? Diese Frage bleibt offen.

warriors in the movie *The Woman King*, but that was also based on fiction. The story of the "Queen Mother of Ejisu in the Asante Empire Yaa Asantewaa" is true and of central importance in the Asante resistance against the British. Resistance is therefore an important theme in the royal Asante family.

Of course, I have also considered what would have happened if Boachi had returned: What effects would it have had socially, on domestic and foreign policy, and culturally? This remains an open question.

To briefly touch upon what Holger has already mentioned again: the topic of external designation. It is interesting that Black people were often given very similar designations, regardless of their social class or rank.

> Boachi came to Europe as a ten-year-old boy, but unlike many others, he was already firmly rooted in his culture. He had memories of his childhood in Ghana and knew where he came from. This is a crucial difference to many other Black children who were abducted from Africa and arrived in Europe, often growing up as enslaved laborers in ducal houses or under other difficult conditions. In the Asante Empire, Boachi's homeland, socialization begins at the age of five. This means that Boachi took part in important ceremonies and cultural events from an early age, which helped him to develop a strong awareness of his origins and identity.
>
> In the case of Anton Wilhelm Amo, on the other hand, we have no record of such memories of his African roots. However, I must emphasize that just because it is not written down does not mean that Amo didn't have any memories, as the conservative white-German historical narrative would like to suggest. This distinguishes him from Boachi. Boachi himself was the narrator who came to Europe with a firm idea of his origins and his place in the world. He could say with conviction: "I come from a completely different kingdom, far away from Europe. I know where I come from and I know where I belong." This self-assurance, this deep understanding of his own identity, position, and history was one of the most important pillars in his life and shaped how he moved through Europe and responded to life's challenges.

Hier nochmal kurz angerissen, was Holger bereits erwähnt
hat: das Thema Fremdbezeichnung. Es ist interessant, dass
Schwarze Menschen oft sehr ähnliche Bezeichnungen erhielten, unabhängig von ihrer gesellschaftlichen Klasse oder
ihrem Rang.

> Boachi kam als zehnjähriger Junge nach Europa, aber
> im Gegensatz zu vielen anderen war er bereits fest
> in seiner Kultur verwurzelt. Er hatte Erinnerungen an
> seine Kindheit in Ghana und wusste, woher er kam.
> Das ist ein entscheidender Unterschied zu vielen
> anderen Schwarzen Kindern, die aus Afrika entführt
> wurden, in Europa ankamen und dort oftmals als ver-
> sklavte Arbeiter*innen in Herzogshäusern oder unter
> anderen schwierigen Bedingungen aufwuchsen. Im
> Aschanti-Reich, der Heimat von Boachi, beginnt die
> Sozialisation bereits im Alter von fünf Jahren. Das
> bedeutet, dass Boachi schon früh an wichtigen Ze-
> remonien und kulturellen Ereignissen teilgenommen
> hat, die ihm halfen, ein starkes Bewusstsein für seine
> Herkunft und seine Identität zu entwickeln.
>
> Im Gegensatz zu Boachi haben wir im Falle von
> Anton Wilhelm Amo keine Überlieferungen über Er-
> innerungen an seine afrikanischen Wurzeln. Jedoch
> muss ich betonen, dass nur weil es nicht schriftlich
> festgehalten wurde, dies nicht bedeutet, dass Amo
> keine Erinnerungen hatte – ein Aspekt, der in der kon-
> servativen weiß-deutschen Geschichtserzählung oft
> so dargestellt wird. Das unterscheidet ihn von Boachi.
> Boachi selbst war der Erzähler, der mit einer festen
> Vorstellung von seiner Herkunft und seinem Platz in
> der Welt nach Europa kam. Er konnte mit Überzeugung
> sagen: »Ich komme aus einem ganz anderen König-
> reich, fernab von Europa. Ich weiß, woher ich komme,
> und ich weiß, wo ich hingehöre.« Diese Selbstsicher-
> heit, dieses tiefe Verständnis für die eigene Identität,
> Position und Geschichte, war eine der wichtigsten
> Säulen in seinem Leben und prägte, wie er sich in Eu-
> ropa bewegte und wie er auf die Herausforderungen
> des Lebens reagierte.

Als ich den Text von Sachse las, dachte ich: »Moment mal,
das klingt ja genauso wie die Dinge, die ich über Amo gelesen
habe.« Diese rassistischen Stereotype, die Afrika als »geschichtslosen« Kontinent und Schwarze Menschen als »infantile« Wesen darstellen, die erforscht und zivilisiert werden
müssen, tauchen immer wieder auf. Auch wenn Anthropologen
über Boachi sprachen, taten sie dies im Kontext der Forschung
über die »intellektuelle Entwicklung« eines Schwarzen
Mannes.

When I read Sachse's text, I thought: "Wait a minute, that sounds just like the things I've read about Amo." These racist stereotypes, which portray Africa as a "continent without history" and Black people as "infantile" beings who need to be researched and civilized, appear again and again. Even when anthropologists spoke about Boachi, they did so so in the context of research on the "intellectual development" of a Black man.

Up until now, it has often been a case of Black men's image being defined from the outside. The story of an "exception" is also often told to support the common understanding of this story.

The prevailing narrative is a product of external definitions and stereotypes that limit the space for Black men to narrow, predetermined roles. It is crucial to challenge this narrative as it fixes the perception of Black subjects to a single, externally determined narrative. Transnational and intersectional perspectives in research offer the opportunity to break down these entrenched stereotypes and develop a new, self-determined point of view. In this context, I find the work of Professor Adam Jones particularly remarkable. He clearly and confidently states that Boachi was not just a "traveler," but an active author who independently formulated his experiences and his view of Germany. I go one step further and also refer to Boachi as a "scholar." Through his own texts, we can see how Boachi positioned himself as an active subject, which offers us a completely different approach to his story. The issue of self-designation arises again here: there are of course terms that would be unimaginable today because they are extremely racist—and we would not utter them here and reproduce their meanings. Boachi used the N-word strategically because it was widely invoked in his time and was part of the discourse surrounding Black people. It was not simply a thoughtless or accidental use—rather, he used the word intentionally to draw attention to the racist treatment he and other Black people were exposed to. The key element here is that he only ever used the word in the context of the discrimination that he

Es ging bisher oft darum, dass das Bild von Schwarzen Männern von außen definiert wurde. Häufig wird auch die Geschichte einer »Ausnahme« erzählt, die das gängige Verständnis dieser Geschichte stützen soll.

Das weiterhin vorherrschende Narrativ ist ein Produkt externer Definitionen und Stereotype, die den Raum für Schwarze Männer auf enge, vorgegebene Rollen beschränken. Es ist entscheidend, dieses Narrativ zu hinterfragen, da es die Wahrnehmung von Schwarzen Subjekten auf eine einzige, fremdbestimmte Erzählung festlegt. Transnationale und intersektionale Perspektiven in der Forschung bieten die Möglichkeit, diese festgefahrenen Stereotype aufzubrechen und eine neue, selbstbestimmte Sichtweise zu entwickeln. In diesem Kontext finde ich die Arbeit von Professor Adam Jones besonders bemerkenswert. Er stellt klar und selbstbewusst fest, dass Boachi nicht nur ein »Reisender« war, sondern ein aktiver Autor, der seine Erfahrungen und seine Sicht auf Deutschland eigenständig formulierte. Ich gehe einen Schritt weiter und spreche von Boachi auch als »Wissenschaftler«. Durch seine eigenen Texte können wir sehen, wie Boachi sich als handelndes Subjekt positionierte, was uns einen ganz anderen Zugang zu seiner Geschichte ermöglicht. Hier nochmal das Thema Selbstbezeichnung: Es gibt natürlich Begriffe, die heute unvorstellbar wären, weil sie extrem rassistisch sind – und wir würden sie hier nicht aussprechen und die Bedeutungen reproduzieren. Boachi verwendete das N-Wort strategisch, da es zu seiner Zeit weit verbreitet war und einen zentralen Bestandteil des Diskurses über Schwarze Menschen bildete. Es war nicht einfach nur eine unreflektierte oder zufällige Verwendung – vielmehr setzte er dieses Wort gezielt ein, um auf die rassistische Behandlung aufmerksam zu machen, der er sowie andere Schwarze Menschen ausgesetzt waren. Das zentrale Element dabei ist, dass er dieses Wort immer nur im Kontext der Diskriminierung nutzte, die er erlebte. Indem er sich der Sprache der Unterdrückung bediente, spiegelte er die Realität wider, die Schwarze Menschen in der Gesellschaft dieser Zeit ertragen mussten.

Boachi arbeitete somit mit denselben Narrativen, die über ihn verbreitet wurden – aber nicht, um diese zu übernehmen oder sich ihnen zu unterwerfen. Vielmehr benutzte er sie, um die rassistischen Strukturen und die Diskriminierung, die er erlebte, zu entlarven und sichtbar zu machen. Die Verwendung dieses Begriffs war also nicht Teil seiner Identität, sondern

experienced. By using the language of oppression, he reflected the reality that Black people had to endure in society at the time. Boachi thus worked with the same narratives that were disseminated about him—but not in order to adopt them or submit to them. Rather, he used them to expose and make visible the racist structures and discrimination he experienced. The use of this term was therefore not part of his identity, but a means of naming and refuting the racist stereotypes and violence that he experienced as a result of them. By doing so, he made it clear: "This is not my image, but it is the image they want to impose on me." In this context, the word became a tool of resistance and self-determination.

But the crucial point is that he always emphasized: "I am Asante." This conscious and clear differentiation from the white majority society was central to his identity and self-perception. He was not just African. He was Asante and of royal origin. He did not allow himself to be forced into the predefined image of colonial narratives, but instead foregrounded his affiliation to Asante culture as a non-negotiable aspect of his identity.

He demanded the recognition he deserved. Oral history and storytelling were a means for him to emphasize his own position and to assert himself against the attributions of others. It was not only about telling a story, but also about clearly defining his identity and belonging.

If we look deeper, we realize that Boachi had already disrupted a great deal in his time. Even the portrait hanging here today could be considered another central intervention. Kwasi Boachi as the Black Dandy. It shows how important it is to make Black existences and the differences of Black space visible.

The scholar Sophie Arnold, whose texts we also read, described Boachi's stories as "such a conglomerate." Of course, as a white woman, she doesn't understand why Boachi has told so much. But as a Black observer of his story, I read more from it than a collection of memories. In my opinion, his aim was to express: "I'm different, I stand out, and I know where I come from." This narrative is repeated again and again with Boachi.

ein Mittel, um die rassistischen Stereotype und die Gewalt, die er durch sie erlebte, zu benennen und zu widerlegen. Indem er es tat, machte er deutlich: »Das ist nicht mein Bild, aber es ist das Bild, das man mir aufzwingen will.« In diesem Kontext wurde das Wort zu einem Werkzeug des Widerstands und der Selbstbestimmung.

Doch der entscheidende Punkt ist, dass er immer betonte: »Ich bin Aschanti.« Diese bewusste und klare Abgrenzung von der weißen Mehrheitsgesellschaft war zentral für seine Identität und seine Selbstwahrnehmung. Er war nicht nur Afrikaner. Er war Aschanti, und zwar von königlicher Herkunft. Er ließ sich nicht in das vorgefertigte Bild der kolonialen Erzählungen pressen, sondern stellte seine Zugehörigkeit zur Aschanti-Kultur als unverhandelbaren Teil seiner Identität in den Vordergrund.

Er forderte auch die Anerkennung ein, die ihm zustand. *Oral History* war für ihn ein Mittel, um seine eigene Position zu betonen und sich gegen die fremden Zuschreibungen zu behaupten. Es ging nicht nur darum, eine Geschichte zu erzählen, sondern auch darum, seine Identität und Zugehörigkeit klar zu definieren.

Wenn wir tiefer blicken, erkennen wir, dass Boachi schon zu seiner Zeit sehr viel aufgebrochen hat. Allein das Porträt, das heute hier hängt, könnte man als eine weitere zentrale Intervention betrachten. Kwasi Boachi als Black Dandy. Es zeigt, wie wichtig es ist, Schwarze Existenzen und die Differenzen des Schwarzen Raums sichtbar zu machen.

Die Wissenschaftlerin Sophie Arnold, deren Texte wir auch gelesen haben, beschrieb Boachis Erzählungen als »so ein Konglomerat« verschiedener Erinnerungen. Sie versteht natürlich als *weiße* Frau nicht, warum Boachi so viel erzählt hat. Doch als Schwarze Betrachterin seiner Geschichte lese ich daraus mehr als eine Ansammlung an Erinnerungen. Meines Erachtens ging es ihm darum, auszudrücken: »Ich möchte die Biographème meiner Identitäts- und Herkunftsgeschichte nicht vergessen. Ich bin anders, ich hebe mich ab, und ich weiß, wo ich herkomme.« Dieses Narrativ wiederholt sich immer wieder bei Boachi.

Das afrikanische, afrodiasporische, Schwarze Publikum über Zoom in Ghana wird sicherlich, wie ich, eine Assoziation zu *Sankɔfa* herstellen. In diesem Sinne kann seine Auseinandersetzung mit seiner Identität als Aschanti und der Bewahrung dieser kulturellen Wurzeln als eine Form von »*Sankɔfa*« betrachtet werden – als ein bewusstes »Zurückholen« der eigenen Geschichte und der eigenen kulturellen Wurzeln, um sie als Ressource für die Gegenwart und Zukunft zu nutzen.

The African, Afro-diasporic, Black audience on Zoom in Ghana will certainly, like me, make an association with *Sankɔfa*. In this sense, his engagement with his identity as Asante and the preservation of these cultural roots can be seen as a form of *Sankɔfa*—as a conscious "retrieval" of one's own history and cultural roots in order to use them as a resource for the present and future.

Another interesting topic in relation to Boachi is the "African Agency Experience." During the colonial era, when many African countries were under European rule, the term "African Agency" was closely associated with resistance against the colonial power. Africans actively fought for their freedom—be it through armed resistance, political movements, or diplomatic efforts to challenge and fight the colonial masters. "African Agency" emphasizes the ability and will of African peoples to resist external oppression and make their own decisions.

For Boachi, this resistance was a central part of his life and work. Even after his death, Boachi left a lasting impression in various communities—especially in Ghana and within the African diasporas, for example in Suriname. Many people knew who he was and what he did for the freedom and self-awareness of the African peoples. Boachi therefore joins the ranks of other important figures such as Booker T. Washington, who played a significant role in anti-racist educational work in the USA. When Boachi is mentioned with such historical figures today, it is more than just a comparison. It shows how his life and work had a lasting impact on the perception and awareness of African self-determination and resistance to colonialism.

It is very important to me to mention the book *Showing our Colors*, which was published in the 1980s by outstanding historians such as Katharina Oguntoye and May Ayim. This book is of central importance for Afro-Germans, Black people, Ghanaians, and all those who come from the African continent. It shows that People of Color are equal, *empowered* and networked, that there is a community. But there is more at stake: it is also about opening up diasporic fields of research further. We are not without history in the diaspora.

I have not spoken directly to the Asante King, but I have spoken to his close associates. As

Ein weiteres spannendes Thema in Bezug auf Boachi ist die »African Agency Experience«. Während der Kolonialzeit, als viele afrikanische Länder unter europäischer Herrschaft standen, war der Begriff »African Agency« eng mit dem Widerstand gegen die Kolonialmacht verbunden. Afrikanerinnen und Afrikaner kämpften aktiv für ihre Freiheit – sei es durch bewaffneten Widerstand, politische Bewegungen oder diplomatische Anstrengungen, um die Kolonialherren herauszufordern und zu bekämpfen. »African Agency« betont die Fähigkeit und den Willen der afrikanischen Völker, sich gegen äußere Unterdrückung zu wehren und eigene Entscheidungen zu treffen.

Für Boachi war dieser Widerstand ein zentraler Bestandteil seines Lebens und seiner Arbeit. Auch nach seinem Tod hat Boachi in verschiedenen Gemeinschaften – insbesondere in Ghana und innerhalb der afrikanischen Diasporas, etwa in Surinam – einen bleibenden Eindruck hinterlassen. Viele Menschen wussten, wer er war und was er für die Freiheit und das Selbstbewusstsein der afrikanischen Völker tat.

Boachi wird damit in eine Reihe mit anderen wichtigen Persönlichkeiten wie Booker T. Washington gestellt, der in den USA eine bedeutende Rolle in der antirassistischen Bildungsarbeit spielte. Wenn Boachi heute mit solchen historischen Figuren genannt wird, ist das mehr als nur ein Vergleich. Es zeigt, wie er durch sein Leben und Wirken die Wahrnehmung und das Bewusstsein über die afrikanische Selbstbestimmung und den Widerstand gegen Kolonialismus nachhaltig beeinflusste.

Es ist mir ein großes Anliegen, ein Buch zu erwähnen, das in den 1980er-Jahren von großartigen Wissenschaftlerinnen wie Katharina Oguntoye und May Ayim herausgegeben wurde: *Farbe bekennen*. Dieses Buch ist von zentraler Bedeutung für viele Afrodeutsche, Schwarze Menschen, Ghanaer*innen und alle, die vom afrikanischen Kontinent stammen und in der Diaspora leben. Es zeigt auf, dass Menschen Schwarzer Hautfarbe gleichberechtigt, *empowered* und vernetzt sind – dass es eine Community gibt. Aber es geht um noch mehr: Es geht darum, auch die Forschungsfelder der Diaspora weiter zu öffnen. Wir sind nicht geschichtslos in der Diaspora.

Ich habe zwar nicht direkt mit dem Aschanti-König gesprochen, aber mit seinen engen Mitarbeiter*innen. Als jemand, der aus der afrikanischen Diaspora kommt, hielt ich es für wichtig, dem Königshaus mitzuteilen, dass ich zu einem seiner Vorfahren forsche – eine Person, die in indo-afrikanischen Communities auch als Ancestor geclaimt wird. Ein Mann, der über-

someone who comes from the African diaspora,
I felt it was important to let the royal family know
that I was researching one of his ancestors,
someone who is also claimed as an ancestor
in Indo-African communities. A man who lived
mainly abroad—in the Netherlands, Germany,
and Indonesia. In my research, I looked closely
at their history, which is crucial for understanding transnational connections and the African
diaspora. I think that my perspective, which
includes blind spots and shifts in perspective,
is important in order to paint a more comprehensive picture of history. It is essential to look
at the past from different perspectives in order
to understand the complexity of migration,
colonialism, and identity.

Now to the topic: the diverse Black space and the visu-
alization of different countries, nations, and their histories. Africa is not a country; it is a continent, the second largest in the world, with over fifty-four countries
and thousands of languages and very different histories. These range from nations to ethnic groups, clans,
nuclear families and extended families, and include
narratives that go back centuries. In the case of Ghana,
this moment in history and discourse is particularly exciting right now, as the strong interest in reclaiming
the Asante King's gold artifacts in the British Museum
is attracting widespread attention. I remember some
comments circulating on Ghanian social media plat-
forms jokingly suggesting that this was perhaps why
the Asante King was present at Charles's coronation
—a symbolic act in the context of gold reclamation. In
my opinion, it is also about the recognition of identities
and histories of origin. The release of gold is only a visible symbol of a much larger concern: the reparation and
rehabilitation of African history within world history.

If we go one step further regarding "legal identity" and "foreign designations," we have to say:
it would be fatal to simply categorize Boachi as
Afro-German just because Mahret and I might
locate ourselves in Afro-German communities;
or, in my case, the issue of "Booga community"[3]
also plays a role. Just because Boachi lived in
Germany and already learned German at school
in Holland doesn't mean that he automatically

3   Names like "booga" and "burger" are used to refer to migrants in Ghana.
     "borga" is the German spelling of the term.

wiegend im Ausland – in den Niederlanden, Deutschland und Indonesien – gelebt hat. In meiner Forschung beschäftige ich mich intensiv mit ihrer Geschichte, die für das Verständnis der transnationalen Verbindungen und der afrikanischen Diaspora entscheidend ist. Ich denke, dass gerade mein Blickwinkel, der auch blinde Flecken und Perspektivverschiebungen umfasst, wichtig ist, um ein umfassenderes Bild der Geschichte zu zeichnen. Es ist unerlässlich, sich mit der Vergangenheit aus verschiedenen Perspektiven auseinanderzusetzen, um die Komplexität von Migration, Kolonialismus und Identität zu begreifen.

Nun zum Thema: der Schwarze diverse Raum und die Sichtbarmachung der unterschiedlichen Länder, Nationen und deren Geschichten. Afrika ist kein Land, es ist ein Kontinent, der zweitgrößte der Welt, mit über 54 Ländern und Tausenden von Sprachen und sehr verschiedenen Geschichten. Diese reichen von Nationen über ethnische Gruppen, Clans, Kernfamilien bis hin zu *extended families* und umfassen Erzählungen, die Jahrhunderte zurückreichen. Im Fall von Ghana ist dieser Moment in der Geschichte und Diskussionen gerade besonders spannend, da das große Interesse an der Rückforderung der Goldartefakte des Aschanti-Königs im British Museum breite Aufmerksamkeit auf sich zieht. Ich erinnere mich, dass auf ghanaischen Plattformen in den Sozialen Medien einige Kommentare die Runde machten, in denen scherzhaft vermutet wurde, der Aschanti-König sei vielleicht deshalb bei der Krönung von Charles anwesend gewesen – ein symbolischer Akt im Kontext der Goldrückforderung. Ich kann nicht für das Aschanti-Köngishaus sprechen, aber es geht hier nicht nur ums Gold. Vielmehr geht hier meines Erachtens auch um die Anerkennung der Identitäten und Herkunftsgeschichten. Das Herausgeben von Gold ist dabei nur ein sichtbares Symbol für ein viel größeres Anliegen: die Wiedergutmachung und die Rehabilitierung der afrikanischen Geschichte in der Weltgeschichte.

Wenn wir in Bezug auf »rechtliche Identität« und »Fremdbezeichnungen« einen Schritt weiter gehen, müssen wir festhalten: Es wäre fatal, Boachi einfach als Afro-Deutschen zu kategorisieren, nur weil Mahret und ich uns vielleicht selbst in afro-deutschen Communities verorten oder in meinem Fall auch das Thema »Booga Community«[3] eine Rolle spielt. Nur weil Boachi in Deutschland lebte und in Holland bereits in der Schule Deutsch lernte, bedeutet das nicht, dass er sich automatisch als Teil dieser Identitätskonstrukte verstand. Das ist eine wichtige Unterscheidung.

3   Bezeichnungen wie »booga« und »burger« werden für Migranten in Ghana verwendet. »borga« ist die deutsche Schreibweise des Begriffs.

saw himself as part of these identity constructs.
This is an important distinction. There are currently many discussions in the field of research
on Ghana, particularly with regard to the concept of "Borga." This term describes the uprooted migrant who lives in Europe but time and
again returns to their homeland. To emphasize
this clear migrant positioning of Boachi: Boachi
was Asante, and in his own view, he was not German and also not Borga. His identity and history
are deeply rooted in Asante culture, and this is
crucial to properly understanding his migration
experience and the political and cultural dimen-
sions of his life.

And in comparison, there is the very first naturalization
certificate of an African in Germany—the Diek family,
which we may know from contemporary debates about
Black history in Germany. That was in 1896 in Hamburg,
the first Afro-German to be naturalized. This shows that
there are different legal anchors in Germany. On the one
hand, the transmigrant, on the other hand, the person
who clearly says: "Hey, I'm Afro-German."

Why is there such a strong interest in the return of people from the diaspora to Ghana right
now? Almost a decade ago, the head of King
Badu Bonsu II, who belonged to the Fante ethnic
group and was killed by the Dutch around 170
years ago, was discovered in the holdings of the
Leiden University Medical Center. The find was
made by the Dutch writer Arthur Japin, whom
Holger had mentioned, who came across this
uncanny relic in his research on Kwasi Boachi.
The head, believed to be part of a collection of
colonial-era human remains, has since been in
the possession of the Dutch institute, sparking
a wave of outrage in Ghana. Official representa-
tives of Ghana immediately demanded the return of the head, as it is of immense cultural and
historical value as a symbolic legacy and part
of the country's history.

This incident is part of the discussion about
the repatriation of colonial artifacts and human remains, which has gained importance
worldwide. Particularly with regard to the story
of Kwasi Boachi, another key figure in African
history, the scope of this debate becomes clear:
the "repatriation" of Boachi's story and the as-

Aktuell gibt es viele Diskussionen im Forschungsfeld
zu Ghana, insbesondere in Bezug auf den Begriff des
»Borga«. Dieser Begriff beschreibt den entwurzelten
Migranten, der in Europa lebt, aber immer wieder
in seine Heimat zurückkehrt. Um diese klare
migrantische Positionierung von Boachi zu betonen:
Boachi war Aschanti, und in seiner eigenen Sichtweise war er kein Deutscher und auch kein Borga. Seine
Identität und Geschichte sind tief in der Aschanti-Kultur verwurzelt, und das ist entscheidend, um seine Mi-
grationserfahrung und die politischen und kulturellen
Dimensionen seines Lebens richtig zu verstehen.

Und im Vergleich dazu steht die allererste Einbürgerungs-
urkunde eines Afrikaners in Deutschland – die der Familie Diek,
die wir vielleicht aus den heutigen Debatten über Schwarze
Geschichte in Deutschland kennen. Das war 1896 in Hamburg der erste Afrodeutsche, der eingebürgert wurde. Das
zeigt, dass es unterschiedliche rechtliche Verankerungen in
Deutschland gibt. Auf der einen Seite der Transmigrant, auf
der anderen Seite die Person, die deutlich sagt: »Hey, ich bin
Afrodeutsch.«

Warum ist das Interesse an der Rückkehr von Menschen
aus der Diaspora nach Ghana gerade jetzt so groß?

Vor bald einer Dekade wurde der Kopf von König Badu
Bonsu II, welcher der Bevölkerungsgruppe der Fante
angehörte und vor rund 170 Jahren von den Nieder-
ländern getötet wurde, in den Beständen des Leiden
University Medical Center entdeckt. Der Fund wurde
durch den niederländischen Schriftsteller Arthur
Japin gemacht, den Holger erwähnt hat und der in
seiner Forschung zu Kwasi Boachi auf dieses unheim-
liche Relikt stieß. Der Kopf, der als Teil einer Sammlung von menschlichen Überresten aus der Kolonialzeit gilt, war seitdem im Besitz des niederländischen
Instituts, was eine Welle der Empörung in Ghana
auslöste. Offizielle Vertreter*innen Ghanas forderten
umgehend die Rückführung des Kopfes, da er als sym-
bolisches Erbe und Teil der Geschichte des Landes
von immensem kulturellem und historischem Wert ist.

Dieser Vorfall reiht sich in die Diskussion um die
Rückführung kolonialer Artefakte und menschlicher
Überreste ein, die weltweit an Bedeutung gewonnen
hat. Besonders im Hinblick auf die Geschichte von
Kwasi Boachi, einer weiteren Schlüsselfigur der afrikanischen Geschichte, zeigt sich die Tragweite dieser
Debatte: Die »Rückführung« von Boachis Geschichte
und die damit verbundene Frage nach der Restitution
von kulturellen Artefakten könnte daher nicht nur
die individuelle Geschichte eines Landes betreffen,

sociated question of the restitution of cultural artifacts could therefore not only affect the individual history of a country, but also initiate a broader movement to come to terms with colonial wounds. What is particularly exciting is how our research, which will continue in close collaboration with Ghanaian institutions and experts over the coming weeks, could contribute to retelling this story. It is not just about returning artifacts, but also about translating the histories surrounding these objects into the right languages and bringing them to the right places.

In Ghana, many of the historical narratives surrounding Boachi and other colonial figures are not circulated widely enough—there are still no comprehensive translations into English or Twi, which limits the accessibility and understanding of these stories for a wider audience. This is the real heart of my work and my mission: to bring these stories back to the places they have not yet reached and to tell them in the languages spoken by the people there. It is a way of expanding Africa's collective memory and bringing the voices of those who suffered colonial oppression back to the center. By returning these stories to the right places, we can repair a small part of the colonial legacy and contribute to the understanding and recognition of these historical events.

We are not only living in the UN Decade for People of African Descent, but also in a time, just before COVID, when the "Year of Return" took place in Ghana. The 400 years since the end of slavery were commemorated, and Ghana invited the diaspora to return. Now we are in the "Beyond the Return" phase, and everyone is being called back again. This is deeply rooted in Ghana, also symbolized through the Black Star of Marcus Garvey, who says: "Come back, everyone."

MIK: Thank you very much, Vicky. That has opened up the whole story even further, which is also what this evening is about. You briefly touched on what would have happened if Boachi had returned. Was that even planned? Was that what he wanted?

I also found the diversity of Black life in Germany and Europe very interesting, especially in terms of what

sondern eine breitere Bewegung anstoßen, die die
kolonialen Wunden aufarbeitet. Besonders spannend ist dabei, wie unsere Forschung, die in enger
Zusammenarbeit mit ghanaischen Institutionen und
Expert*innen in den nächsten Wochen weitergeführt
wird, dazu beitragen könnte, diese Geschichte neu zu
erzählen. Es geht nicht nur darum, Artefakte zurückzu-
geben, sondern auch darum, die Geschichten, die sich
um diese Objekte ranken, in die richtigen Sprachen zu
übersetzen und an die richtigen Orte zu bringen.

In Ghana sind viele der historischen Erzählungen
rund um Boachi und andere Persönlichkeiten der Kolonialzeit nicht ausreichend verbreitet – es existieren
noch keine umfassenden Übersetzungen ins Englische oder ins Twi, was die Zugänglichkeit und das Verständnis dieser Geschichten für ein breiteres Publikum einschränkt. Das ist der wahre Kern meiner Arbeit
und meines Anliegens: Diese Geschichten wieder an
die Orte zu bringen, an denen sie bislang nicht angekommen sind, und sie in den Sprachen zu erzählen,
die von den Menschen dort gesprochen werden. Es ist
eine Möglichkeit, das kollektive Erinnerungsgedächt-
nis Afrikas zu erweitern und die Stimmen derer, die
unter kolonialer Unterdrückung litten, wieder in den
Mittelpunkt zu stellen. Indem wir diese Geschichten
an die richtigen Orte zurückführen, können wir einen
kleinen Teil des kolonialen Erbes reparieren und einen
Beitrag dazu leisten, das Verständnis und die Anerkennung dieser historischen Ereignisse zu fördern.

Wir leben nicht nur in der UN-Dekade für Menschen afrikanischer Abstammung, sondern auch in einer Zeit, in der kurz vor
COVID das »Year of Return« in Ghana stattfand. Dabei wurde
an die 400 Jahre seit dem Ende der Sklaverei erinnert, und
Ghana hat die Diaspora eingeladen, zurückzukehren. Jetzt
befinden wir uns in der Phase »Beyond the Return«, und alle
werden wieder zurückgerufen. Das ist in Ghana tief verankert,
auch symbolisiert durch den Black Star von Marcus Garvey,
der sagt: »Kehrt alle zurück.«

<u>MIK</u>: Vielen Dank, Vicky. Das hat die ganze Geschichte noch
weiter geöffnet, worum es ja auch heute Abend geht. Du hast
kurz angerissen, was passiert wäre, wenn Boachi zurückgekehrt wäre. War das überhaupt geplant? Wollte er das?

Ich fand auch die Diversität des Schwarzen Lebens in
Deutschland und Europa sehr interessant, besonders in Bezug
darauf, wie es vielleicht für ihn war. Ist er möglicherweise auf
andere Schwarze Menschen oder Afrikaner*innen getroffen?
Oder hat er zumindest von ihnen gehört oder Darstellungen
gesehen? Es gab ja einige, die zur gleichen Zeit in Europa

it might have been like for him. Did he possibly meet other Black people or Africans? Or has he at least heard of them or seen depictions of them? There were some who were in Europe at the same time. Is much known about it at all? Were you able to find out something or make any speculations?

Another interesting topic is the issue of restitution that you addressed, in particular the demand for the return of the Asante gold. And then there was the question of Boachi's demands, which were not met in Germany—he was not accepted into the corps of mining engineers. What would have happened if he had returned to Ghana? What position could he have taken there? How would history have changed then?

You also showed a picture of the ruling family, and it struck me that only men were depicted there. Where are the representations and stories of the women, which also exist? Why don't they appear? Is this again something that has not been archived, which has only been preserved through oral tradition?

HB: I would like to make a small comment from my side. We have not yet gone into the reports of Bernhard von Cotta, which are very interesting in terms of the question of how Boachi saw himself. Although Boachi left the Asante region at a young age, he had strong memories of it. He told this to his mentor here in Freiberg, Bernhard von Cotta. Cotta developed a lecture from this, which was held in Weimar and also published. This lecture is an interesting source to gain insights into Boachi's self-image.

AVAB: Yes, that's really a very interesting source. I find it remarkable how Professor Cotta essentially retold what Boachi told him. However, this did not allow us to fully find out how Boachi saw himself within the context of Germany—it was more about memories of his homeland. I don't know if there is more information on this, but I suspect that there might be something about it in the Indonesian area. There he must have met the soldiers and the communities that were formed, as many of them never returned to Ghana. Some have returned, but it was a limited number, as I have heard from directors of the Ayala Museum in Ghana. The museum specializes in this Indonesian-Dutch war. It would be really fascinating to learn how he saw himself and how he perceived the community, but these are areas that we

waren. Ist darüber überhaupt viel bekannt? Konntest du dazu
etwas herausfinden oder Vermutungen anstellen?

Ein weiteres spannendes Thema ist die Frage der Restitution, die du angesprochen hast, insbesondere die Forderung
nach der Rückgabe des Aschanti-Golds. Und dann auch die
Frage nach Boachis Ansprüchen, die in Deutschland nicht erfüllt wurden – er wurde nicht in das Corps der Bergbauingenieure aufgenommen. Was wäre passiert, wenn er nach Ghana
zurückgekehrt wäre? Welche Position hätte er dort einnehmen
können? Wie hätte sich die Geschichte dann vielleicht
verändert?

Du hast auch ein Bild der Herrschaftsfamilie gezeigt, und
es fiel mir auf, dass dort nur Männer abgebildet waren. Wo sind
die Darstellungen und Erzählungen der Frauen, die es ja auch
gibt? Warum tauchen sie nicht auf? Ist das wieder etwas, das
nicht archiviert wurde, das sich nur durch mündliche Überliefe-
rung erhalten hat?

HB: Von meiner Seite aus möchte ich eine kleine Anmerkung
machen. Wir sind noch gar nicht auf die Berichte von Bernhard
von Cotta eingegangen, die in Bezug auf die Frage, wie Boachi
sich selbst gesehen hat, sehr spannend sind. Obwohl Boachi
sehr jung die Aschanti-Region verlassen hat, hatte er starke
Erinnerungen daran. Diese erzählt er seinem Mentor hier in
Freiberg, Bernhard von Cotta. Cotta entwickelt daraus einen
Vortrag, der in Weimar gehalten wurde und auch publiziert
wurde. Dieser Vortrag ist eine interessante Quelle, um Einblicke in Boachis Selbstbild zu gewinnen.

AVAB: Ja, das ist wirklich eine sehr interessante Quelle. Ich
finde es bemerkenswert, wie Professor Cotta im Grunde das
nacherzählt hat, was Boachi ihm berichtet hat. Allerdings
konnten wir dadurch nicht vollständig herausfinden, wie
Boachi sich im Kontext von Deutschland gesehen hat – es
handelt sich ja vielmehr um Erinnerungen an seine Heimat.
Ich weiß nicht, ob es hierzu mehr Informationen gibt, aber ich
vermute, dass es im indonesischen Raum etwas dazu geben
könnte. Dort musste er den »Black Dutch Soldiers« und den
Communities begegnet sein, die sich gebildet haben, da viele
von ihnen nie nach Ghana zurückgekehrt sind. Einige sind zwar
zurückgekehrt, aber es war eine begrenzte Anzahl, wie ich von
den Leitern des Elmina Java Museums in Ghana gehört habe.
Das Museum ist auf diese indonesisch-holländische Geschichte und die Verbindung zur Geschichte in Elmina, wo auch die
älteste Burg steht, in der versklavte Menschen festgehalten
wurden, spezialisiert. Es wäre wirklich spannend zu erfahren,
wie Boachi sich selbst gesehen und die Community wahrgenommen hat. Das sind jedoch Felder, die wir noch weiter
erforschen müssten. Und ich glaube, darauf wollte Holger auch

would need to explore further. And I think that's what Holger was getting at—we came across a really exciting highlight that we would like to show you.

> Music plays: *"Volkshymne der Asantes: Nach den Erinnerungen des Prinzen Aquassi Boachi aufgesetzt von Dr. Franz Liszt."* In *Fortschritte der Geographie und Naturgeschichte* 63 (March 1848).

AVAB: Exactly, we came across the fact that Franz Liszt met Boachi, and Boachi most likely sang this melody to him—perhaps even with lyrics—and Liszt then annotated it. This is really a super interesting and special highlight that offers a lot of room for further investigations.

HB: That was the first time since 1849 that this piece was heard and performed again. It is not included in any Liszt edition—truly a special document.

AVAB: Research has also been carried out in Ghana. I asked in the J.H. Kwabena Nketia Archives, and the current director told me that her father, the well-known musicologist and archivist Prof. J.H. Nketia, had dealt with the piece. So there is also musically a transnational history that was researched here.

MIK: Yes, of course it's always incredibly exciting to see what else can be found in archives and what can be read between the lines, how understanding changes. This also ties in with what I said at the beginning of the talk, to bring the circle to a close: it is so important to open up different perspectives and narrative contexts to show that there is not just one narrative. There is no *one* Europe, and above all there is no such thing as this clear division. There has always been exchange and encounters. And the task of transnational remembrance, as you say again and again, is precisely to convey this and to make it visible.

Hence my question, which we haven't considered any further: Was Boachi actually interested in returning? Do we know anything about this?

AVAB: He said goodbye to various friends here, but the question remains as to why he ultimately insisted on staying in the end. If we look at the fact that he asked King Willem again in the Netherlands for help to find prospects and then ultimately stayed in Indonesia, this

hinaus – wir sind auf ein wirklich spannendes Highlight gestoßen, das wir euch gerne zeigen würden.

> Musik spielt: »Volkshymne der Aschantis: Nach den
> Erinnerungen des Prinzen Aquassi Boachi aufgesetzt
> von Dr. Franz Liszt«, in: *Fortschritte der Geographie
> und Naturgeschichte* 63 (März 1848)

AVAB: Genau, wir sind beide unabhängig voneinander darauf
gestoßen, dass Franz Liszt Boachi getroffen hat und Boachi
ihm höchstwahrscheinlich diese Melodie – vielleicht sogar mit
Text – vorgesungen hat, und Liszt hat sie dann notiert. Das ist
wirklich ein super interessantes und besonderes Highlight,
das viel Raum für weitere Untersuchungen bietet.

HB: Das war das erste Mal seit 1849, dass dieses Stück wieder
erklang und aufgeführt wurde. Es ist in keiner Liszt-Ausgabe
enthalten – wirklich ein besonderes Dokument.

AVAB: Auch in Ghana wurde dazu geforscht. Ich habe in den
J. H. Kwabena Nketia Archives nachgefragt, und die jetzige
Leiterin, Mrs. Judith Boateng, erzählte mir, dass ihr Vater, der
bekannte Musikwissenschaftler und Archivar Prof. J. H. Nketia,
sich mit dem Stück auseinandergesetzt hat. Es gibt also auch
musikalisch eine transnationale Geschichte, die hier erforscht
wurde.

MIK: Ja, es ist natürlich immer wahnsinnig spannend, was
sich noch in Archiven finden lässt und was sich zwischen den
Zeilen erahnen lässt, wie sich das Verständnis verändert. Das
schließt natürlich auch an das an, was ich zu Beginn gesagt
habe, um den Bogen zu schließen: Es ist so wichtig, unterschiedliche Perspektiven und Erzählkontexte zu eröffnen, um
zu zeigen, dass es nicht nur *eine* Erzählung gibt. Es gibt nicht
das Europa, und vor allem gibt es nicht diese klare Trennung.
Es hat immer Austausch und Begegnungen gegeben. Und
die Aufgabe des transnationalen Erinnerns, wie du es immer
wieder sagst, ist es, genau das zu erzählen und sichtbar zu
machen.
Daher meine Frage, die wir noch nicht weiter betrachtet
haben: Hat Boachi tatsächlich das Interesse gehabt, zurückzukehren? Weiß man darüber etwas?

AVAB: Er hat sich von verschiedenen Freunden hier verab-
schiedet, aber die Frage bleibt, warum er am Ende doch darauf
beharrte, in Deutschland zu bleiben. Wenn wir uns ansehen,
dass er König Wilhelm II. in den Niederlanden nochmals um Hilfe gebeten hat, um Perspektiven zu finden, und dann letztlich
in Indonesien blieb, könnte das auch damit zusammenhängen,

could also be related to the fact that he got stuck in the middle of his career. It could be that the diaspora itself will become a new home—that is, that it will become a new place. Our parents often experience this, that at some point they say: "I don't want to go back, I'll stay in the diaspora." However, there is always a longing, and at the same time the thought: "Have I perhaps failed?"

Especially when we look at the research on the topic of Borga, this term for people who are uprooted and transmigrant, there are some intriguing findings. Boris Nieswand conducted interviews about this in the 2000s, and many men from Ghana said: "Well, I haven't really achieved my goal and I don't want to embarrass myself in my homeland, so I'm staying here." This is perhaps also an aspect that played a role in Boachi's case.

It is interesting that many who do not return still do not want to be buried in Germany. This predicament— what Nieswand calls the status paradox—is part of the diaspora. You are stuck, you can't go here or there. That could be an explanation of why Boachi did not return.

If you look at the fate of his cousin who was not accepted, that's another factor. The scholars in Ghana told me that perhaps we should find a better way of dealing with the diaspora there and that there should be opportunities to reintegrate. What happened to Poku should not happen again. So it could also go in this direction— a possibility that is not so unlikely. These might be the first thoughts as to why he didn't return, but in the end we can't know for sure.

Translated by
Jesi Khadivi

The Stannaki Forum *Aquasi Boachi: Transcontinental Remembrances* took place on June 7, 2023 in the Albertinum's Lichthof. The original conversation was complemented in this publication by an expanded contribution by Andrea-Vicky Amankwaa-Birago in November 2024, which is indicated in the text with a vertical line.

dass er im Mittelbau seiner Karriere hängen blieb. Es könnte sein, dass die Diaspora selbst zur neuen Heimat wird – dass sie also zum neuen Ort wird. Das erleben unsere Eltern ja auch oft, dass sie irgendwann sagen: »Ich will gar nicht mehr zurück, ich bleibe in der Diaspora.« Es bleibt jedoch immer eine Sehnsucht bestehen.

Gerade wenn wir uns die Forschung zum Thema *Borga* ansehen, diesen Terminus für Menschen, die entwurzelt und transmigrantisch sind, gibt es einige spannende Erkenntnisse. Boris Nieswand hat dazu Interviews in den 2000ern geführt, und viele Männer aus Ghana sagten: »Tatsächlich habe ich mein eigentliches Ziel bisher nicht erreicht. Es besteht eine Erwartungshaltung und ich möchte nicht in meiner Heimat Ghana in eine unangenehme Lage geraten. Deshalb habe ich beschlossen, vorerst hier zu bleiben.« Das ist vielleicht auch ein Aspekt, der bei Boachi eine Rolle spielte. Man weiß es nicht.

Interessant ist, dass viele, die nicht zurückkehren, dennoch nicht in Deutschland begraben werden möchten. Diese Zwickmühle – was Nieswand als *Statusparadoxie* bezeichnet – ist Teil der Diaspora. Man steckt fest, kann weder hierhin noch dorthin. Das könnte eine Erklärung sein, warum Boachi nicht zurückgekehrt ist.

Wenn man sich das Schicksal seines Cousins ansieht, der nicht akzeptiert wurde, ist das ein weiterer Faktor. Die Wissenschaftler*innen in Ghana sagten mir, dass man vielleicht als Fazit ziehen sollte, einen besseren Umgang mit der Diaspora zu finden, und dass es Möglichkeiten geben sollte, sich wieder zu integrieren. Das, was Poku widerfuhr, sollte nicht noch einmal passieren. Es könnte also auch in diese Richtung gehen – eine Möglichkeit, die gar nicht so unwahrscheinlich ist.

Das Stannaki Forum *Aquasi Boachi: Transkontinentale Erinnerungen* fand am 7. Juni 2023 im Lichthof des Albertinums statt. Das originale Gespräch wird in dieser Veröffentlichung durch einen erweiterten Beitrag von Andrea-Vicky Amankwaa-Birago im November 2024 ergänzt, welcher im Text durch eine vertikale Linie gekennzeichnet ist.

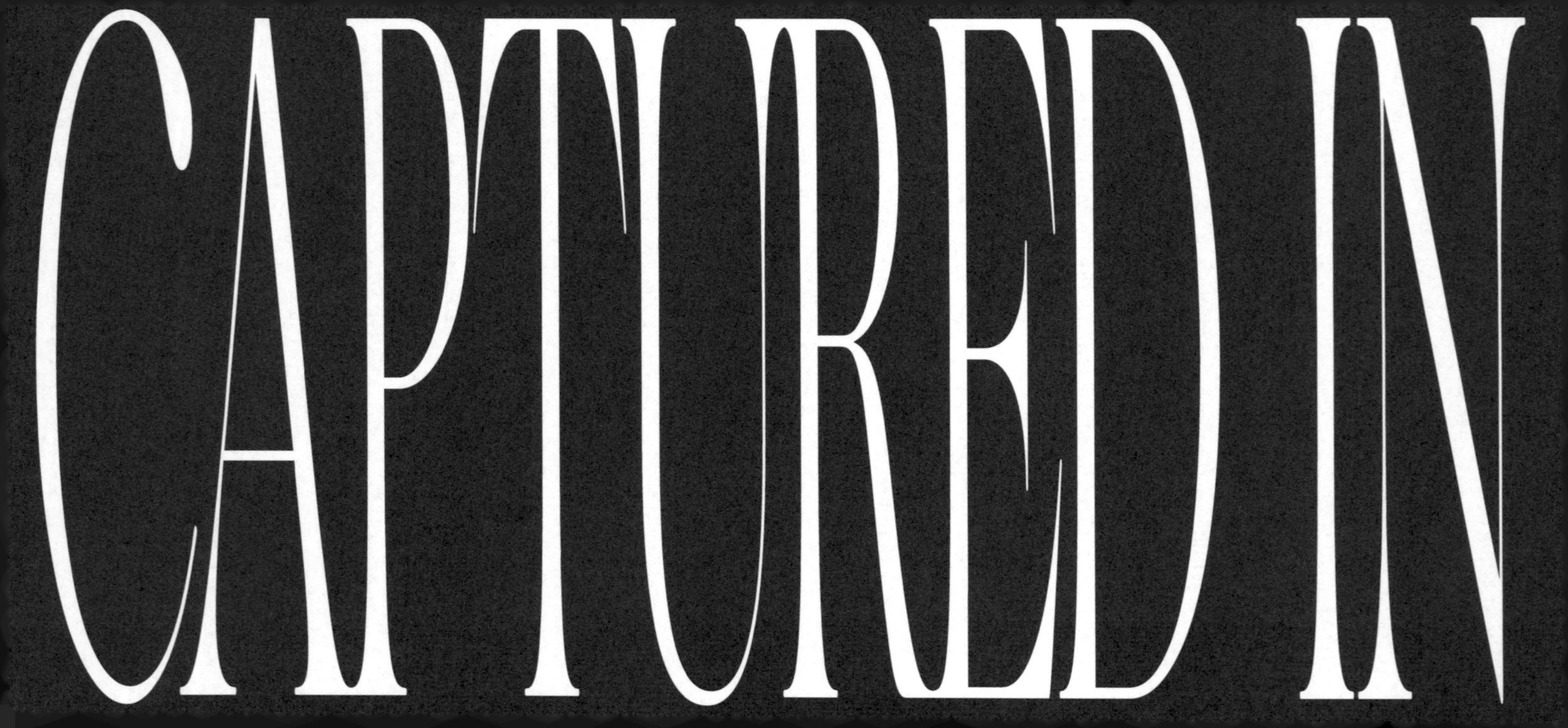

CAPTURED IN

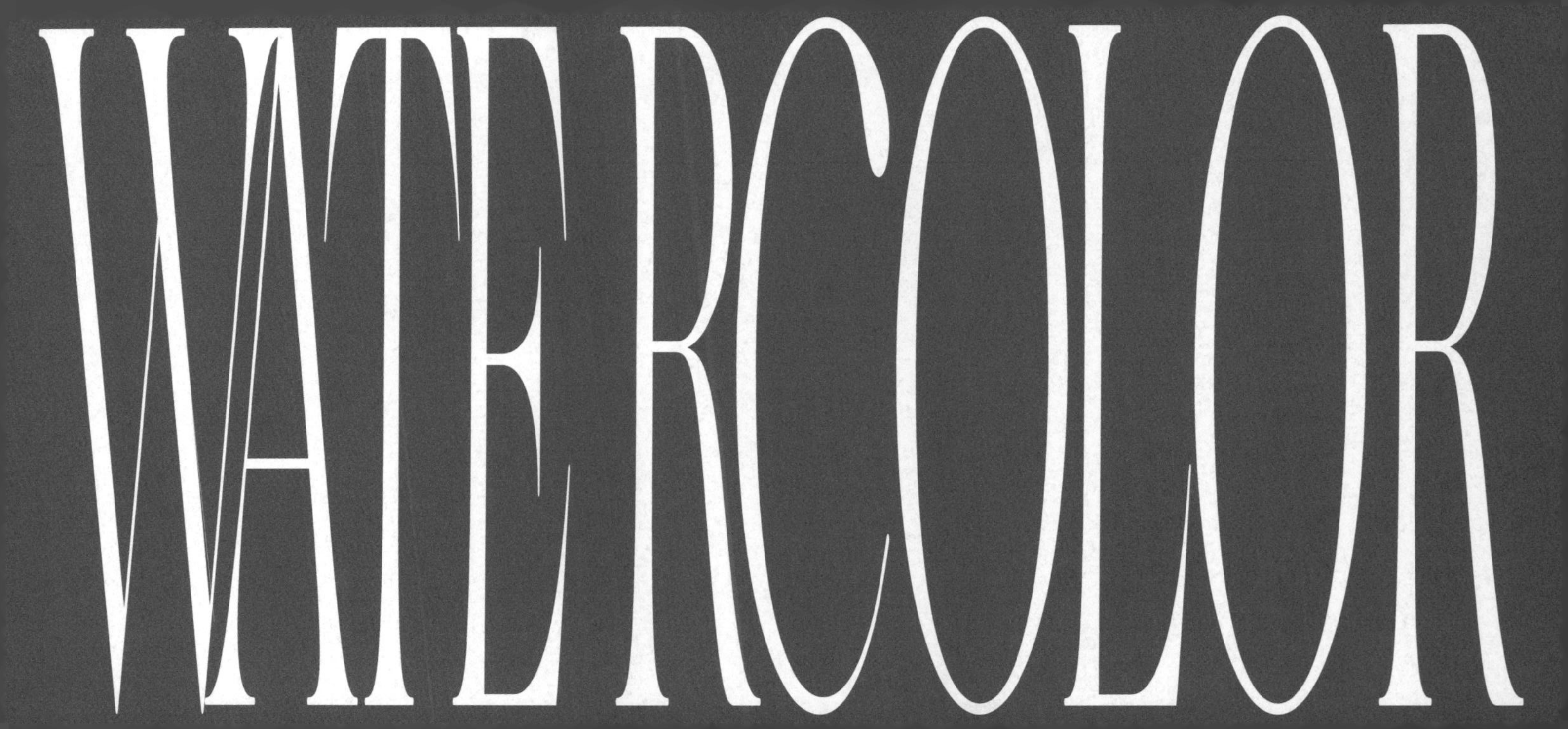
WATERCOLOR

Captured in Watercolor

Mabe Bethônico, Paul Goodwin,
Jane Schmidt-Boddy, and Mailena Mallach

In the colony of "Dutch Brazil" conquered in 1630 by the Dutch West India Company (WIC), Zacharias Wagner, who grew up in Dresden, completed his *Thier Buch* (1634–1641): there, he depicted the Brazilian animal and plant world in detail. He further illustrated various scenes that reflect his view on life in colonial Brazil: including an almost unique motif in the seventeenth century, a slave market in the central square of Recife. Written in German, he presumably recorded his impressions from the "New World" for himself and his family. In Dresden, the work was first mentioned in 1738 in the inventory of the electoral collections. At that time, the Saxon court's interest in so-called "exotica" was nothing new: between courtly representation, the promotion of science, and economic interests, the court's appropriation and staging of that which pointed beyond Europe also always meant the exaltation of its own culture. In the Stannaki Forum, the artist and researcher Mabe Bethônico as well as the art historians and curators Jane Schmidt-Boddy and Mailena Mallach talk about the visual grammar of the watercolors from the *Thier Buch* and question the representations of Black and Indigenous people created in a colonial context from today's perspective. Moderated by the curator, researcher, and educator Paul Goodwin, and with an introduction by Doreen Mende and Stephanie Buck.

Festgehalten in Wasserfarben

Mabe Bethônico, Paul Goodwin,
Jane Schmidt-Boddy und Mailena Mallach

In der Kolonie »Niederländisch-Brasilien«, die 1630 von der Niederländischen Westindien-Kompanie (WIC) erobert wurde, fertigte Zacharias Wagner, der in Dresden aufgewachsen war, sein *Thier Buch* (1634–1641) an: Darin stellte er die brasilianische Tier- und Pflanzenwelt detailliert dar. Darüber hinaus illustrierte er verschiedene Szenen, die seine Perspektive auf das Leben im kolonialen Brasilien widerspiegeln: darunter ein im 17. Jahrhundert fast einzigartiges Motiv, ein Sklavenmarkt auf dem zentralen Platz von Recife. In deutscher Sprache verfasst, hielt er vermutlich seine Eindrücke aus der »Neuen Welt« für sich und seine Familie fest. In Dresden wird das Werk erstmals 1738 im Inventar der kurfürstlichen Sammlungen erwähnt. Das Interesse des sächsischen Hofes an sogenannten Exotica war zu dieser Zeit nicht neu: Zwischen höfischer Repräsentation, Wissenschaftsförderung und wirtschaftlichen Interessen bedeutete die Aneignung und Inszenierung des über Europa Hinausweisenden immer auch die Überhöhung der eigenen Kultur. Im Stannaki Forum sprechen die Künstlerin und Forscherin Mabe Bethônico sowie die Kunsthistorikerinnen und Kuratorinnen Jane Schmidt-Boddy und Mailena Mallach über die visuelle Grammatik der Aquarelle aus dem *Thier Buch* und hinterfragen die im kolonialen Kontext entstandenen Darstellungen Schwarzer und indigener Menschen aus heutiger Sicht. Moderiert von dem Kurator, Forscher und Pädagogen Paul Goodwin und mit einer Einführung von Doreen Mende und Stephanie Buck.

Das Zuckerrohr oder Zuckerschilff, ist inwendig voll süßes Safftes, außwendig
wirdt zwey mael deß Jahres gepflanzet, nemblich im August Monat, undt ...
lange wachßet unnd schuhe hoch von der Erde nach deß faltes länge auff ...
viel gemacht, alß daß lands breit ist, doch daß allzeit zwisches zwo reyhe
bleibt, hernach wirdt daß Zucker Rohr stück weiße in dieser figur abgebildet
länglich hinter einander gelegt daß daß eine stück das ander merrhes ...
wiederumb überschüttet, undt ganz zugedecket, über 8. 10. od 12. Monates
rohr groß gnung, weilen ist Vorgesundet, undt man mußtes gefuhrd der ...
gnugtes, undt durch große hitze mit viel muhe undt arbeit zu Zucker gema...

Sugar Cane ("Cana da Cuquere") from
Thier Buch, Brazil, Zacharias Wagner,
1634–1641. Kupferstich-Kabinett,
Staatliche Kunstsammlungen Dresden
(SKD), inv. no. Ca 226.

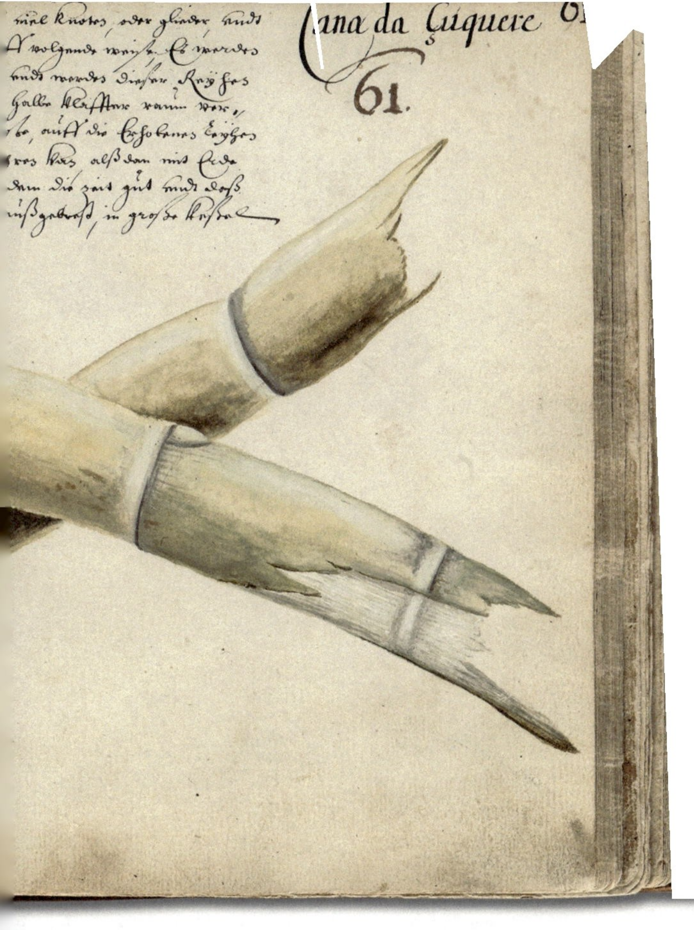

Zuckerrohr (»Cana da Cuquere«),
aus: *Thier Buch,* Brasilien, Zacharias
Wagner, 1634–1641. Kupferstich-
Kabinett, Staatliche Kunstsammlungen Dresden (SKD), Inv.-Nr. Ca 226.

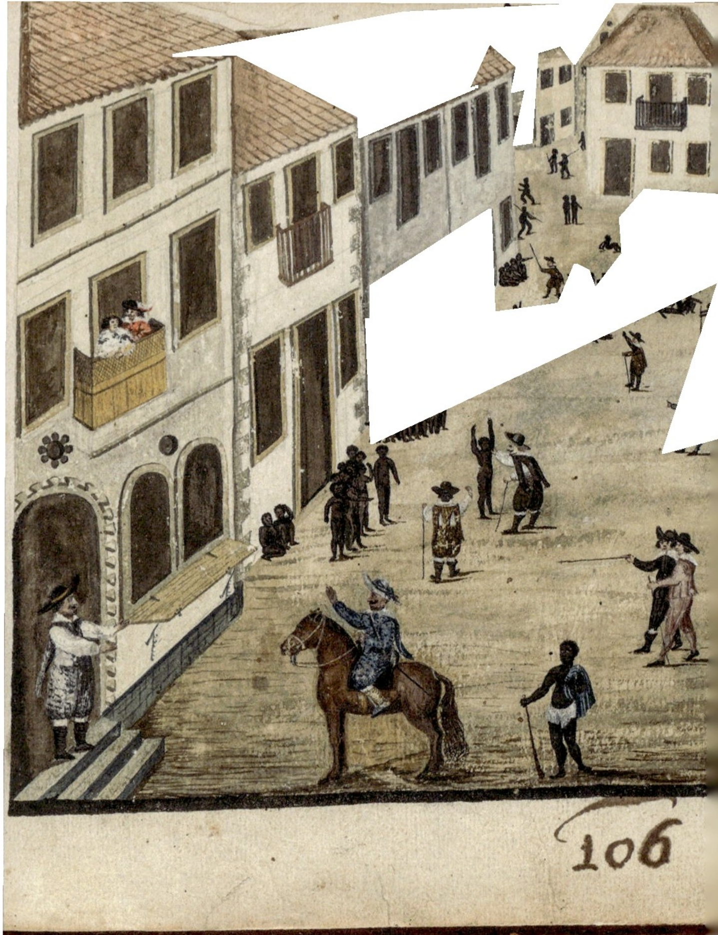

Slave Market in Recife, page 106 from
Thier Buch, Brazil, Zacharias Wagner,
1634–41. Kupferstich-Kabinett,
Staatliche Kunstsammlungen Dresden
(SKD), inv. no. Ca 226.

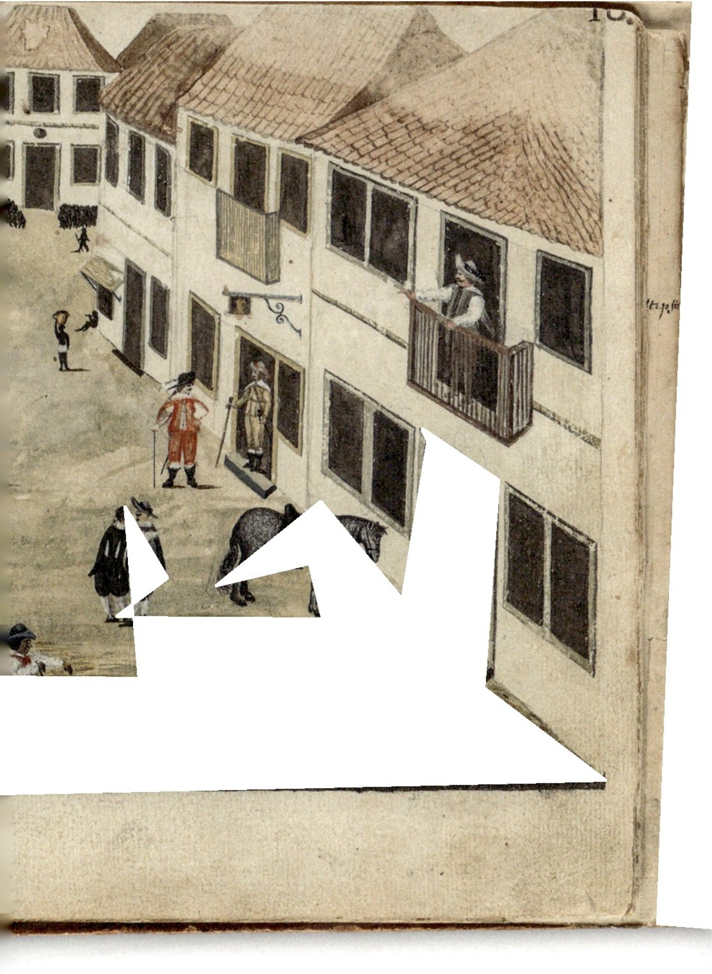

Sklavenmarkt in Recife, Seite 106
aus *Thier Buch,* Brasilien, Zacharias
Wagner, 1634–41. Kupferstich-
Kabinett, Staatliche Kunstsammlungen
Dresden (SKD), Inv.-Nr. Ca 226

Stephanie Buck (SB): Our current exhibition at the Kupferstich-Kabinett in Dresden—entitled *Connecting Worlds: Artists and Travel*—serves as the springboard for tonight's events. The exhibition mainly focuses on the individual stories that prints and drawings can tell about the travels of Northern European artists before the end of the nineteenth century, a time when the rapid development of the railroad network altered the pace of travel considerably—and before photography changed the importance of the documentary role of drawings and prints for artists and their audiences. One work will be at the heart of our conversation tonight: The *Thier Buch* (1634–1641) by Zacharias Wagner.

Fragility and vulnerability, curiosity, the sense of exploration, and ruthless power structures that exploit humans and nature are topics we will encounter when we speak about the *Thier Buch*. The book provides deep insight into the experiences of a young man born in Dresden in 1614. He left his hometown for Hamburg, then traveled to Amsterdam, where he joined the West India Company and ventured to Brazil. The book, which Wagner created in Brazil in his twenties, offers an eloquent testimony of both wonders and cruelties. It shows places being invaded and people subdued in order to exploit and maximize the invader's own comfort. The exhibition *Connecting Worlds* does not necessarily assume that the notion of "connection" is purely positive. Those connections forged in the context of colonial travel have had lasting implications that continue to deeply concern us today. Finding ways of speaking about them, and listening to each other, is tonight's journey.

Mailena Mallach (MM): The *Thier Buch* has been in Dresden for at least 285 years. This bound book of watercolor drawings was once contemporary, not yet a historical document. It speaks to us from the past, not only as a connection to its author, Zacharias Wagner, and what his intentions may have been, but also through all of the hands and minds that the book has passed through: artists, owners, collectors, collection managers, conservators, curators, and other interested parties. These traces can be found on the paper. I see it as our core

Stephanie Buck (SB): Unsere aktuelle Ausstellung im Kupferstich-Kabinett mit dem Titel *Ferne, so nah. Künstler, Künstlerinnen und ihre Reisen* dient als Sprungbrett für die heutigen
Veranstaltungen. Die Ausstellung konzentriert sich hauptsächlich auf die individuellen Geschichten, welche die Drucke und
Zeichnungen über die Reisen nordeuropäischer Künstler*innen vor dem Ende des 19. Jahrhunderts erzählen können, einer
Zeit, in der die schnelle Entwicklung des Eisenbahnnetzes das
Reisetempo erheblich veränderte – und bevor die Fotografie
die Bedeutung der dokumentarischen Rolle von Zeichnungen
und Drucken für Künstler*innen und ihr Publikum veränderte.
Ein Werk wird heute Abend im Mittelpunkt unseres Gesprächs
stehen: das *Thier Buch* (1634–1641) von Zacharias Wagner.

Zerbrechlichkeit und Verletzlichkeit, Neugierde, Entde-
ckergeist und rücksichtslose Machtstrukturen, die Mensch
und Natur ausbeuten, sind Themen, die uns begegnen, wenn
wir über das *Thier Buch* sprechen. Das Buch gibt tiefe Einblicke in die Erlebnisse eines jungen Mannes, der 1614 in Dresden
geboren wurde. Er verließ seine Heimatstadt in Richtung Hamburg, reiste dann nach Amsterdam, wo er sich der Westindi-
schen Kompanie anschloss und sich nach Brasilien begab. Das
Buch, das Wagner in seinen Zwanzigern in Brasilien schrieb, ist
ein beredtes Zeugnis von Wundern und Grausamkeiten zu-
gleich. Es zeigt, wie Orte erobert und Menschen unterworfen
werden, um sie auszubeuten und den Komfort des Eindring-
lings zu maximieren. Die Ausstellung – der englische Titel lautet *Connecting Worlds* – geht nicht zwangsläufig davon aus,
dass der Begriff »connection« (dt. Verbindung) ausschließlich
positiv besetzt ist. Die im Rahmen der kolonialen Reisen entstandenen Verbindungen hatten dauerhafte Auswirkungen,
die uns auch heute noch stark beschäftigen. Heute Abend geht
es darum, Wege zu finden, über sie zu sprechen und einander
zuzuhören.

Mailena Mallach (MM): Das *Thier Buch* befindet sich seit mindestens 285 Jahren in Dresden. Dieses gebundene Buch mit
Aquarellzeichnungen war einst ein zeitgenössisches, noch
kein historisches Dokument. Es spricht zu uns aus der Vergangenheit, nicht nur als Verbindung zu seinem Autor, Zacharias Wagner, und seinen möglichen Absichten, sondern auch
durch all die Hände und Köpfe, durch die das Buch gegangen
ist: Künstler*innen, Besitzer*innen, Sammler*innen, Samm-
lungsverwalter*innen, Konservator*innen, Kurator*innen und
andere Interessierte. Diese Spuren finden sich auf dem Papier
wieder. Ich sehe es als unsere Kernaufgabe an, die künstleri-

mission to know the artistic, material, theoretical, and historical complexity of the object and its afterlife well—and to communicate and contextualize it in our present.

Jane Schmidt-Boddy (JSB): The *Thier Buch* provides rare insights into the social dynamics of Dutch Brazil, a plantation colony where slavery was the norm. Wagner witnessed interpersonal practices of enslavement and forced labor and recorded his observations in watercolor and in text. In doing so, he not only allowed Europeans to gain a perspective on the so-called "New World," but he also conveyed a sense of the feelings and lifeworld of its inhabitants. Whatever Wagner's intentions, he provides a testimony that can elicit a sense of empathy or self-reflection in the spectator, both at the time in the seventeenth century and also today.

Mabe Bethônico (MB): This book was, for me, a new object, a new subject. It presents a series of animals, plants, and insects, more or less in this order, and many fish. These are mostly things considered beautiful or exotic to European eyes. Human figures appear at the end of the book. This section includes three social scenes: one with Africans dancing, another with Indigenous people dancing while a battle happens in the background, and a slave market in Recife, located on the tip of Brazil's east coast, one of the first ports for trading enslaved people of African descent in the Americas.

It's important to keep in mind that the book's illustrations clearly represent potential products for export to Europe. They don't merely depict beautiful pineapples, exotic bananas, mangos, and strange animals as objects of admiration—they were intended to be sold. Most of Wagner's writings suggest this perspective: he notes whether the fruit would survive the journey across the Atlantic and mentions animals that were exported but didn't endure. He frequently focuses on the survival of these potential commodities. In this sense, the humans depicted at the end of the book are part of the same narrative—they may be useful resources. When Wagner represents the people living in the territory, he doesn't account for the different types of Europeans who also inhabited Brazil. He only portrays potential "merchandise": Indigenous people, whom he described as "rebellious" and difficult to enslave, and Africans, who were forced to be there, expected to obey or die.

sche, materielle, theoretische und historische Komplexität des Objekts und seines Nachlebens gut zu kennen und sie in unserer Gegenwart zu vermitteln und zu kontextualisieren.

<u>Jane Schmidt-Boddy (JSB)</u>: Das *Thier Buch* bietet seltene Einblicke in die soziale Dynamik Niederländisch-Brasiliens, einer Plantagenkolonie, in der Sklaverei die Norm war. Wagner wurde Zeuge zwischenmenschlicher Praktiken der Versklavung und Zwangsarbeit und hielt seine Beobachtungen in Aquarell und Text fest. Auf diese Weise ermöglichte er den Europäer*innen nicht nur einen Blick auf die sogenannte Neue Welt, sondern vermittelte auch einen Eindruck von der Gefühls- und Lebenswelt ihrer Bewohner*innen. Was auch immer Wagners Absichten waren, er liefert ein Zeugnis, das bei Betrachter*innen ein Gefühl der Empathie oder Selbstreflexion auslösen kann, sowohl zur Zeit des 17. Jahrhunderts als auch heute.

<u>Mabe Bethônico (MB)</u>: Dieses Buch war für mich ein neues Objekt, ein neues Thema. Es zeigt eine Reihe von Tieren, Pflanzen und Insekten, mehr oder weniger in dieser Reihenfolge, und viele Fische. Es handelt sich meist um Dinge, die für europäische Augen schön oder exotisch sind. Die menschlichen Figuren erscheinen am Ende des Buches. Dieser Abschnitt enthält drei gesellschaftliche Szenen: eine mit tanzenden Afrikaner*innen, eine andere mit tanzenden indigenen Menschen, während im Hintergrund eine Schlacht stattfindet, und einen Sklavenmarkt in Recife, das an der Spitze der brasilianischen Ostküste liegt. Es war einer der ersten Häfen für den Handel mit versklavten Menschen afrikanischer Abstammung auf dem amerikanischen Kontinent.

Es ist wichtig, sich vor Augen zu halten, dass die Illustrationen des Buches eindeutig potenzielle Produkte für den Export nach Europa darstellen. Sie zeigen nicht nur schöne Ananas, exotische Bananen, Mangos und seltsame Tiere als Objekte der Bewunderung, sondern sie sollten auch verkauft werden. Die Mehrheit von Wagners Schriften legt diese Perspektive nahe: Er vermerkt, ob die Früchte die Reise über den Atlantik überstehen würden, und erwähnt Tiere, die exportiert wurden, aber nicht überlebten. Er konzentriert sich häufig auf das Überleben dieser potenziellen Handelsgüter. In diesem Sinne sind die Menschen, die am Ende des Buches dargestellt werden, Teil derselben Erzählung – sie können nützliche Ressourcen sein. Wenn Wagner die in dem Gebiet lebenden Menschen darstellt, berücksichtigt er nicht die verschiedenen Gruppen von Europäer*innen, die ebenfalls in Brasilien lebten. Er porträtiert nur die potenzielle »Ware«: indigene Menschen, die er als »rebellisch« und schwer zu versklaven beschreibt, und Afrikaner*innen, die gezwungen wurden, sich dort aufzuhalten und von denen erwartet wurde, dass sie gehorchen oder sterben.

<u>MM</u>: We could also step back and look at the object closely, as well as consider previously published research and the data that we've collected at the museum. The book is currently exhibited in *Connecting Worlds*, but it is usually kept in storage under the inventory number Ca 226. It is twenty-one centimeters high, thirty-five centimeters in width, and around four centimeters thick. The book consists of 126 pages and is covered in reddish-brown leather and gilded with golden margins and etchings. Some of the pages have a watermark, which tells us where the paper was produced. In our case, it is a coat of arms with a lily and topped with a crown. Similar watermarks were used in Dutch paper mills in the first half of the seventeenth century, so our paper may be Dutch.

The texts include descriptions, personal observations, and the author's opinions written in the first person. From the titles and the text, we can glean the names of the animals, the terms Wagner used, and what the scenes are supposed to represent. He begins the book, as Mabe already told us, with illustrations of thirty creatures from the sea like fish and mussels, which are followed by twenty-three birds, eighteen edible fruits and nuts, and finally twenty-one land animals including mammals and reptiles depicted in no recognizable order. Sometimes there are two different views of the same animal. Then we find eight insects, six snakes and lizards, and one frog. The final part is made up of four deindividualized representations of people, each female and male with details and texts, as well as seven scenes with people in an environment, many of which are rendered from a bird's-eye perspective. They show and describe in sequence a settlement, a mill, a dance of people in nature, a white woman being carried by Black people, a feast of enslaved people, a slave market, the estate of the former colonial governor of Dutch Brazil Moritz von Nassau, and a series of construction drawings with descriptions, including a sugar factory, a boiler house, and a map of the city of Recife.

One of the questions we have is whether Zacharias Wagner drew from nature or if he drew from models. We know that there were other Dutch artists in Brazil at the same time like Albert Eckhout or Frans Post. Eckhout and Wagner's images are strikingly similar, which leads us to wonder whether they drew together, shared models, or if one of them made copies. Yet we also have indications that Wagner actually saw the things that he

<u>MM</u>: Wir könnten auch einen Schritt zurücktreten und uns
das Objekt genau ansehen sowie bereits veröffentlichte Forschungsarbeiten und die Daten, die wir im Museum gesammelt
haben, berücksichtigen. Das Buch ist derzeit in *Ferne, so nah.
Künstler, Künstlerinnen und ihre Reisen* ausgestellt, wird aber
normalerweise im Magazin mit der Inventarnummer Ca 226
aufbewahrt. Es ist 21 Zentimeter hoch, 35 Zentimeter breit,
und etwa 4 Zentimeter dick. Das Buch umfasst 126 Seiten, ist
in rotbraunes Leder gebunden und mit Goldprägung verziert.
Einige Seiten haben ein Wasserzeichen, das uns verrät, wo das
Papier hergestellt wurde. In unserem Fall handelt es sich um
ein Wappen mit einer Lilie, das von einer Krone verziert wird.
Ähnliche Wasserzeichen wurden in niederländischen Papier-
fabriken in der ersten Hälfte des 17. Jahrhunderts verwendet,
sodass dieses Papier möglicherweise aus den Niederlanden
stammt.

Die Texte enthalten Beschreibungen, persönliche Beobachtungen und die Meinung des Autors in der ersten Person
vorgetragen. Aus den Überschriften und dem Text können wir
die Namen der Tiere, die von Wagner verwendeten Begriffe
und die Bedeutung der Szenen entnehmen. Er beginnt das
Buch, wie Mabe bereits sagte, mit Abbildungen von 30 Mee-
restieren wie Fischen und Muscheln, gefolgt von 23 Vögeln,
18 essbaren Früchten und Nüssen und schließlich 21 Land-
tieren, darunter Säugetiere und Reptilien, die in keiner er-
kennbaren Reihenfolge dargestellt sind. Manchmal gibt es
zwei verschiedene Ansichten desselben Tieres. Es folgen acht
Insekten, sechs Schlangen und Eidechsen sowie ein Frosch.
Der letzte Teil besteht aus vier entindividualisierten Darstellungen von Menschen, jeweils weiblich und männlich, mit Details und Texten, sowie sieben Szenen mit Menschen in einer
Umgebung, von denen viele aus der Vogelperspektive wieder-
gegeben sind. Sie zeigen und beschreiben nacheinander eine
Siedlung, eine Mühle, einen Tanz von Menschen in der Natur,
eine weiße Frau, die von Schwarzen Menschen getragen wird,
ein Fest von versklavten Menschen, einen Sklavenmarkt, das
Anwesen des ehemaligen Kolonialgouverneurs von Niederländisch-Brasilien Moritz von Nassau und eine Reihe von Bau-
zeichnungen mit Beschreibungen, darunter eine Zuckerfabrik,
ein Kesselhaus und ein Stadtplan von Recife.

Eine der Fragen, die wir uns stellen, ist, ob Zacharias
Wagner nach der Natur oder nach Modellen gezeichnet hat.
Wir wissen, dass zur gleichen Zeit auch andere niederländische Künstler wie Albert Eckhout oder Frans Post in Brasilien
waren. Die Bilder von Eckhout und Wagner ähneln sich auffallend, sodass wir uns fragen müssen, ob sie gemeinsam
zeichneten, sich Modelle teilten oder ob einer von ihnen Kopien
anfertigte. Es gibt aber auch Hinweise darauf, dass Wagner
die Dinge, die er gezeichnet hat, tatsächlich gesehen hat.

drew. On page twenty-seven, he writes that the crab he was drawing stank so badly that he had to throw it away before completing the drawing. We also wonder whether the drawings are complete or whether Zacharias Wagner himself determined their order. Although we cannot make final conclusions, we assume that the book was bound at a later date, because there are usually two page numbers on each sheet, which are made with a different pen and ink than the main text and drawings. It is unknown when and how it came into the collection. It is possible that Wagner left it with his family on the occasion of his visit to Dresden in 1641. The *Thier Buch* was first mentioned in the inventory of the Kupferstich-Kabinett in 1738.

<u>JSB</u>: Zacharias Wagner dedicated a substantial portion of his life to serving both the West India Company and the East India Company. He traveled to the colony of New Holland, otherwise known as Dutch Brazil, while in the service of the West India Company. As a commercial enterprise, the West India Company was involved in international trade and warfare, among other things. In 1630, it seized the coastal cities of Olinda and Recife from the Portuguese, who had set up sugar plantations and mills in the region. This map shows a sugar mill that was reliant on the labor of enslaved Africans, as well as the fleet required for trade and warfare.

In July 1634, when Wagner was twenty years old, he enlisted as a soldier and boarded a ship bound for Brazil. He stayed on after completing his initial service there and was employed by the new colonial governor, Johan Maurits—first as his chief notary, and later as the governor's quarter master.

This position afforded Wagner access to all sorts of materials that allowed him, as he writes in the *Thier Buch*, to "depict all the strange things that he got as presents from the savages," and by savages he meant Indigenous people from the Americas. He wanted to depict all these things, he writes, "to bring back images of the New World to the people in Germany, to Dresden specifically." Wagner was also in contact with artists and scientists at the court, because when Johan Maurits arrived in Recife in 1637 he was accompanied by a group of artists and scientists, notably the painters Albert Eckhout and Frans Post, as well as the physician Willem Piso and the naturalist Georg Marcgrave. The map is actually an example of a collective effort made

Auf Seite 27 schreibt er, dass die Krabbe, die er zeichnete, so sehr stank, dass er sie wegwerfen musste, bevor er die Zeichnung fertigstellen konnte. Wir fragen uns auch, ob die Zeichnungen vollständig sind oder ob Zacharias Wagner selbst ihre Reihenfolge festgelegt hat. Obwohl wir keine endgültigen Schlussfolgerungen ziehen können, gehen wir davon aus, dass das Buch zu einem späteren Zeitpunkt gebunden wurde, da sich auf jedem Blatt in der Regel zwei Seitenzahlen befinden, die mit einer anderen Feder und Tinte als der Haupttext und die Zeichnungen ausgeführt wurden. Es ist nicht bekannt, wann und wie es in die Sammlung gelangte. Es ist möglich, dass Wagner es anlässlich seines Besuchs in Dresden im Jahr 1641 seiner Familie überließ. Das *Thier Buch* wurde im Inventar des Kupferstich-Kabinetts erstmals 1738 erwähnt.

JSB: Zacharias Wagner widmete einen großen Teil seines Lebens dem Dienst sowohl für die West India Company als auch für die East India Company. Im Dienste der West India Company reiste er in die Kolonie Neuholland, auch bekannt als Niederländisch-Brasilien. Als Handelsunternehmen war die West India Company unter anderem in den internationalen Handel und die Kriegsführung involviert. Im Jahr 1630 eroberte sie die Küstenstädte Olinda und Recife von den Portugiesen, die in der Region Zuckerplantagen und -mühlen errichtet hatten. Diese Karte zeigt eine Zuckermühle, die auf die Arbeit versklavter Afrikaner*innen angewiesen war, sowie die für den Handel und die Kriegsführung erforderliche Flotte.

Im Juli 1634, als er zwanzig Jahre alt war, meldete sich Wagner als Soldat und ging an Bord eines Schiffes nach Brasilien. Nach seinem ersten Dienst blieb er dort und wurde von dem neuen Kolonialgouverneur Johan Maurits angestellt – zunächst als Notar und später als Quartiermeister des Gouverneurs.

Diese Position ermöglichte Wagner den Zugang zu allen möglichen Materialien, die es ihm erlaubten, wie er im *Thier Buch* schreibt, »all die seltsamen Dinge darzustellen, die er von den Wilden geschenkt bekam«, und mit »den Wilden« meinte er indigene Menschen aus Amerika. Er wollte all diese Dinge darstellen, schreibt er, »um den Menschen in Deutschland, insbesondere in Dresden, Bilder aus der Neuen Welt zu bringen«. Wagner stand auch in Kontakt mit Künstlern und Wissenschaftlern am Hof, denn als Johan Maurits 1637 in Recife eintraf, wurde er von einer Gruppe von Künstlern und Wissenschaftlern am Hof begleitet, insbesondere von den Malern Albert Eckhout und Frans Post sowie dem Arzt Willem Piso und dem Naturforscher Georg Marcgrave. Die Karte ist in der Tat ein Beispiel für eine gemeinsame Arbeit von Marcgrave und Post. Das zentrale Motiv der Karte zeigt Schwarze Menschen, die eine Sänfte mit einer darin sitzenden Frau auf ihren

by Marcgrave and Post. The motif in the middle of the map—Black people carrying a palanquin on their shoulders with with a woman sitting inside—is also found in the *Thier Buch*. In Brazil, Wagner observed and recorded how roles of power and submission were distributed and played out amongst the country's non-European inhabitants. The system of enslavement and labor was central to the colony, even to the extent that historians have described Dutch Brazil as being a slave society. Wagner was a node in this setting and his *Thier Buch* also offers a perspective on the social framework of Dutch Brazil. It depicts social issues in such a way that allows us to relate to them, perhaps evoking feelings of empathy or alienation.

Paul Goodwin (PG): Doreen's invocation for the object to speak in the Stannaki Forum opens it up to different interpretations, histories, and ways of knowing. Mabe, can you say a bit about why you chose this particular image of the slave market?

MB: There are various subjects to explore within this image and throughout the book. It also raises language issues, including unusual descriptions and the use of misappropriated terms in Portuguese, sometimes even in a poetic manner. In this sense, however, some of the language also reflects a form of violence.
 When I first saw the image, which presented as a market scene, I assumed I was looking at fruits and vegetables laid in great quantities on the floor. Only after receiving a high-resolution image from the museum did I realize that the compact gatherings were actually groups of people. Looking closely, we see bodies pressed together, forming a mass, as if protecting one another. When enslaved people were brought from Africa on ships with hundreds of others, they were intentionally chosen from different ethnic groups—people who didn't speak the same language or share the same customs—in an attempt to dilute their collective strength. Despite coming from different, sometimes enemy, groups, the extreme violence they faced compelled them to come together. It is not a sense of solidarity rooted in shared origins, but one that emerges from enduring a desperate situation together.
 In the watercolor, the Europeans are standing upright, unlike most of the enslaved, who are sitting down. The Europeans hold canes—they point and speak. The

Schultern tragen – findet sich auch im *Thier Buch*. In Brasilien beobachtete und dokumentierte Wagner, wie Machtverhältnisse und Unterdrückung unter den nicht-europäischen Bewohner*innen des Landes verteilt und ausgetragen wurden. Das System der Versklavung und der Zwangsarbeit war für die Kolonie von so zentraler Bedeutung, dass Historiker*innen Niederländisch-Brasilien als Sklavengesellschaft beschrieben haben. Wagner war ein Knotenpunkt in diesem Umfeld, und sein *Thier Buch* bietet eine Perspektive auf den sozialen Rahmen von Niederländisch-Brasilien. Es stellt soziale Fragen so dar, dass wir uns mit ihnen identifizieren können, was vielleicht Gefühle der Empathie oder der Befremdung hervorruft.

Paul Goodwin (PG): Doreens Anrufung des Objekts, im Stannaki-Forum zu sprechen, öffnet es für verschiedene Interpretationen, Geschichten und Wissensweisen. Mabe, kannst du ein wenig darüber sagen, warum du gerade dieses Bild des Sklavenmarkts ausgewählt hast?

MB: In diesem Bild und im gesamten Buch gibt es verschiedene Themen zu erkunden. Es stellen sich auch sprachliche Fragen, beispielsweise ungewöhnliche Beschreibungen und die Verwendung unangemessener Begriffe im Portugiesischen, die manchmal sogar auf poetische Weise eingesetzt werden. In diesem Sinne spiegelt ein Teil der Sprache jedoch auch eine Form von Gewalt wider.

Als ich das Bild zum ersten Mal sah, das sich als Marktszene präsentierte, nahm ich an, dass ich Obst und Gemüse in großen Mengen auf dem Boden liegen sah. Erst nachdem ich vom Museum ein hochauflösendes Bild erhalten hatte, wurde mir klar, dass es sich bei den kompakten Ansammlungen tatsächlich um Menschengruppen handelte. Wenn man genau hinsieht, sieht man, wie die Körper aneinandergepresst sind und eine Masse bilden, als würden sie sich gegenseitig schützen. Als die versklavten Menschen mit Hunderten von anderen Menschen auf Schiffen aus Afrika gebracht wurden, wählte man sie absichtlich aus verschiedenen ethnischen Gruppen aus – Menschen, die nicht dieselbe Sprache sprachen oder dieselben Bräuche pflegten –, um ihre kollektive Stärke zu schwächen. Obwohl sie verschiedenen, manchmal verfeindeten Gruppen angehörten, zwang die extreme Gewalt, der sie ausgesetzt waren, sie dazu, sich zusammenzuschließen. Es handelt sich dabei nicht um ein Gefühl der Solidarität, das auf einer gemeinsamen Herkunft beruht, sondern um ein Gefühl, das aus dem gemeinsamen Ertragen einer ausweglosen Situation erwächst.

Auf dem Aquarell stehen die Europäer*innen aufrecht, im Gegensatz zu den meisten Versklavten, die sich hinsetzen. Die Europäer*innen halten Stöcke in der Hand – sie zeigen und

courtyard has a large empty space in the middle, while there is a concentration of bodies against the walls. We see a person touching someone's body with his finger, as if to assess the quality of the flesh, checking for muscles and some fat. People arrived in a desperate state, many having died by starvation on the slave ships. After weeks of suffering, upon arrival, they needed to be fed in order to regain enough strength to be sold at the market. Wagner shows how they are dealt with immediately afterward. The scene is incredibly violent and raises questions about Wagner's own perspective, as he is elevated, observing the scene from a distance and from above.

I'm also interested in this image on a pedagogical level. I was surprised that I hadn't come across it before—it was a discovery for me. Shouldn't all Brazilians have been exposed to this image long ago? The history of slavery is deeply embedded in the country's reality, a significant topic that we confront and hide daily. This image could serve as a valuable tool for reflection and understanding in today's context. We've been discussing in the forum whether it should be circulated. Should we show it, speak about it within the framework of the exhibition? Does showing this image bring back the violence? In our first session we were all very moved and shared a moment of silence together.

After we questioned the image's existence and the role of the museum, SKD sent me a high-quality version of the book, in German. I then bought the only two editions of the book circulating online secondhand in Brazil. One is a black-and-white edition from 1964, the year the military dictatorship began in the country. It's a poor reproduction, in an economically constrained edition, making it difficult to discern the bodies, which appear as indistinct shapes where the people are gathered in the original watercolor. The 1990 color version is only slightly better. It was in the museum's digital version of the book that I could finally discern the bodies in detail.

PG: This is a powerful image and, for someone like myself, it depicts my own personal histories. My family comes from Jamaica. During the transatlantic slave trade, Jamaica was a major center for the sugar industry, so my ancestors would have passed through a slave market in that manner. This is a personal, traumatic image for me in many respects. What kind of challenges did you both have in terms of the exhibition? What

sprechen. Der Innenhof hat einen großen leeren Raum in der Mitte, während sich an den Wänden eine Konzentration von Körpern befindet. Wir sehen eine Person, die den Körper eines Menschen mit dem Finger berührt, als wolle sie die Qualität des Fleisches beurteilen, indem sie Muskeln und etwas Fett prüft. Die Menschen kamen in einem katastrophalen Zustand an, viele waren auf den Sklavenschiffen verhungert. Nach wochenlangem Leiden mussten sie bei ihrer Ankunft gefüttert werden, um wieder zu Kräften zu kommen und um auf dem Markt verkauft werden zu können. Wagner zeigt, wie unmittelbar danach mit ihnen umgegangen wird. Die Szene ist unglaublich gewalttätig und wirft die Frage nach Wagners eigener Perspektive auf, da er die Szene aus der Ferne und von oben betrachtet.

Ich interessiere mich für dieses Bild auch aus pädagogischer Sicht. Ich war überrascht, dass ich es nicht schon früher gesehen hatte – es war eine Entdeckung für mich. Hätten nicht alle Brasilianer*innen schon längst mit diesem Bild in Kontakt kommen müssen? Die Geschichte der Sklaverei ist tief in der Realität des Landes verankert, ein wichtiges Thema, mit dem wir uns täglich auseinandersetzen und das wir verbergen. Dieses Bild könnte als wertvolles Instrument zur Reflexion und zum Verständnis im heutigen Kontext dienen. Wir haben im Forum darüber diskutiert, ob es verbreitet werden sollte. Sollten wir es zeigen und im Rahmen der Ausstellung darüber sprechen? Bringt das Zeigen dieses Bildes die Gewalt zurück? In unserer ersten Sitzung waren wir alle sehr bewegt und legten gemeinsam eine Schweigeminute ein.

Nachdem wir die Existenz des Bildes und die Rolle des Museums hinterfragt hatten, schickte mir SKD eine hochwertige Version des Buches in deutscher Sprache. Daraufhin kaufte ich die beiden einzigen Ausgaben des Buches, die in Brasilien gebraucht im Umlauf waren. Die eine ist eine Schwarz-Weiß-Ausgabe aus dem Jahr 1964, dem Jahr, in dem die Militärdiktatur im Land begann. Es handelt sich um eine schlechte Reproduktion in einer kostengünstigen Ausgabe, die es schwierig macht, die Körper zu erkennen, die als undeutliche Umrisse an den Stellen erscheinen, an denen die Menschen auf dem Originalaquarell versammelt sind. Die Farbversion von 1990 ist nur wenig besser. Erst in der digitalen Version des Buches, die das Museum zur Verfügung gestellt hat, konnte ich die Körper im Detail erkennen.

PG: Das ist ein sehr mächtiges Bild, das für jemanden wie mich meine eigene persönliche Geschichte widerspiegelt. Meine Familie kommt aus Jamaika. Während des transatlantischen Sklavenhandels war Jamaika ein wichtiges Zentrum für die Zuckerindustrie, sodass meine Vorfahren auf diese Weise einen Sklavenmarkt erlebt haben müssen. Das ist in vielerlei

are your feelings about how we should deal with these kinds of traumatic images?

SB: The *Thier Buch* is very fragile and it's our responsibility that the book survives as a document. A digitized version was included in the exhibition *Miroir du Monde* in Paris in 2022 and the image we have been discussing was among those that the audience could see. If you display the book as a physical object, you can of course only open one page. We considered changing the page during the exhibition period, but we never felt it would be right to expose that image in a space where all kinds of people come in and discuss. Even if we were to offer explanations, there isn't someone on site to actively enter into conversation.

PG: Mabe, in our conversation before the event you made a really interesting point about the different understandings of travel that emerge from this image. We can understand this image as part of Wagner's travel, and the travel of a European going to Brazil and the so-called "New World" more generally, but are there other forms of travel in this image that you can elaborate on?

MB: While the notion of the European traveler is often linked to conquest, acquisition, and exploitation, this book introduces another dimension of travel: that of the forced traveler. It highlights coerced migration—communities and individuals forcibly transported across the Atlantic against their will. Brazil, the last country to abolish slavery, saw about 5.5 million Africans among the 12 million enslaved individuals brought to the Americas. This massive forced migration significantly shaped Brazil's social fabric and continues to affect the country today. In the current era under Bolsonaro, we witness ongoing racism and violence against descendants of these communities, reflecting deeply ingrained cultural issues. This image could be a valuable tool for reflection and understanding in this context.

PG: One of the points that you made about the contemporary resonance of this image really struck me, Mabe. If you think about how Black bodies are policed, separated, surveilled, and subject to both random and planned violence by forces of order within certain neighborhoods in contemporary Brazilian cities, it's not so different. This image really shows the origins of ur-

Hinsicht ein persönliches, traumatisches Bild für mich. Welche Herausforderungen gab es für euch beide in Bezug auf die Ausstellung? Wie denkt ihr, sollten wir mit dieser Art von traumatischen Bildern umgehen?

SB: Das *Thier Buch* ist sehr zerbrechlich und es liegt in unserer Verantwortung, dass das Buch als Dokument überlebt. Eine digitalisierte Version war 2022 in der Ausstellung *Miroir du Monde* in Paris zu sehen, und das Bild, über das wir gesprochen haben, war eines der Bilder, die das Publikum sehen konnte. Wenn man das Buch als physisches Objekt ausstellt, kann man natürlich nur eine Seite aufschlagen. Wir haben in Erwägung gezogen, die Seite während der Ausstellungszeit auszutauschen, aber wir hielten es nicht für richtig, dieses Bild in einem Raum zu zeigen, in den alle möglichen Leute kommen und diskutieren. Selbst wenn wir Erklärungen anbieten würden, ist niemand vor Ort, der aktiv in ein Gespräch eintritt.

PG: Mabe, in unserem Gespräch vor der Veranstaltung hast du einen wirklich interessanten Punkt über die verschiedenen Vorstellungen von Reisen angesprochen, die sich aus diesem Bild ergeben. Wir können dieses Bild als Teil von Wagners Reise und der Reise eines Europäers nach Brasilien und in die sogenannte Neue Welt im Allgemeinen verstehen, aber gibt es noch andere Formen des Reisens in diesem Bild, die du näher erläutern kannst?

MB: Während der Begriff des europäischen Reisenden oft mit Eroberung, Akquisition und Ausbeutung in Verbindung gebracht wird, führt dieses Buch eine andere Dimension des Reisens ein: die des erzwungenen Reisenden. Es beleuchtet die erzwungene Migration – Communities und Einzelpersonen, die gegen ihren Willen gewaltsam über den Atlantik transportiert wurden. Von den insgesamt zwölf Millionen versklavten Menschen, die nach Amerika gebracht wurden, kamen etwa 5,5 Millionen Afrikaner*innen nach Brasilien, dem letzten Land, das die Sklaverei abschaffte. Diese massive Zwangsmigration hat das soziale Gefüge Brasiliens entscheidend geprägt und wirkt sich bis heute auf das Land aus.

In der gegenwärtigen Ära unter Bolsonaro erleben wir anhaltenden Rassismus und Gewalt gegen Nachkommen dieser Communities, was tief verwurzelte kulturelle Probleme widerspiegelt. Dieses Bild könnte in diesem Zusammenhang ein wertvolles Instrument zur Reflexion und zum Verständnis sein.

PG: Einer der Punkte, die du über die zeitgenössische Resonanz dieses Bildes angesprochen hast, hat mich wirklich beeindruckt, Mabe. Wenn man bedenkt, wie Schwarze Körper in bestimmten Vierteln der heutigen brasilianischen Städte von

ban dynamics that are still present in Brazil and in other cities around the world today.

<u>Doreen Mende (DM)</u>: I would like to return to the question of ethics and accountability in engaging with that image in curatorial terms. The drawing that exists here as a digitized scan is evidence of a crime scene. It is a material witness, but it's also part of a network beyond the visual realm of an image. In the research department, we are trying to work on display configurations that allow us to unfold a process of having artistic works and research displays be part of the conversation—and I think *Connecting Worlds* does this quite amazingly. What do you think of the invocation of contemporary artistic practices and forms of research as a means of engaging with this complex image as a network: to update, to actualize, to shift the grounds? We have this discussion in our department quite frequently. What are we allowed to do? How far can we go?

<u>MB</u>: This is a great question. This reflection also applies to my artistic practice, particularly in its mediation aspects, as I am interested in issues of pedagogy. In this case, first of all, how can you take this image, off the shelves or open this book, so to speak? The interest in its content extends beyond European history and the debates it raises. It's significant in other contexts as well. How can we activate this image beyond the museum?

We've discussed this extensively while developing the panel, and we allowed this encounter today. How can the debate continue beyond this? I learned about the image through the invitation to participate in this event and received a high-quality digital version with the museum's watermark. Why does it bear this property mark? To what extent does it belong to the institution, and why is there a need for such control? How can you fulfill the museum's mission of making it accessible, as you are attempting to do now? I propose that you continue to advance this dialogue beyond these rich initial steps.

<u>PG</u>: That sounds like a practical and positive way of taking the conversation further. These conversations are just conversations, so it's great when it can lead to an intervention, some kind of change. I've been thinking a lot about how "the age of museum of innocence" is over.

den Polizeikräften kontrolliert, getrennt und überwacht werden und sowohl willkürlicher als auch geplanter Gewalt ausgesetzt sind, gibt es da keinen großen Unterschied. Dieses Bild zeigt die Ursprünge der städtischen Dynamik, die auch heute noch in Brasilien und in anderen Städten auf der ganzen Welt zu beobachten ist.

Doreen Mende (DM): Ich möchte auf die Frage der Ethik und der Verantwortlichkeit bei der kuratorischen Auseinandersetzung mit diesem Bild zurückkommen. Die Zeichnung, die hier als digitalisierter Scan vorliegt, ist ein Beweismittel für einen Tatort. Sie ist ein materielles Zeugnis, aber sie ist auch Teil eines Netzwerks, das über den visuellen Aspekt eines Bildes hinausgeht. In der Forschungsabteilung versuchen wir, Ausstellungskonfigurationen zu entwickeln, die es uns ermöglichen, künstlerische Arbeiten und Forschungsdisplays in ein Gespräch einzubinden - und ich denke, dass *Ferne, so nah. Künstler, Künstlerinnen und ihre Reisen* dies auf ganz erstaunliche Weise tut. Was haltet ihr von der Heranziehung zeitgenössischer künstlerischer Praktiken und Formen der Forschung als Mittel zur Auseinandersetzung mit diesem komplexen Bild als Netzwerk: um es zu erneuern, zu aktualisieren, den Standpunkt zu verschieben? Wir führen diese Diskussion in unserer Abteilung recht häufig. Was dürfen wir tun, wie weit können wir gehen?

MB: Das ist eine großartige Frage. Diese Überlegung gilt auch für meine künstlerische Praxis, vor allem in ihren Vermittlungsaspekten, denn ich interessiere mich für Fragen der Pädagogik. In diesem Fall geht es zunächst einmal darum, wie man dieses Bild sozusagen aus dem Regal nehmen oder dieses Buch aufschlagen kann. Das Interesse an seinem Inhalt geht über die europäische Geschichte und die Debatten, die es aufwirft, hinaus. Es ist auch in anderen Kontexten von Bedeutung. Wie können wir dieses Bild über das Museum hinaus aktivieren?
    Darüber haben wir bei der Entwicklung des Panels ausgiebig diskutiert, und wir haben diese Begegnung heute zugelassen. Wie kann die Debatte darüber hinaus weitergehen? Ich habe von dem Bild durch die Einladung zur Teilnahme an dieser Veranstaltung erfahren und eine hochwertige digitale Version mit dem Wasserzeichen des Museums erhalten. Warum trägt es dieses Eigentumszeichen? Inwieweit gehört es der Institution, und warum ist eine solche Kontrolle notwendig? Wie könnt ihr den Auftrag des Museums erfüllen, es zugänglich zu machen, wie ihr es jetzt versucht? Ich schlage vor, dass dieser Dialog über diese ersten wichtigen Schritte hinaus fortgesetzt wird.

PG: Das klingt nach einer praktischen und positiven Möglichkeit, das Gespräch weiterzuführen. Diese Gespräche sind eben

The idea that museums are the perfect custodian of collective values, of memories, of high art, and that they are the neutral trusted purveyors of curatorial taste and connoisseurship, which is a model inherited from the eighteenth century, is under question now. We're moving to a situation where museums are being challenged. The credibility of the British Museum—arguably one of the most important museums in the world—is almost dissolving before our eyes. The veil of innocence, that we are the "number one" or the "safest custodians of the world's cultures," has been shown to be hollow, the mask has slipped. How do we address these questions, if that is the case? I welcome Mabe's intervention here, as well as Doreen's program and Stephanie's openness to have those kinds of uncomfortable conversations around some of these difficult images, which are personal for many people. Slavery is something that made the modern world. It's the basis on which the modern world formed, on which museums were formed. And many aspects of museums' collections come from the colonial period. This is a history that is not just for Black people or Indigenous people as the direct victims of slavery, but a shared history. So we need to have these uncomfortable dialogues about our shared histories and connected worlds. The museum should be a safe space to have unsafe conversations.

The Stannaki Forum *Captured in Watercolor* took place on September 6, 2023, at the Kupferstich-Kabinett and continued with a walk through of the exhibition *Connecting Worlds* at the Royal Palace. There, the conversation concluded with the decision to display the drawing of the Slave Market in Recife, page 106 from *Thier Buch* by Zacharias Wagner. Together with a commentary by Mabe Bethônico and an excerpt of the audio-recording of the conversation on the multimedia guide.

nur Gespräche, deshalb ist es toll, wenn sie zu einer Intervention, einer Art von Veränderung führen können. Ich habe viel
darüber nachgedacht, dass »das Zeitalter des Museums der
Unschuld« vorbei ist. Die Vorstellung, dass Museen die per-
fekten Hüter kollektiver Werte, Erinnerungen und hoher Kunst
sind und dass sie als neutrale, vertrauenswürdige Vermittler
von kuratorischem Geschmack und Kennerwissen fungieren – ein Modell, das aus dem 18. Jahrhundert stammt – wird
nun hinterfragt. Wir befinden uns in einer Situation, in der die
Museen in Frage gestellt werden. Die Glaubwürdigkeit des
British Museum – zweifellos eines der wichtigsten Museen der
Welt – löst sich vor unseren Augen fast auf. Der Schleier der
Unschuld, dass wir die »Nummer eins« oder die »sichersten
Bewahrer*innen der Kulturen der Welt« sind, hat sich als hohl
erwiesen, die Maske ist verrutscht. Wie können wir diese Fragen angehen, wenn das der Fall ist? Ich begrüße den Beitrag
von Mabe hier, ebenso wie Doreens Programm und Stephanies
Offenheit, diese Art von unbequemen Gesprächen über einige
dieser schwierigen Bilder zu führen, die für viele Menschen
einen persönlichen Bezug haben. Die Sklaverei ist etwas, das
die moderne Welt geschaffen hat. Sie ist die Grundlage, auf der
die moderne Welt entstanden ist und auf der auch die Museen
entstanden sind. Und viele Aspekte der Museumssammlungen
stammen aus der Kolonialzeit. Dies ist eine Geschichte, die
nicht nur für Schwarze Menschen oder indigene Völker als direkte Opfer der Sklaverei relevant ist, sie ist eine gemeinsame
Geschichte. Deshalb müssen wir diese unbequemen Dialoge
über unsere gemeinsamen Geschichten und vernetzten Welten führen. Das Museum sollte ein sicherer Raum (*safe space*)
sein, um unsichere Gespräche zu führen.

Übersetzt von
Saskia Köbschall

Das Stannaki Forum *Festgehalten in Wasserfarben* fand
am 6. September 2023 im Kupferstich-Kabinett statt und
wurde mit einem Rundgang durch die Ausstellung *Ferne,
so nah. Künstler, Künstlerinnen und ihre Reisen* im Residenzschloss fortgesetzt. Dort wurde das Gespräch mit der
Entscheidung abgeschlossen, die Zeichnung des Sklavenmarktes in Receife, Seite 106 des *Thier Buch* von Zacharias Wagner zusammen mit einem Kommentar von Mabe
Bethônico und einem Auszug der Audioaufnahme des Gesprächs im Multimedia-Guide auszustellen.

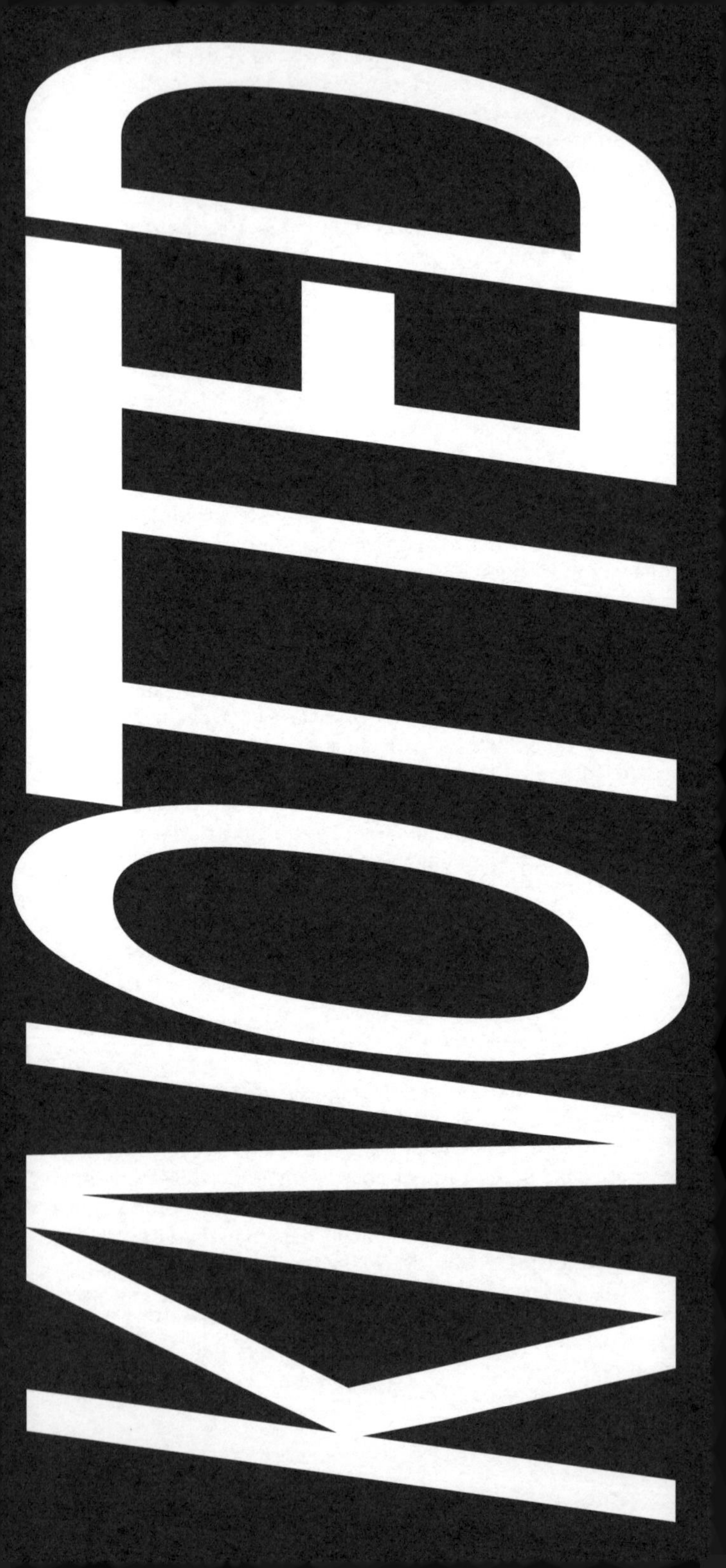

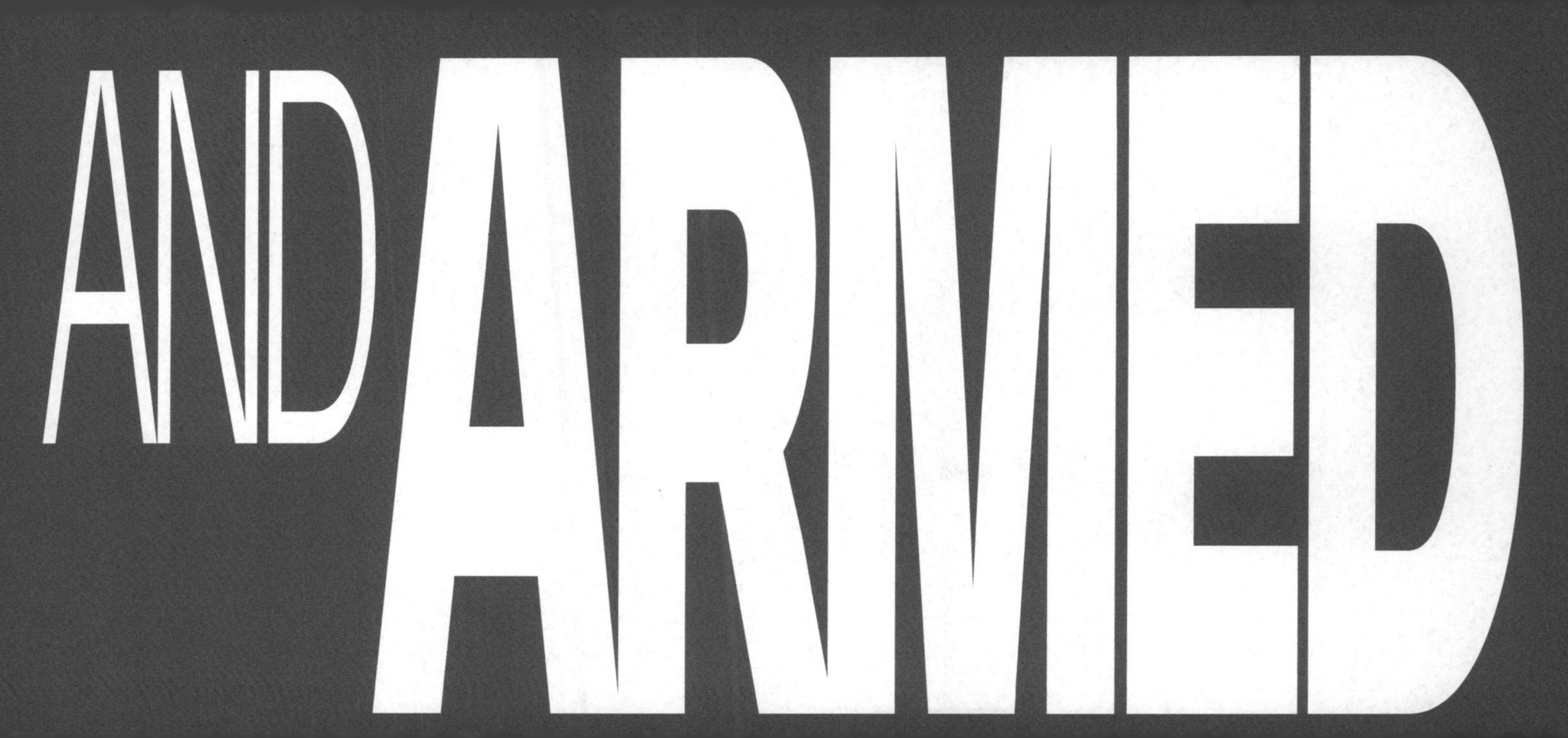
AND ARMED

Knotted and Armed

Mareike Bernien, Mahshid Mahboubifar,
Natalia Zaitseva, Stefano Rinaldi,
and Christine Müller-Radloff

Does an object transform when it enters a collection? What stories are passed down, and what stories are lost in the process? How can these narratives be traced, and how can they become audible? In the Stannaki Forum, artists Mahshid Mahboubifar and Natalia Zaitseva, along with Christine Müller-Radloff, a conservator at the Staatliche Ethnographische Sammlungen (State Ethnographic Collections), and Stefano Rinaldi, a curator of the Rüstkammer (Armory), discuss their exchange and the process of creating their works. Methods of artistic research in interaction with scholarly research are discussed in this Stannaki Forum, raising the question of what transcultural inscriptions of the objects can be discerned through the combination of these methods.

Verknüpft und bewaffnet

Mareike Bernien, Mahshid Mahboubifar,
Natalia Zaitseva, Stefano Rinaldi und
Christine Müller-Radloff

Verändert sich ein Objekt im Moment seiner Archivierung in einer Sammlung? Welche Geschichten werden überliefert? Welche Geschichten gehen dabei verloren? Wie lassen sich diese Narrative aufspüren, und wie können sie hörbar werden? Im Stannaki Forum sprechen Künstlerinnen Mahshid Mahboubifar und Natalia Zaitseva gemeinsam mit Christine Müller-Radloff, Restauratorin der Staatlichen Ethnographischen Sammlungen, und Stefano Rinaldi, Konservator der Rüstkammer, über ihren Austausch und den Entstehungsprozess ihrer Werke. Methoden künstlerischer Forschung in Interaktion mit wissenschaftlicher Forschungsarbeit werden in diesem Stannaki Forum diskutiert und es stellt sich die Frage, welche transkulturellen Einschreibungen der Objekte über die Verknüpfung der Methoden ablesbar werden.

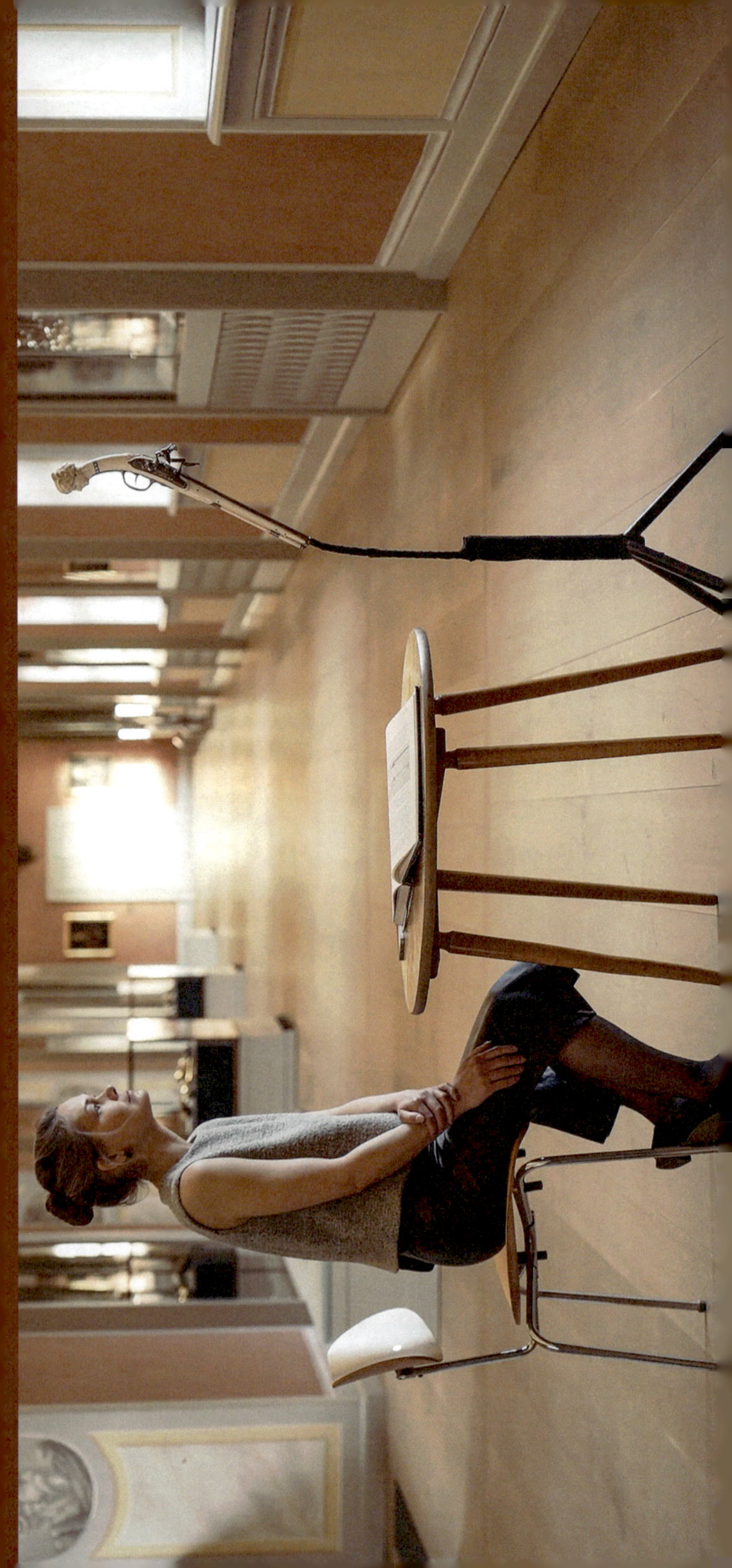

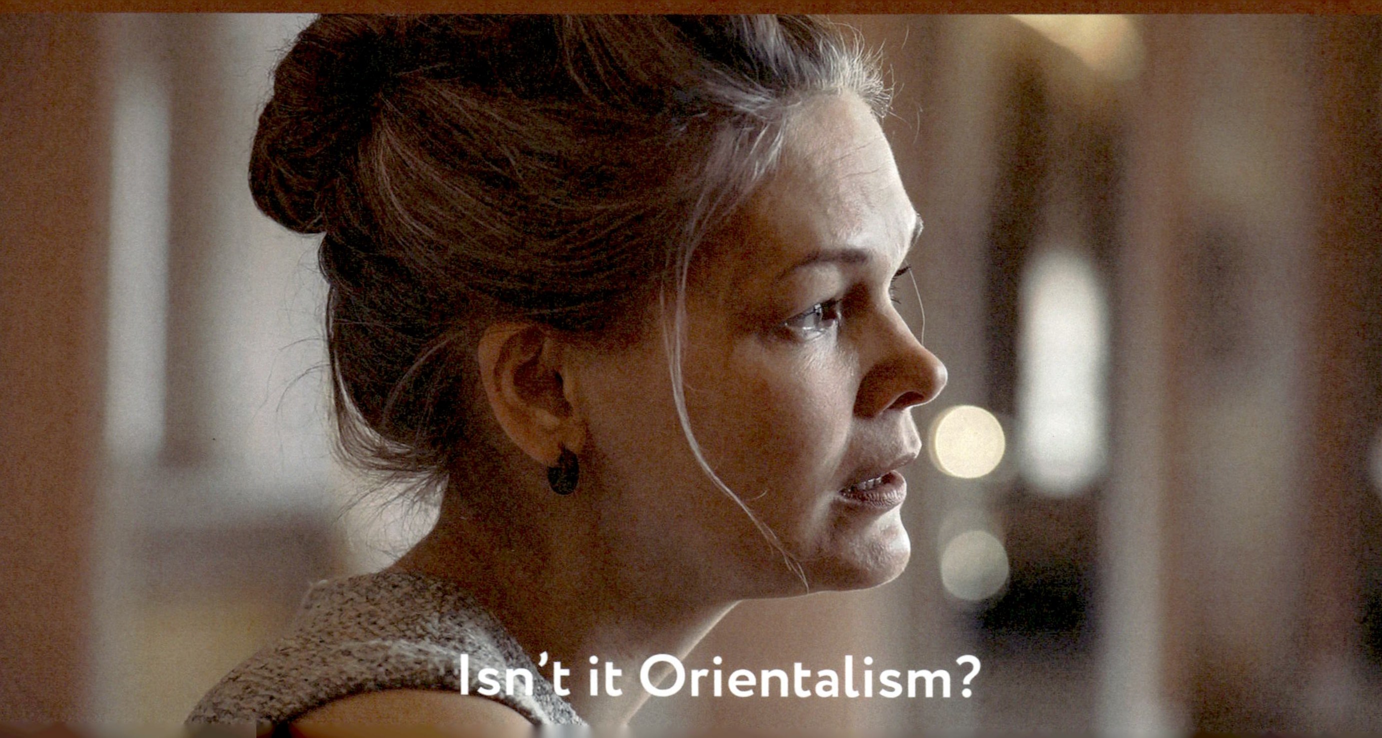
Isn't it Orientalism?

Interview with a Pistol,
Natalia Zaitseva, 2023. Video still.

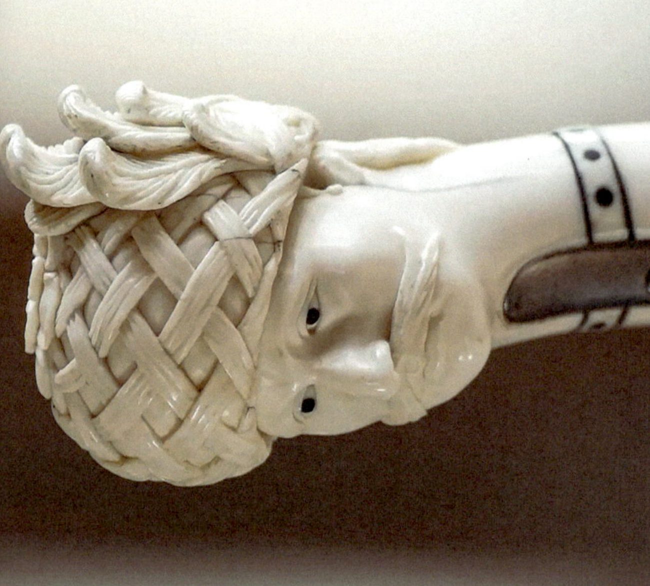

PISTOL: (whistle)

Interview with a Pistol,
Natalia Zaitseva, 2023. Video still.

Too much past is a dangerous thing,
Mahshid Mahboubifar, 2023. Video still.

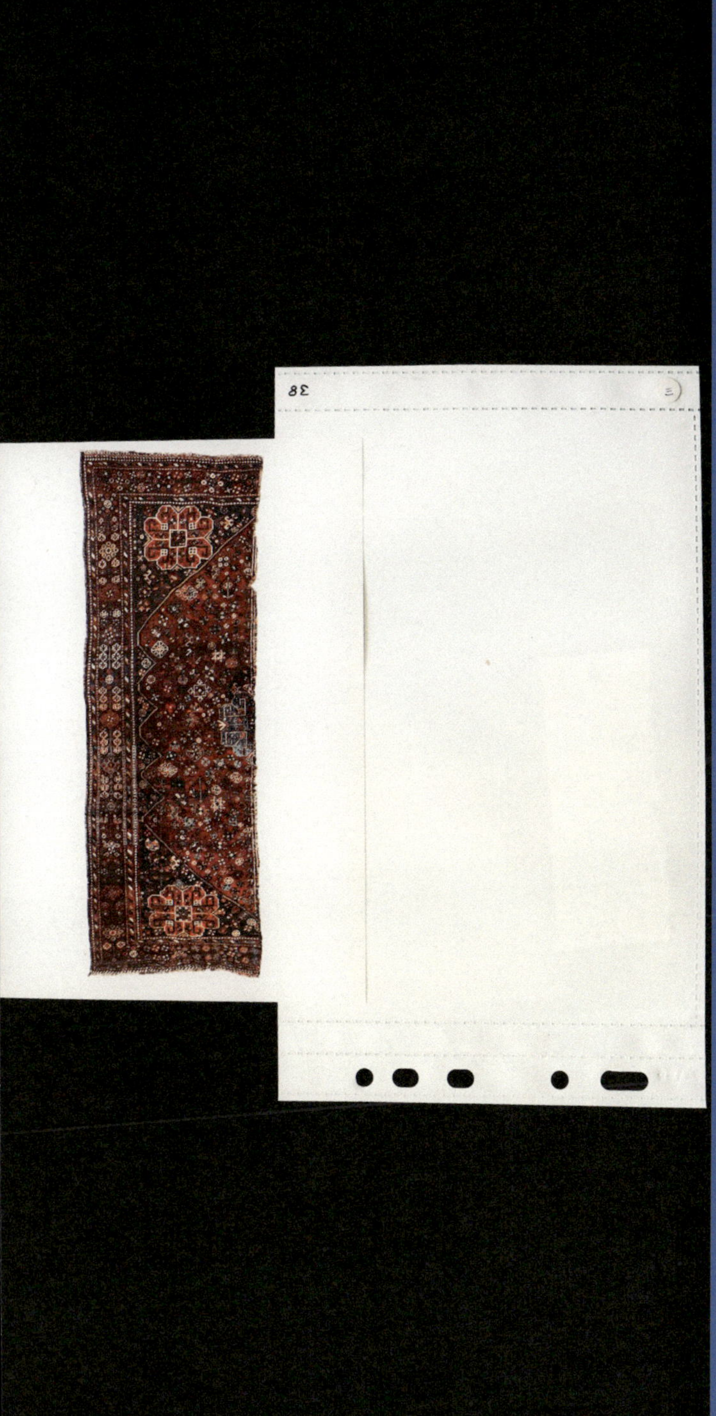

Too much past is a dangerous thing,
Mahshid Mahboubifar, 2023. Video still.

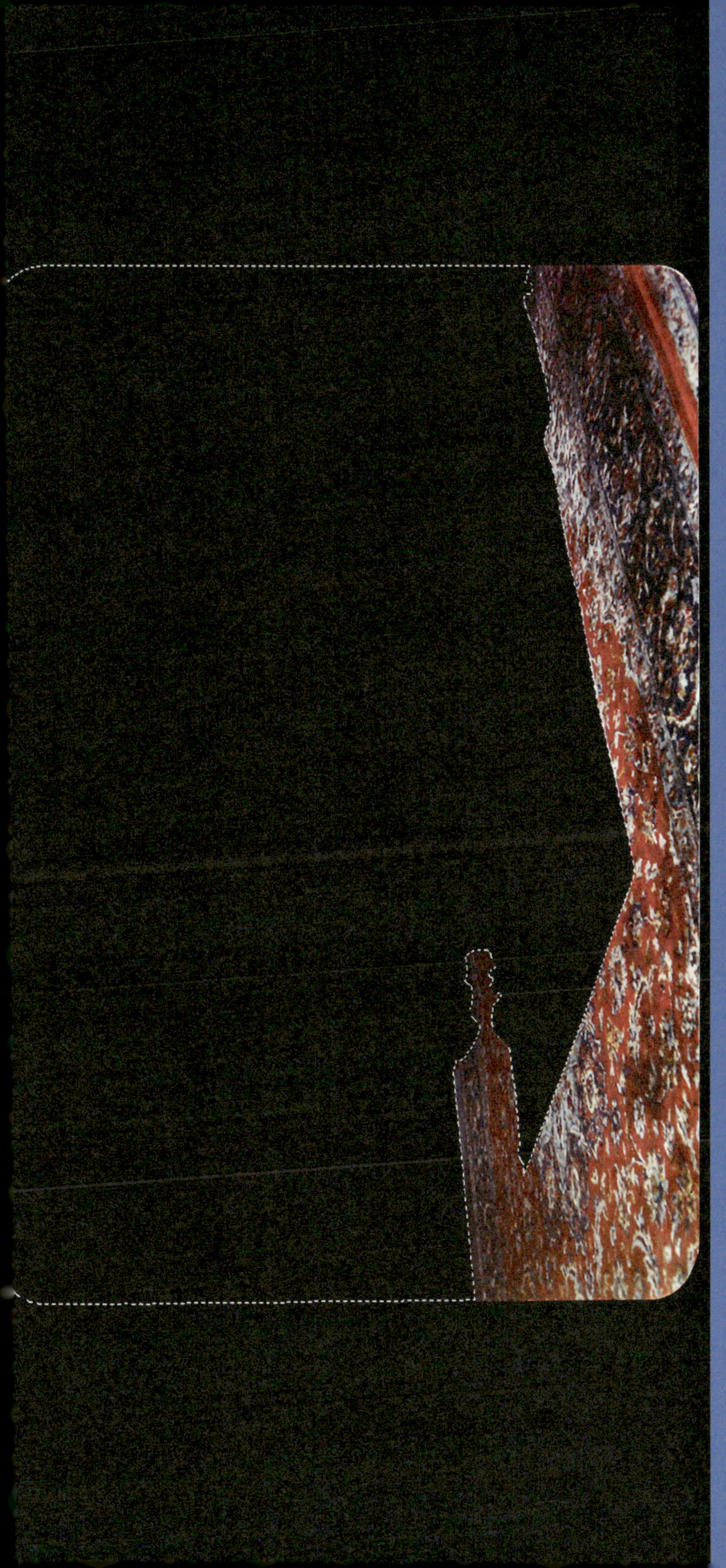

Mareike Bernien (MB): The Stannaki Forum is intended to initiate conversations between artists and research practitioners to talk about objects and attempt to unravel the hidden stories these objects might contain. Working in a museum or with archival footage means considering these realms to be vivid places where we constantly reconfigure and reorient our view of the past through the present. The past is neither a closed nor a secure place and, as one video that we will discuss today considers, too much past might be a dangerous thing.

Our panel today is called *Knotted and Armed*. We will talk about two specific objects: a carpet from the Ethnographische Sammlungen and a flintlock pistol from the Armory. These two objects played a central role for Mahshid Mahboubifar and Natalia Zaitseva in their artistic research, each of whom has created a video work on the respective objects, presented in the exhibition *Showing what we (don't) know* at the Japanisches Palais in Dresden. Unlike a scholarly research practice, artistic research not only refers to facts, but can also use the means of fiction and speculation to build a bridge to that which cannot be verified or represented. Sometimes the most diverse forms of knowledge come together in this process: archival knowledge, body knowledge, biographical knowledge, institutional knowledge, diasporic knowledge, speculative knowledge, and even the use of humor. In their artistic process, Mahshid Mahboubifar and Natalia Zaitseva worked closely with two researchers from the Staatliche Kunstsammlungen Dresden: Christine Müller-Radloff, conservator at the Staatliche Ethnographische Sammlungen, and Stefano Rinaldi, curator of the Rustkämmer. Christine has worked in the conservation department of SKD's Ethnological Museums for over forty years. She has extensively lectured and published on the use of textiles in museums. Stefano studied in Pisa and holds a PhD in art history, with a thesis on seventeenth-century landscape drawing. He has worked as a curator at the SKD's Armory for the past five years, where he is responsible for European edged weapons and firearms. Without Christine and Stefano, the work of Mahshid and Natalia would not have taken its specific form.

<u>Mareike Bernien (MB)</u>: Das Stannaki Forum soll Gespräche zwischen Künstler*innen und Forscher*innen initiieren, um über Objekte zu sprechen und zu versuchen, die verborgenen Geschichten zu entschlüsseln, die sich in diesen Objekten verbergen könnten. In einem Museum oder mit Archivmaterial zu arbeiten bedeutet, diese Bereiche als lebendige Orte zu betrachten, an denen wir unseren Blick auf die Vergangenheit durch die Gegenwart ständig neu konfigurieren und neu ausrichten. Die Vergangenheit ist weder ein abgeschlossener noch ein sicherer Ort, und wie ein Video, das wir heute besprechen, zeigt, kann zu viel Vergangenheit eine gefährliche Sache sein.

Der Titel des heutigen Panels lautet *Verknüpft und bewaffnet*. Wir werden über zwei konkrete Objekte sprechen: einen Teppich aus der Ethnographischen Sammlung und eine Steinschlosspistole aus der Rüstkammer. Diese beiden Objekte spielten für Mahshid Mahboubifar und Natalia Zaitseva eine zentrale Rolle in ihrer künstlerischen Forschung. Beide haben zu den jeweiligen Objekten eine Videoarbeit geschaffen, die derzeit in der Ausstellung *Wir zeigen, was wir (nicht) wissen* im Japanischen Palais zu sehen ist. Im Gegensatz zu einer wissenschaftlichen Forschungspraxis bezieht sich künstlerische Forschung nicht nur auf Fakten, sondern kann mit den Mitteln der Fiktion und der Spekulation auch eine Brücke zu dem schlagen, was nicht verifizierbar oder darstellbar ist. Dabei kommen mitunter die unterschiedlichsten Wissensformen zusammen: Archivwissen, Körperwissen, biografisches Wissen, institutionelles Wissen, diasporisches Wissen, spekulatives Wissen und sogar Humor. In ihrem künstlerischen Prozess arbeiteten Mahshid Mahboubifar und Natalia Zaitseva eng mit zwei Wissenschaftler*innen der Staatlichen Kunstsammlungen Dresden zusammen: Christine Müller-Radloff, Restauratorin an der Staatlichen Ethnographischen Sammlung, und Stefano Rinaldi, Kurator der Rüstkammer. Christine Müller-Radloff arbeitet seit über vierzig Jahren in der Restaurierungsabteilung der Völkerkundemuseen der SKD. Sie hat zahlreiche Vorträge gehalten und Veröffentlichungen verfasst, die sich mit der Verwendung von Textilien in Museen befassen. Stefano Rinaldi studierte Kunstgeschichte in Pisa und promovierte mit einer Arbeit über die Landschaftsmalerei des 17. Jahrhunderts. Seit fünf Jahren arbeitet er als Kurator in der Rüstkammer der SKD, wo er für die europäischen Blank- und Feuerwaffen zuständig ist. Ohne Christine und Stefano hätten die Werke von Mahshid und Natalia nicht ihre spezifische Form angenommen.

Mahshid, could you tell us about your approach? What is your video about?

Mahshid Mahboubifar (MM): The video explores the missing half of a nomadic carpet, which was made in Iran between the nineteenth and twentieth centuries. In the SKD collection, the carpet is named *Fragment of a so-called Shiraz*. Shiraz is a city in central southern Iran, the region where the carpet was most likely made by nomads, and also the region where I come from. The video blends research with fiction, weaving together four stories. It opens with a child playing on a carpet, then shifts to explore the carpet as both a workspace and source of income. The third part delves into the myth of Arachne and Athena, while the final part takes us into the museum where the carpet ended up.

MB: You describe the transformation of a carpet from a place of memory to a place of resistance, a place of working, and then finally as an ethnographic object. Can you say something about this transformation—or the migration as you also call it—that the carpet undergoes in your story?

MM: At the very beginning my primary connection with the carpet was based on my encounters with carpets. In the SKD online collection, it was written about this carpet: *Hersteller ist unbekannt* [craftsperson unknown]. This missing information, as the missing half of the carpet, became my interest and brought up many other questions. So that compelled me to begin writing about the weaver.

Over the course of my research, I learned more about the myth of Arachne and Athena. Arachne is a mortal weaver, and Athena is the goddess of handicrafts. In this myth, Athena silenced Arachne by making her a spider, because Arachne was telling the truth. The power dynamic between these two characters, an immortal goddess and a mortal person, and how this dynamic decides what gets to be represented and what remains silenced, is very similar to a museum and its representation politics.

I found it interesting to connect these stories and to the see the carpet from a different perspective than it is seen in the museum. To bring up the question of who weaves which narrative and for what purpose.

Mahshid, könntest du uns etwas über deinen Ansatz erzählen? Worum geht es in deinem Video?

<u>Mahshid Mahboubifar (MM)</u>: In dem Video wird die fehlende
Hälfte eines Nomadenteppichs erkundet, der zwischen dem
19. und 20. Jahrhundert im Iran hergestellt wurde. In der SKD-
Sammlung trägt der Teppich den Namen *Fragment eines sogenannten Schiraz*. Shiraz ist eine Stadt im südlichen Zentraliran,
in der Region, in der der Teppich höchstwahrscheinlich von
Nomaden hergestellt wurde. Es ist auch die Region, aus der ich
komme. Das Video verbindet Recherche mit Fiktion, indem es
vier Geschichten miteinander verwebt. Es beginnt mit einem
Kind, das auf einem Teppich spielt, und wechselt dann zur Erkundung des Teppichs als Arbeitsort und Einkommensquelle.
Der dritte Teil befasst sich mit dem Mythos von Arachne und
Athene, während der letzte Teil uns in das Museum führt, in
dem der Teppich gelandet ist.

<u>MB</u>: du beschreibst die Transformation eines Teppichs von
einem Ort der Erinnerung zu einem Ort des Widerstands, zu
einem Ort der Arbeit und schließlich zu einem ethnografischen
Objekt. Kannst du etwas über diese Transformation – oder die
Migration, wie du sie auch nennst – sagen, die der Teppich in
deiner Erzählung erlebt?

<u>MM</u>: Meine erste Verbindung mit diesem Teppich war geprägt
durch meine Begegnungen mit anderen Teppichen. In der
SKD-Online-Sammlung stand, dass der Hersteller »unbekannt«
ist. Diese fehlende Information sowie die fehlende Hälfte des
Teppichs weckten mein Interesse und warf viele weitere Fragen auf. Das veranlasste mich, über die Teppichweber*in zu
schreiben. Im Laufe meiner Recherchen erfuhr ich mehr über
den Mythos von Arachne und Athene. Arachne ist eine sterbli-
che Weberin, und Athene ist die Göttin des Kunsthandwerks. In
diesem Mythos brachte Athene Arachne zum Schweigen, indem sie sie in eine Spinne verwandelte, weil Arachne die Wahrheit sagte. Die Machtdynamik zwischen diesen beiden Figuren,
einer unsterblichen Göttin und einem sterblichen Menschen,
und die Art und Weise, wie diese Dynamik darüber entscheidet,
was dargestellt wird und was zum Schweigen gebracht wird,
ähnelt dem Museum und seiner Repräsentationspolitik. Ich
fand es interessant, diese Geschichten miteinander zu verbin-
den, was eine neue Perspektive auf den Teppich, jenseits seiner musealen Präsentation, ermöglicht und die Frage aufwirft,
wer welches Narrativ webt und zu welchem Zweck.

<u>MB</u>: Christine, du arbeitest seit über vierzig Jahren als Inge-
nieurin und Textilrestauratorin bei den SKD. Was kannst du uns
aus deiner Perspektive über den Teppich erzählen?

: Christine, you've worked at the SKD as an engineer and textile conservator for over forty years. What can you tell us about the carpet from your perspective?

Christine Müller-Radloff (CMR): For me the technique is interesting. The drawings Mahshid uses in her video to show how to make the carpet were mine. The last part showed how to count the knots. I'm interested in more technical things: the condition of the object, its materiality, how to preserve, store, or exhibit it. I'm only interested in what exists, while Mahshid is interested in what doesn't exist and things that have happened. We had a great hour together, which I used as a crash course on how to make the knots and how to discern whether a carpet is handmade or machine-made. I'm more knowledgeable about how something is constructed than about design per se. Mahshid and I speculated on how the other half of the carpet might look. Of course, it could be mirrored, but a real handmade carpet is not the same on both sides. We can create an image like a virtual reconstruction, but for me it's only interesting what actually exists and the question of how to preserve it in the museum. The rest is our colleagues' field.

MB: How did you actually work together? What were the challenges in this process?

CMR: We met several times. At first, Mahshid was with a big group and chose this carpet for her project. Then we met a second time and spoke about our opinions and ideas about the carpet. She came to my workshop for our third meeting with a great deal of questions. I was able to show her things and we could have an exchange. Some of the questions she asked were quite normal for me: How does a carpet work? How do you to preserve it? [*laughs*] This is my daily life, but for her it was interesting and new. I think it was a good exchange and we learned a lot. After seeing the video, I looked online to learn more about the story of Arachne, which was new to me.

MB: Can you say something from your perspective about the collaboration, Mahshid?

MM: I think our most common ground was the materiality of this carpet. I asked a lot of questions about the knots and the techniques because I wanted to find a

Christine Müller-Radloff (CMR): Für mich ist die Technik interessant. Die Zeichnungen, die Mahshid in ihrem Video verwendet, um zu zeigen, wie man den Teppich knüpft, stammen von
mir. Im letzten Teil wurde gezeigt, wie man die Knoten zählt.
Ich interessiere mich eher für technische Dinge: den Zustand
des Objekts, seine Materialität, wie man es aufbewahrt, lagert
oder ausstellt. Ich interessiere mich nur für das, was existiert,
während Mahshid sich für das interessiert, was nicht existiert,
und für Dinge, die passiert sind. Wir hatten eine tolle Stunde
zusammen, die ich als Crashkurs dafür nutzte, wie man Knoten
macht und wie man erkennt, ob ein Teppich handgewebt oder
maschinell hergestellt ist. Ich weiß mehr darüber, wie etwas
konstruiert ist, als über das Design an sich. Mahshid und ich
haben darüber spekuliert, wie die andere Hälfte des Teppichs
aussehen könnte. Natürlich könnte sie gespiegelt sein, aber
ein echter handgefertigter Teppich ist nicht auf beiden Seiten
gleich. Wir können ein Bild, z.B. eine virtuelle Rekonstruktion,
erstellen, aber für mich ist nur das interessant, was tatsächlich existiert und die Frage, wie man es im Museum bewahren
kann. Der Rest ist das Arbeitsfeld unserer Kolleg*innen.

MB: Wie habt ihr zusammengearbeitet und welche Herausforderungen gab es in diesem Prozess?

CMR: Wir haben uns mehrmals getroffen. Zuerst kam Mahshid
mit einer großen Gruppe und wählte diesen Teppich für ihr
Projekt aus. Später trafen wir uns wieder, um über unsere
Meinungen und Ideen zum Teppich zu sprechen. Bei unserem
dritten Treffen besuchte sie mein Atelier mit vielen Fragen, und
ich konnte ihr Dinge zeigen. Einige der Fragen waren für mich
völlig selbstverständlich: Wie funktioniert ein Teppich? Wie
bewahrt man ihn auf? (lacht) Das ist mein Alltag, aber für sie
war es interessant und neu. Ich denke, es war ein guter Austausch, und wir haben viel gelernt. Nachdem ich das Video
gesehen hatte, recherchierte ich online, um mehr über die
Geschichte von Arachne zu erfahren, die mir neu war.

MB: Kannst du etwas aus deiner Sicht über die Zusammenarbeit berichten, Mahshid?

MM: Ich glaube, unser größter gemeinsamer Nenner war die
Materialität des Teppichs. Ich stellte viele Fragen zu den
Knoten und Techniken, um einen Ausgangspunkt für meine
Geschichte zu finden – eine Möglichkeit, sie durch den Teppich, seine Knoten und sein Weben zu erzählen. Wir sprachen
viel über die Knoten, die Wolle, das Färben der Wolle und die
technischen Aspekte des Teppichwebens. Christine zeigte mir
viele Dinge, unter anderem das Zählen der Knoten. Ich erinnere
mich, dass ich sie bei unserem ersten Treffen fragte, ob eine

starting point and a way to narrate my story through the carpet, knots, and weaving. We talked a lot about the knots, the wool, how to dye wool, and the technical aspects of weaving a carpet. Christine showed me many things, including how to count the knots. I remember that I asked her in our very first meeting whether it was possible to reconstruct the missing half of the carpet, and she told me "weg ist weg" [what's gone is gone]. The carpet did not have a weaving plan and is woven based on the memory of the weaver, so it's not possible to reconstruct it. The exchange was very nice, but also somewhat confusing because I would see the carpet from a different perspective, but in the end I think it worked out well and introduced some visual ideas into the story of the carpet.

MB: You both deal with different processes of conservation and reconstruction. As a textile conservator, Christine operates on a technical level and works with the things that are there. Mahshid, on the other hand, works with the things that are not there. She reconstructs elements metaphorically. Can you both share a bit about your different approaches to conservation and reconstruction?

CMR: There are different understandings of conservation. In museums, we only preserve what still exists. We think about how to keep something for the future, for research and other things. You can also see a large part of my work in Marta Sundmann's video *Questions on the carpet,* which is also in the exhibition upstairs. A Persian carpet restorer in a workshop tends to restore the carpet so it looks like new. But in a museum our task is not to restore, only to preserve. We have many other problems: How do we store the carpet? How can we preserve it against insects and pests? Do we use poison? Mahshid's field is interesting, but it's not mine.

MM: For me, reconstruction means creating a framework to explore the questions that I had about this carpet and to find some possible answers to them. But I still don't know if it could be called reconstruction. It only creates one potential past among many, which is not factual but fictional.

Rekonstruktion der fehlenden Hälfte möglich sei. Ihre Antwort:
»weg ist weg.« Der Teppich hatte keinen Webplan und wurde
nach dem Gedächtnis der Weber*in geknüpft; eine Rekonstruktion ist also unmöglich. Der Austausch war sehr schön,
aber auch etwas verwirrend, da ich den Teppich aus einer anderen Perspektive betrachten würde. Letztendlich denke ich
aber, dass es gut funktioniert hat und einige visuelle Ideen
in die Geschichte des Teppichs eingebracht hat.

MB: Ihr beide beschäftigt euch mit unterschiedlichen Pro-
zessen der Restaurierung und Rekonstruktion. Als Textilrestauratorin arbeitet Christine auf einer technischen Ebene
und beschäftigt sich mit den Dingen, die da sind. Mahshid
hingegen arbeitet mit den Dingen, die fehlen. Sie rekonstruiert
die Elemente metaphorisch. Könnt ihr beide ein wenig über
eure unterschiedlichen Ansätze bei der Restaurierung und
Rekonstruktion erzählen?

CMR: Es gibt unterschiedliche Auffassungen von Restaurierung. In Museen bewahren wir nur das, was noch existiert. Wir
denken darüber nach, wie man etwas für die Zukunft bewahren
kann, für die Forschung und andere Dinge. Sie können einen
großen Teil meiner Arbeit auch in Marta Sundmann's Video
Questions on the carpet sehen, das ebenfalls in der Ausstellung im Obergeschoss zu sehen ist. Ein Restaurator für Per-
serteppiche in einer Werkstatt neigt dazu, den Teppich so zu
restaurieren, dass er wie neu aussieht. Aber in einem Museum
ist es nicht unsere Aufgabe zu restaurieren, sondern nur zu
bewahren. Wir haben viele andere Probleme: Wie lagern wir
den Teppich? Wie können wir ihn vor Insekten und Schädlingen
schützen? Sollen wir Gift verwenden? Mahshids Fachgebiet ist
interessant, aber es ist nicht meins.

MM: Für mich bedeutet Rekonstruktion, einen Rahmen zu
schaffen, um die Fragen, die ich zu diesem Teppich hatte, zu
erforschen und einige mögliche Antworten darauf zu finden.
Aber ich weiß immer noch nicht, ob man es Rekonstruktion
nennen kann. Sie schafft nur eine mögliche Vergangenheit
unter vielen, die nicht faktisch, sondern fiktiv ist.

MB: Mahshid, du nennst dein Video *Too much past is a dangerous thing* (Zu viel Vergangenheit ist eine gefährliche Sache).
Soweit ich verstanden habe, wird der Teppich tatsächlich zu
einem gefährlichen Objekt, wenn er durch den Einsatz von Gift-
stoffen und Pestiziden konserviert wird. Und dann gibt es auch
noch die Vergangenheit, die für das Museum gefährlich sein
könnte. Kannst du das vielleicht näher erläutern?

MB: Mahshid, you call your video *Too much past is a dangerous thing*. As far as I have understood, the carpet actually turns into a dangerous object when it is preserved through the use of toxins and pesticides. And then there is also the past, which might be dangerous for the museum. Can you perhaps elaborate a little bit on this?

MM: The title comes from the video's narration. Initially, I wrote it as a metaphor for the carpet, which must be cleaned of its past daily life, dirt, and dust that it carries in order to become an immortal museum object—to avoid harming other objects or itself. But I also see "too much past" as knowledge and information, and possessing or exposing that can be dangerous, both to the one revealing it and to the immortal goddess or the museum. I was intrigued by the question of what would change if we had actual information about the carpet. What if we knew the person who wove it or its previous owners? Arachne had knowledge of the gods violating mortal women, and by revealing it, she was silenced and transformed into a spider.

MB: Christine, how would you understand the title from your perspective? *Too much past is a dangerous thing*.

CMR: The most reliable knowledge about the past comes from technical analysis and preservation efforts. When you visit a carpet shop, you'll often see carpets folded. Similarly, when we receive carpets from private collectors, they are sometimes folded, so the first step is to unroll them and place them in our nitrogen chamber. Now we don't work with real poisons, it isn't allowed, but we have to research about past conditions. To know how to handle it. How can we exhibit it? Also, how can we protect ourselves when handling the object? We're sometimes dressed in white coats from head-to-toe with special masks—more than COVID doctors! I remember it used to be abnormal to do this, but now we do it to protect ourselves. It's not always easy to discuss these facts with the exhibition curators. Or we say, the carpet cannot be hung because it's too heavy. Or, it needs to be presented in glass boxes. Why? [*sigh*] It's not so nice, but necessary! It's very important, as much as possible, to have information about the past.

<u>MM</u>: Der Titel stammt aus der Erzählung des Videos. Ursprünglich habe ich ihn als Metapher für den Teppich geschrieben. Der muss von seinem vergangenen täglichen Leben, dem Schmutz und dem Staub, den er mit sich trägt, gereinigt werden, um ein unsterbliches Museumsobjekt zu werden – um zu vermeiden, dass er anderen Objekten oder sich selbst schadet. Aber ich sehe »zu viel Vergangenheit« auch als Wissen und Information, und diese zu besitzen oder preiszugeben, kann gefährlich sein, sowohl für denjenigen, der sie preisgibt, als auch für die unsterbliche Göttin oder das Museum. Ich war fasziniert von der Frage, was sich ändern würde, wenn wir tatsächliche Informationen über den Teppich hätten. Was wäre, wenn wir die Person kennen würden, die ihn geknüpft hat, oder die früheren Besitzer*innen? Arachne wusste, dass die Götter sterbliche Frauen missbrauchen, und als sie es preisgab, wurde sie zum Schweigen gebracht und in eine Spinne verwandelt.

<u>MB</u>: Christine, wie würdest du den Titel aus deiner Sicht verstehen? *Too much past is a dangerous thing*.

<u>CMR</u>: Das zuverlässigste Wissen über die Vergangenheit stammt aus technischen Analysen und Konservierungsmaßnahmen. Wenn Sie ein Teppichgeschäft besuchen, werden Sie oft gefaltete Teppiche sehen. Wenn wir Teppiche von privaten Sammler*innen erhalten, sind sie manchmal auch gefaltet. Deshalb rollen wir sie zunächst aus und legen sie in unsere Stickstoffkammer. Nun arbeiten wir nicht mit echten Giften, das ist nicht erlaubt, aber wir müssen uns über die früheren Bedingungen informieren. Um zu wissen, wie man mit dem Teppich umgeht. Wie können wir ihn ausstellen? Und wie können wir uns schützen, wenn wir das Objekt anfassen? Wir sind manchmal von Kopf bis Fuß in weiße Kittel gekleidet und tragen spezielle Masken – mehr als COVID-Ärzte! Ich erinnere mich, dass es früher ungewöhnlich war, so etwas zu tun, aber jetzt tun wir es, um uns zu schützen. Es ist nicht immer einfach, diese Tatsachen mit den Ausstellungskurator*innen zu besprechen. Oder wir sagen, dass der Teppich nicht aufgehängt werden kann, weil er zu schwer ist. Oder, er muss in Glaskästen präsentiert werden. Warum? (seufzt) Das ist nicht so schön, aber notwendig! Es ist sehr wichtig, so viele Informationen wie möglich über die Vergangenheit zu haben.

<u>MB</u>: Das Video von Natalia Zaitseva heißt *Interview with a Pistol* (Interview mit einer Pistole). Wie der Titel bereits verrät, wird einer Steinschlosspistole aus dem 17. Jahrhundert in deiner Arbeit buchstäblich eine Stimme verliehen, um die Fragen einer Forscher*in zu beantworten. Warum hast du diese Pistole als Forschungsgegenstand gewählt, Natalia?

MB: Natalia Zaitseva's video is called *Interview with a Pistol*. As the title already tells you, a flintlock pistol from the seventeenth century is literally given a voice in her work in order to answer a researcher's questions. Why did you choose this pistol as an object of research, Natalia?

Natalia Zaitseva (NZ): When I found it in the online collection I was impressed and surprised that someone had put the ivory miniature of a man's head on top of an instrument of murder, as my character says in the film. At first, I was thinking about the agency of weapons, but it's too simplistic to merely anthropomorphize. I was also reflecting on how, in the theater where I worked extensively five years ago, people began talking to objects as a way of expressing their agency. I kind of wanted to mock this object-oriented tendency. More intuitively, I was also interested in how one often tries to communicate with an object that has a human head.

MB: Stefano, you are an art historian and curator at the Rustkämmer. How would you describe your field of research? And what does this pistol mean to you?

Stefano Rinaldi (SR): I am an art historian and work in the SKD's Rüstkammer, which is one of the big European collections of princely arms and armor. Our objects relate to courtly culture and not necessarily war, as the military weapons were kept elsewhere. Therefore, it's a collection with a very special typology of objects. I've been working here since 2018, and as an art historian, I encountered new kinds of objects that raised many questions for me. One of the great opportunities in working with Natalia was having the chance to sit down and engage in these kinds of conversations. Of course, as an art historian, my primary focus is the object: a history of style, iconography, and trying to establish the type of object. The first thing we always do when discussing one of our objects is to research it thoroughly, gathering extensive information. Additionally, exploring the object's historical connections is a key aspect of the history of art. We have approximately 15,000 objects in the *Rüstkammer*, but we also have two hundred inventories. Our objects and inventories range from the Renaissance to the nineteenth century.

Natalia Zaitseva (NZ): Als ich es in der Online-Sammlung fand,
war ich beeindruckt und überrascht, dass jemand die Elfen-
beinminiatur eines Männerkopfes auf ein Mordwerkzeug gesetzt hatte, wie meine Figur im Film sagt. Zuerst dachte ich an
die Handlungsmächtigkeit von Waffen, aber es ist zu einfach,
nur zu anthropomorphisieren. Ich habe auch darüber nachgedacht, wie in dem Theater, in dem ich vor fünf Jahren viel gearbeitet habe, die Leute anfingen, mit Gegenständen zu sprechen, um ihre Agency auszudrücken. Irgendwie habe ich mich
über diese objektorientierte Tendenz amüsiert. Intuitiv war ich
auch daran interessiert, wie man oft versucht, mit einem Objekt zu kommunizieren, das einen menschlichen Kopf hat.

MB: Stefano, du bist Kunsthistoriker und Kurator in der Rüstkammer. Wie würdest du dein Forschungsgebiet beschreiben?
Und was bedeutet diese Pistole für dich?

Stefano Rinaldi (SR): Ich bin Kunsthistoriker und arbeite in der
Rüstkammer der SKD, die eine der großen fürstlichen Waffen-
sammlungen Europas ist. Unsere Objekte beziehen sich auf
die höfische Kultur und nicht unbedingt auf den Krieg, da die
militärischen Waffen anderswo aufbewahrt wurden. Es handelt
sich also um eine Sammlung mit einer ganz besonderen Typologie von Objekten. Ich arbeite seit 2018 hier, und als Kunsthistoriker bin ich auf neue Arten von Objekten gestoßen, die
bei mir viele Fragen aufgeworfen haben. Eine der großartigen
Gelegenheiten, mit Natalia zu arbeiten, war die Möglichkeit,
sich mit ihr zusammenzusetzen und diese Typologie von Gesprächen zu führen. Als Kunsthistoriker konzentriere ich mich
natürlich in erster Linie auf das Objekt: eine Geschichte des
Stils, der Ikonografie, und ich versuche, die Art des Objekts zu
bestimmen. Wenn wir ein Objekt besprechen, recherchieren
wir es zunächst gründlich und sammeln umfangreiche Informationen. Darüber hinaus ist die Erforschung der historischen
Zusammenhänge des Objekts ein wichtiger Aspekt der Kunstgeschichte. Wir haben etwa 15.000 Objekte in der Rüstkammer, aber wir haben auch 200 Inventare. Unsere Objekte
und Inventare reichen von der Renaissance bis zum 19. Jahrhundert.

MB: Könnt ihr bitte ein wenig auf eure unterschiedlichen Perspektiven eingehen und wie ihr zusammengearbeitet habt?
Was habt ihr voneinander gelernt? Man kann wirklich einen
Kampf zwischen Forscher*in und Pistole sehen. Inwiefern
spiegelt dies eure Art der Zusammenarbeit wider?

NZ: Ich habe das Gefühl, dass Stefano denkt, dass ich viel
von seiner Persönlichkeit in die Pistolenfigur eingebaut habe.

MB: Can you please elaborate a bit on your different perspectives and how you worked together? What did you gain from each other? You can really see a struggle between the researcher and the pistol. How does this mirror your way of working together?

NZ: I have a feeling that Stefano thinks that I've incorporated a lot of his personality in the pistol character. I took a lot of information from our conversations because I didn't want to speculate about what this pistol would say.

SR: There are two key points. First, my motivation for engaging in this conversation and accepting this opportunity was to address a sense of unease that our visitors may experience when confronted with those objects and their display context. Our permanent exhibition (which constitutes the backdrop of the film) is shown in a Renaissance corridor where Augustus III, in the eighteenth century, showcased thousands of firearms. To many visitors, the display of such a large number of guns prompts questions like: "So many guns—how and why?" Firearms are not neutral objects in today's society, and it's important to recognize this, but also to explain their historical context and how it informs their significance. So, secondly, our conversation was precisely between an artist who was fascinated by this pistol but disturbed from a moral perspective, and an art historian whose role is to explain the object and what he can reasonably reconstruct as its original function and meaning. I think both perspectives are legitimate and it's an important dialogue that happens any time that a modern visitor meets an ancient object. On the one hand, the interviewer in the video says, "I want to meet you," which I thought was important. On the other hand, it's partially a failed conversation. You never manage to meet a historic object.

MB: In the video, the researcher asks the pistol: "Is it orientalism?" There is a really interesting dialogue about whether using a Turkish-style head as the pommel of a pistol is a gesture of submission or power. The question actually remains unanswered, particularly as the pistol insists that this can be read as a gesture of admiration. Natalia, can you talk a little bit about constructing your film according to this dialogical principle?

Ich habe viele Informationen aus unseren Gesprächen übernommen, weil ich nicht darüber spekulieren wollte, was diese Pistole sagen würde.

<u>SR</u>: Es gibt zwei wichtige Punkte: Erstens war meine Motivation, mich auf dieses Gespräch einzulassen und diese Gelegenheit anzunehmen, ein Gefühl des Unbehagens zu adressieren, das unsere Besucher*innen möglicherweise empfinden, wenn sie mit diesen Objekten und ihrem Ausstellungskontext konfrontiert werden. Unsere Dauerausstellung (die den Hintergrund des Films bildet) befindet sich in einem Renaissance-Korridor, in dem August III. im 18. Jahrhundert Tausende von Feuerwaffen ausstellte. Für viele Besucher*innen wirft die Ausstellung einer so großen Anzahl von Schusswaffen Fragen auf wie: »So viele Schusswaffen – wie und warum?« Schusswaffen sind in der heutigen Gesellschaft keine neutralen Objekte, und es ist wichtig, dies anzuerkennen, aber auch ihren historischen Kontext zu erklären und wie dieser ihre Bedeutung bestimmt. Unser Gespräch fand also zwischen einer Künstlerin, die von dieser Pistole fasziniert, aber aus moralischer Sicht irritiert ist, und einem Kunsthistoriker statt, dessen Aufgabe es ist, das Objekt zu erklären und seine ursprüngliche Funktion und Bedeutung vernünftig zu rekonstruieren. Ich denke, beide Perspektiven sind legitim, und es ist ein wichtiger Dialog, der immer dann stattfindet, wenn eine moderne Besucher*in auf ein antikes Objekt trifft. Einerseits sagt die Interviewerin in dem Video: »Ich möchte dich kennenlernen«, was ich für wichtig halte. Andererseits handelt es sich teilweise um ein gescheitertes Gespräch. Man schafft es nie, ein historisches Objekt zu treffen.

<u>MB</u>: In dem Video fragt die Forscher*in die Pistole: »Ist das Orientalismus?« Es gibt einen wirklich interessanten Dialog darüber, ob die Verwendung eines türkisch gelesenen Kopfes als Knauf der Pistole eine Geste der Unterwerfung oder der Macht ist. Die Frage bleibt eigentlich unbeantwortet, zumal die Pistole darauf besteht, dass es als Geste der Bewunderung verstanden werden kann. Natalia, kannst du ein wenig über den Aufbau deines Films nach diesem dialogischen Prinzip erzählen?

<u>NZ</u>: Als Autorin des Films versuche ich vielleicht, die Pistolenfigur über ihre Bedeutung im Unklaren zu lassen. Wenn sie glaubt, dass es ein Zeichen des Respekts ist und nichts weiter, dann ist das in Ordnung. Es ist ihre Wahrheit. Natürlich ist es etwas, das mir Stefano erzählt hat. Er hat mir ein Buch mit einem römischen Soldaten gezeigt, der das gleiche Gesicht wie die Pistole hatte, also war ich überzeugt.[1] Aber die ganze

1   Arne Hoff, *Dutch Firearms*, W. A. Stryker, London 1978, 202–221.

NZ: As the author of the film, I perhaps try to let the pistol character be delusional about his meaning. If he believes that it is a sign of respect and nothing more, that's okay. It's his truth. Of course, it's something that Stefano told me. He had shown me a book with a Roman soldier who had the same face as the pistol, so I was convinced.[1] But the whole construction of the video is fictional. That's very important because it let me avoid stating an opinion, which I like about fiction.

MB: I'd like to open up the discussion between both of the objects and videos. What do you think distinguishes the carpet from the gun? Or one video from the other?

SR: Looking at both films, I was fascinated by this idea of travel. Of the idea of the object as a foreigner, something that is relocated in a new context. On first glance you might think that a carpet from Iran is more diasporic than a pistol from Maastricht, yet I would argue on the contrary. Perhaps all objects that we show in our museums are diasporic objects. None of them were conceived to end up in a museum, and all of these objects ask questions that sometimes can't be answered. This is something that they have in common. I would say that, while Mahshid's film is entitled *Too much past is a dangerous thing,* perhaps the answer of the pistol would rather be "too much *present* is a dangerous thing." There is always this dialogue between worlds that are different.

NZ: My first thought was that the museum perhaps knows more about the pistol than the carpet. The carpet was made by an unknown author, likely female. And the pistol is made by men for men—and royal men. And this is obviously why we know more about the pistol than the carpet and also what distinguishes these two objects.

CMR: For me, the main difference is that the pistol is made for the prestige of royal life and the carpet is made for everyday people.

MB: In Natalia's film, there is another conversation between the researcher and the pistol about whether it's problematic to exhibit weapons. Stefano, from an art historian's point of view, it seems that you consider

1   Arne Hoff, *Dutch Firearms*, ed. W. A. Stryker, London, 1978, esp. 202–221, September 25, 2024, at 14:38.

Konstruktion des Videos ist fiktiv. Das ist sehr wichtig, denn so konnte ich vermeiden, eine Meinung zu äußern, was ich an Fiktion schätze.

MB: Ich würde gerne die Diskussion zwischen den beiden Objekten und Videos eröffnen. Was unterscheidet eurer Meinung nach den Teppich von der Pistole? Oder das eine Video von dem anderen?

SR: Als ich mir beide Filme ansah, war ich fasziniert von dieser Idee des Reisens. Der Gedanke, dass das Objekt ein Fremder ist, etwas, das in einem neuen Kontext angesiedelt ist. Auf den ersten Blick könnte man meinen, dass ein Teppich aus dem Iran diasporischer ist als eine Pistole aus Maastricht, aber ich würde das Gegenteil behaupten. Vielleicht sind alle Objekte, die wir in unseren Museen zeigen, diasporische Objekte. Keines von ihnen war dafür gedacht, in einem Museum zu landen, und alle diese Objekte stellen Fragen, die manchmal nicht beantwortet werden können. Das ist etwas, das sie gemeinsam haben. Ich würde sagen, dass Mahshids Film zwar den Titel *Too much past is a dangerous thing* [Zu viel Vergangenheit ist eine gefährliche Sache] trägt, die Antwort der Pistole aber vielleicht eher »too much present is a dangerous thing« [Zu viel Gegenwart ist eine gefährliche Sache] lauten sollte. Es gibt immer diesen Dialog zwischen Welten, die unterschiedlich sind.

NZ: Mein erster Gedanke war, dass das Museum vielleicht mehr über die Pistole weiß als über den Teppich. Der Teppich wurde von einer/m unbekannten Autor*in, wahrscheinlich einer Frau, hergestellt. Und die Pistole wurde von Männern für Männer gemacht – für königliche Männer. Deshalb wissen wir offensichtlich mehr über die Pistole als über den Teppich, und das ist auch der Grund, warum sich diese beiden Objekte unterscheiden.

CMR: Für mich besteht der Hauptunterschied darin, dass die Pistole für das Prestige des königlichen Lebens hergestellt wurde, während der Teppich für das einfache Volk bestimmt war.

MB: In Natalias Film gibt es ein weiteres Gespräch zwischen der Forscher*in und der Pistole darüber, ob es problematisch ist, Waffen auszustellen. Stefano, aus der Sicht eines Kunsthistorikers scheint es, dass du sie zuerst als Kunst und dann als Waffen betrachtest. Das ist eine der Spannungen in eurem Dialog. Kannst du etwas zu euren unterschiedlichen Perspektiven sagen?

them first as art and then as weapons. This is one of the tensions in your dialogue. Can you say something about your different perspectives?

SR: This video powerfully vindicates the object as a work of art. Its carving is so good that you can interview it. It's beautiful but also a bit strange. I really liked how Natalia's work was able to catch that. I would perhaps draw the distinction a bit more broadly. The objects in our collection are arms, there's no question about it. But they are arms from a society and in a cultural context in which their role is radically different from our present society. And I think that trying to understand that is very much part of what a collection like ours can try to achieve.

MB: For you it's a weapon, Natalia?

NZ: For me, yes, because it kills people. And animals— because most of these arms were hunting weapons. Courtly arms and war weapons are connected; they are relatives somehow. But what I learned from our communication is that I actually know nothing. When I talked to Stefano for the first time, all of my initial questions somehow seemed stupid to me. There was a lot of prejudice in these questions. Not much real knowledge. That's what I felt, though maybe it's also problematic that I felt like this. Perhaps a way to deal with this is to reconstruct how we show arms in museums.
There are many emotional elements within the stories of these arms. For example, I already mentioned that Stefano told me about this executioner's sword that actually killed people. We can walk through halls with a lot of arms and not even know that there is an object with such a history of violence, of blood on it. I don't know how to rearrange the whole museum, but perhaps we could be more conscious about things that relate to violence.

SR: Yes, that's actually our next project. Those executioner's swords are an absolute exception in our collection. I would say, however, that there is an overarching narrative about power in our permanent collection, which is housed in the residential castle. I think that's a common denominator between our objects and your film.

SR: Dieses Video unterstreicht eindrucksvoll, dass das Objekt ein Kunstwerk ist. Die Schnitzerei ist so gut, dass man sie interviewen kann. Es ist schön, aber auch ein bisschen seltsam. Es hat mir sehr gut gefallen, wie Natalias Arbeit das einfangen konnte. Ich würde die Unterscheidung vielleicht noch etwas weiter fassen. Die Objekte in unserer Sammlung sind Waffen, das steht außer Frage. Aber es sind Waffen aus einer Gesellschaft und einem kulturellen Kontext, in dem sie eine ganz andere Rolle spielen als in unserer heutigen Gesellschaft. Und ich denke, dass der Versuch, dies zu verstehen, ein wichtiger Teil dessen ist, was eine Sammlung wie die unsere erreichen kann.

MB: Für dich ist es eine Waffe, Natalia?

NZ: Für mich ja, weil sie Menschen tötet. Und Tiere - denn die meisten dieser Waffen waren Jagdwaffen. Höfische Waffen und Kriegswaffen sind miteinander verbunden, sie sind gewissermaßen verwandt. Aber was ich aus unserem Austausch gelernt habe, ist, dass ich eigentlich nichts weiß. Als ich zum ersten Mal mit Stefano sprach, kamen mir alle meine anfänglichen Fragen irgendwie dumm vor. In diesen Fragen steckten eine Menge Vorurteile – nicht viel wirkliches Wissen. So habe ich mich gefühlt, vielleicht ist es auch problematisch, dass ich mich so gefühlt habe. Vielleicht ist eine Möglichkeit, damit umzugehen, die Art und Weise zu rekonstruieren, wie wir Waffen in Museen zeigen.

Es gibt viele emotionale Elemente in den Geschichten dieser Waffen. Ich habe zum Beispiel schon erwähnt, dass Stefano mir von diesem Richtschwert erzählt hat, das tatsächlich Menschen getötet hat. Wir können durch Säle mit vielen Waffen gehen und nicht einmal wissen, dass es ein Objekt mit einer solchen Geschichte von Gewalt, von Blut darauf gibt. Ich weiß nicht, wie man das ganze Museum umgestalten kann, aber vielleicht könnten wir bewusster mit Dingen umgehen, die mit Gewalt zu tun haben.

SR: Ja, das ist tatsächlich unser nächstes Projekt. Diese Richtschwerter sind eine absolute Ausnahme in unserer Sammlung. Ich würde jedoch sagen, dass es in unserer ständigen Sammlung, die im Residenzschloss untergebracht ist, eine übergreifende Erzählung über Macht gibt. Ich denke, das ist ein gemeinsamer Nenner zwischen unseren Objekten und deinem Film.

Die Richtschwerter zeigen, repräsentieren und beanspruchen Macht – eine sehr physische Macht. Sie stehen für die Beseitigung eines politischen Gegners, und die Schwerter werden daher als Andenken aufbewahrt, als etwas, das man wie eine Trophäe vorzeigen kann. Eine Sammlung von Tausen-

The executioner's swords show, represent, and claim power—a very physical power. It indicates the elimination of a political opponent and the swords are thus maintained as a keepsake, something to show like a trophy. A collection of thousands of firearms, on the other hand, shows a person's authority to hunt. It's a means of expressing ownership over land. Of course, Augustus III's decision to create his own new museum of firearms in 1733 is an enormously powerful claim of power. I believe that the central narrative we aim to convey revolves around the manifestation and expression of political power in Dresden during the Renaissance and Baroque periods.

MB: Could you imagine rearranging the collection? Or taking weapons that actually killed people out of the collection? Is this an option?

SR: I think this dynamic of power has problematic aspects that should be shown. That specific object is an important object in the history of Saxony and something that a lot of our public specifically asks to see. People from Dresden know the story of Nikolaus Krell who was executed in 1601. We don't want that to be our primary focus, to create a horror show. Yet leaving it out creates other issues. I don't know if our role in showing power dynamics in the Renaissance is to censor out the more problematic elements. Perhaps a way for us as curators to implement such ideas and valuable input would be special exhibitions where you can be a bit more creative in selecting a group of objects and building a history about them. It's only those executioner's swords that were used to kill people; they're an absolute exception. I think there is already a text in the online collection explaining this. On the other hand, our firearms were all used as hunting weapons. Perhaps one could have categories for morally problematic objects, but my perspective regarding the collection I work with is that this only applies to a small number of objects.
People come to see the executioner's sword because afterward it was transformed into something else. There's an inscription on it, so it becomes like a history piece. It becomes something whose nature is to be shown as a manifestation of absolutist power.

den von Feuerwaffen hingegen zeigt die Autorität einer Person
bei der Jagd. Sie ist ein Mittel, um den Besitz von Land auszudrücken. Natürlich ist die Entscheidung Augusts III., 1733 ein
eigenes neues Museum für Feuerwaffen einzurichten, ein ge-
waltiger Machtausdruck. Ich glaube, die zentrale Narration, die
wir vermitteln wollen, dreht sich um die Manifestation und den
Ausdruck politischer Macht in Dresden während der Renais-
sance- und Barockzeit.

MB: Könntest du dir vorstellen, die Sammlung umzugestalten?
Oder Waffen, die tatsächlich Menschen getötet haben, aus der
Sammlung zu nehmen? Ist das eine Option?

SR: Ich denke, diese Dynamik der Macht hat problematische
Aspekte, die gezeigt werden sollten. Dieses spezielle Objekt
ist ein wichtiges Objekt in der Geschichte Sachsens und
etwas, was ein Großteil unseres Publikums unbedingt sehen
möchte. Die Dresdner*innen kennen die Geschichte von
Nikolaus Krell, der im Jahr 1601 hingerichtet wurde. Wir wollen
nicht, dass das im Vordergrund steht, dass wir eine Horror-
show machen. Aber wenn wir das weglassen, entstehen andere Probleme. Ich weiß nicht, ob unsere Aufgabe bei der Darstellung der Machtdynamik in der Renaissance darin besteht,
die problematischeren Elemente herauszuzensieren. Eine
Möglichkeit für uns als Kuratoren, diese Ideen und wertvollen
Beiträge umzusetzen, wären vielleicht Sonderausstellungen,
bei denen man bei der Auswahl einer Gruppe von Objekten
etwas kreativer sein und eine Geschichte über sie konstruieren kann. Nur die Schwerter der Henker wurden zum Töten
von Menschen benutzt, sie sind eine absolute Ausnahme. Ich
glaube, es gibt bereits einen Text in der Online-Sammlung, der
dies erklärt. Andererseits wurden unsere Feuerwaffen alle als
Jagdwaffen verwendet. Vielleicht könnte man Kategorien für
moralisch problematische Objekte einrichten, aber aus meiner
Sicht ist das bei der Sammlung, mit der ich arbeite, nur bei
einer kleinen Anzahl von Objekten der Fall.
    Die Leute kommen, um das Schwert des Henkers zu sehen,
weil es danach in etwas anderes verwandelt wurde. Es trägt
eine Inschrift, sodass es zu einem Stück Geschichte wird.
Es wird zu etwas, dessen Natur es ist, als eine Manifestation
absolutistischer Macht gezeigt zu werden.

The Stannaki Forum *Knotted and Armed* took place on November 8, 2023, at the Japanisches Palais as part of the Transcultural Academy *Futurities* 2023. Both video works *Too much past is a dangerous thing* by Mahshid Mahboubifar and *Interview with a Pistol* by Natalia Zaitseva were on display in the exhibition *Showing what we (don't) know*, curated by Anna-Lisa Reith, from October 12 to November 23. The exhibition was also part of the Transcultural Academy 2023, which took place at the Japanisches Palais as a result of a research seminar cooperation between the SKD's Research Department and the Expanded Cinema Class of the Academy of Fine Arts Leipzig.

Das Stannaki Forum *Verknüpft und bewaffnet* fand am 8. November 2023 im Japanischen Palais als Teil der Transkulturellen Akademie *Futurities* 2023 statt. Die beiden Videoarbeiten *Too much past is a dangerous thing* von Mahshid Mahboubifar und *Interview with a Pistol* von Natalia Zaitseva waren in der von Anna-Lisa Reith kuratierten Ausstellung *Wir zeigen, was wir (nicht) wissen* vom 12. Oktober bis 23. November ebenfalls im Rahmen der Transkulturellen Akademie 2023 im Japanischen Palais zu sehen. Die Ausstellung war das Ergebnis einer Seminarkooperation zwischen der Forschungsabteilung SKD und der Klasse »Expanded Cinema« der Hochschule für Grafik und Buchkunst Leipzig zu sehen.

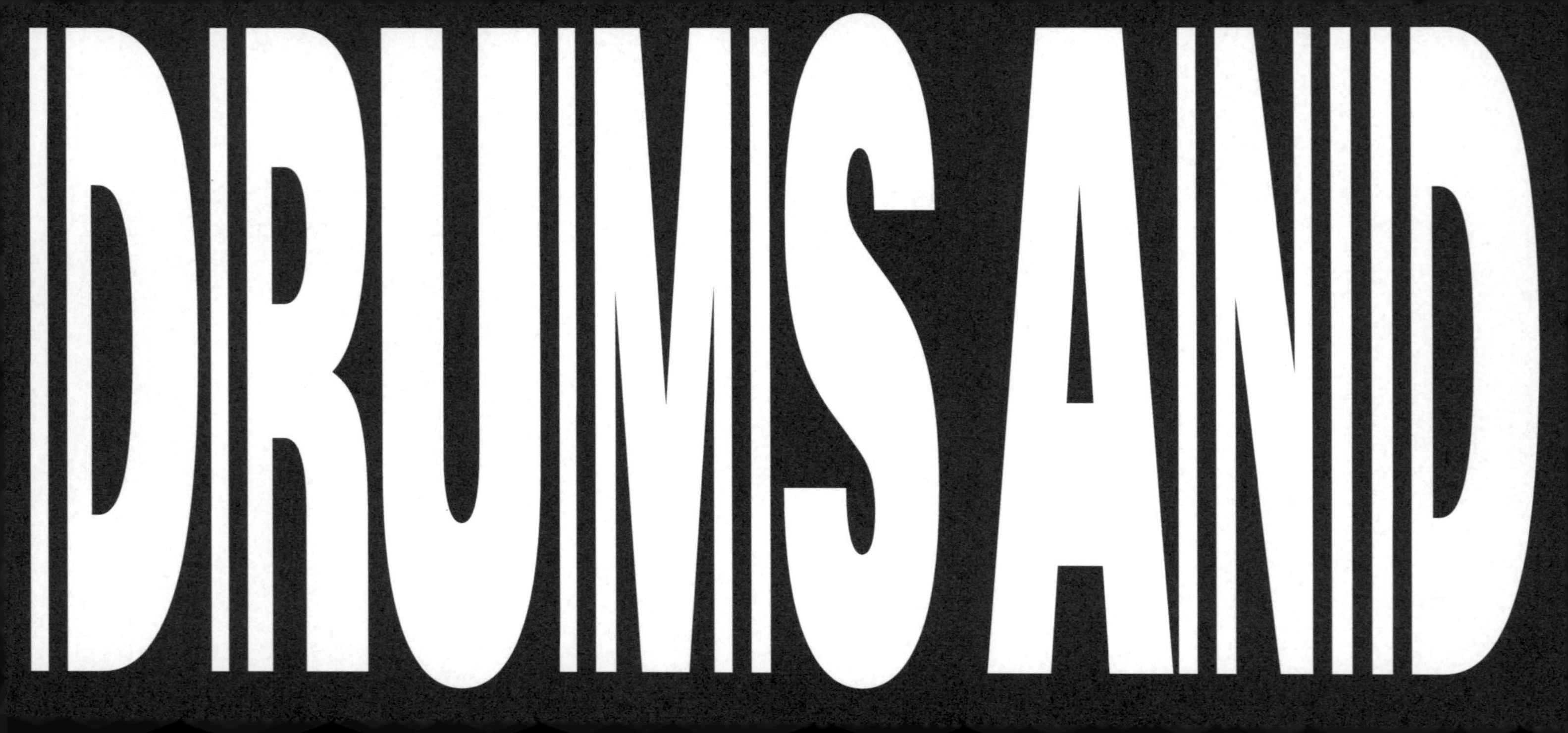

DRUMS AND

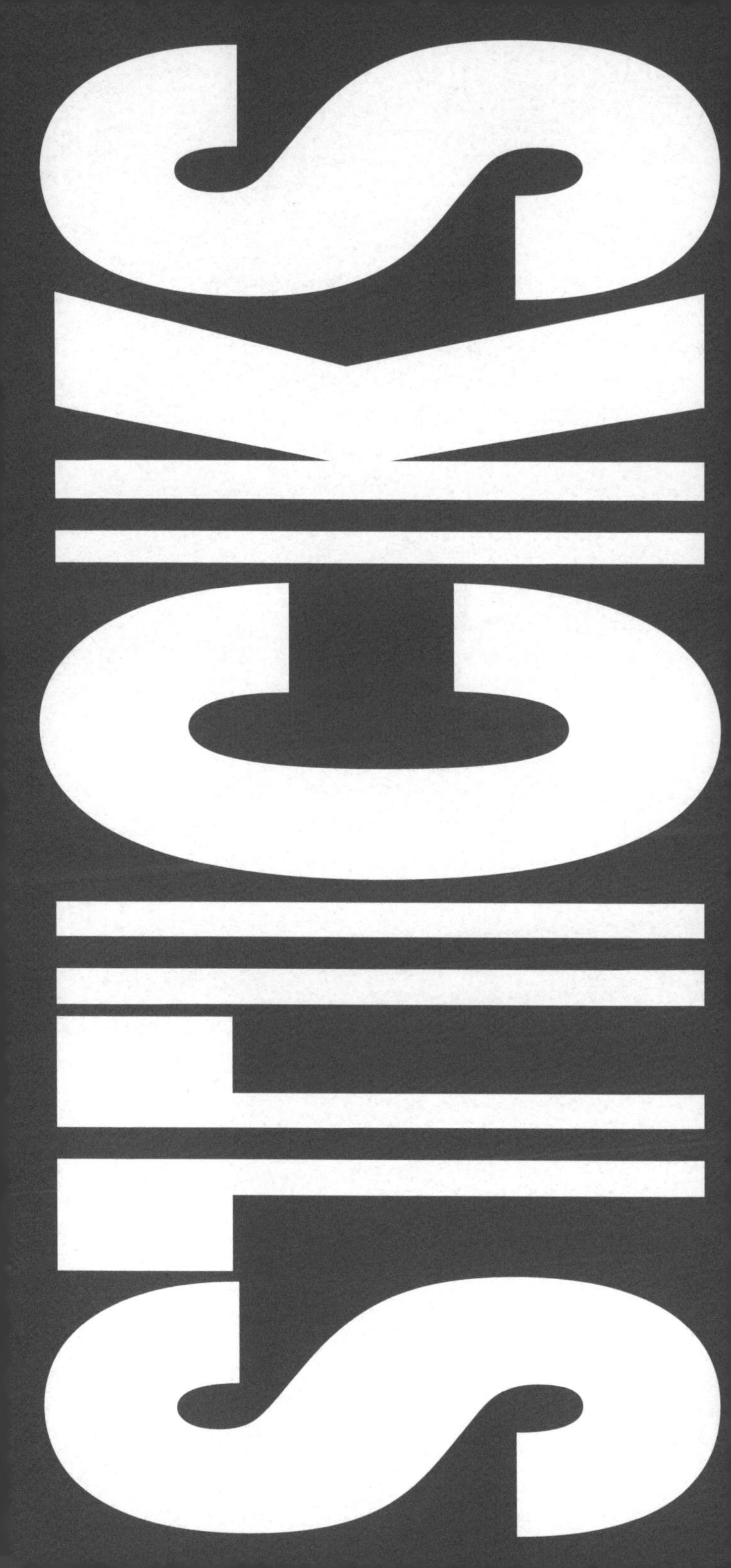

Drums and Sticks

Silje Figenschou Thoresen, Fredrik Prost,
Maria Lind, and Marita Andó

This Stannaki Forum's edition takes as its starting point the SKD's Sámi collection which comprises 229 objects from across Sápmi in the north of Norway, Sweden, Finland, and Russia. A number of the objects entered the collections through Gustav Friedrich Klemm (1802–1867) who was an anthropologist and head of the Royal Library in Dresden. In his ten-volume cultural history, Klemm placed the Sámi as Finns in the category of "passive" peoples, as opposed to "active" peoples, exemplifying how mainland Europe's only Indigenous people have been treated across the centuries, thus evidencing a coloniality of research within Europe and upon its Sámi people of the North. Sámi artists Silje Figenschou Thoresen and Fredrik Prost were invited to be in conversation with SKD researchers and spend time with the Sámi objects in Dresden and Leipzig. Their contributions to this publication take the form of personal essays, which were commented upon by Marita Andó, curator of North Asia / Europe at the GRASSI Museum für Völkerkunde zu Leipzig (Leipzig Ethnological Museum).

The Stannaki Forum is realized as a collaboration with Kin Museum of Contemporary Art in Kiruna on the Swedish side of Sápmi, in conversation with the Staatliche Ethnographische Sammlungen.

Trommeln und Stöcke

Silje Figenschou Thoresen,Fredrik Prost,
Maria Lind und Marita Andó

Ausgangspunkt für diese Ausgabe des Stannaki-Forums ist die sámische Sammlung des Museumsverbunds: Aktuell werden 229 Objekte als Kulturgüter der Sápmi im Norden Norwegens, Schwedens, Finnlands und Russlands geführt. Ein Teil davon gelangte durch Gustav Friedrich Klemm (1802–1867), Anthropologe und Leiter der Königlichen Bibliothek in Dresden, in die Sammlungen. In seiner zehnbändigen Kulturgeschichte ordnete Klemm die Sámen als Finnen in die Kategorie der »passiven« Völker ein, im Gegensatz zu den »aktiven« Völkern. Es veranschaulicht eine jahrhundertelange Kolonialität der Forschung innerhalb Europas in Bezug auf das einzige indigene Volk auf dem europäischen Festland. Die sámischen Künstler Silje Figenschou Thoresen und Fredrik Prost wurden eingeladen, mit Forschenden der SKD ins Gespräch zu kommen und Zeit mit den sámischen Objekten in Dresden und Leipzig zu verbringen. Ihre Beiträge zu dieser Publikation haben die Form von persönlichen Essays, die von Marita Andó, Kustodin für Nordasien/Europa am GRASSI Museum für Völkerkunde zu Leipzig, kommentiert wurden.

Das Stannaki Forum wird in Zusammenarbeit mit dem Kin Museum für zeitgenössische Kunst in Kiruna auf der schwedischen Seite von Sápmi und im Gespräch mit den Staatlichen Ethnographischen Sammlungen realisiert.

Additional Information on the Sámi Collection of the GRASSI Museum für Völkerkunde zu Leipzig

Marita Andó

Founded in 1869, the museum is one of the oldest of its kind. The foundation of the collection comes from the Dresden librarian Gustav Klemm. Among its most valuable objects were four Sámi shaman drums.

In the following decades, the collection grew to over 2000 objects. In the permanent exhibition, the Sámi were represented by the so-called "Lappengruppe"—a diorama with a tent, reindeer sled, and figurines.

The most extensive collection was assembled by Julius Konietzko on his travels to Finland and Sweden. Part of it came from Carl Hagenbeck and pertains to the Sámi, who appeared at the ethnological exhibitions. Another source of acquisition was the Umlauff company.

Everything that seemed interesting was collected: clothing, jewelry, household objects, tools, hunting implements.

Unfortunately, almost all of the objects, except for the drums, were lost in a fire at the GRASSI Museum during the Second World War. A handful of objects were subsequently added as a result of the "reorganization of the museum collections" in the 1970s, including a previously unknown drum. Other objects, which are more related to tourism, were donated to the museum.

Translated by Jesi Khadivi

Ergänzende Informationen zur Sami-Sammlung des GRASSI-Museums für Völkerkunde zu Leipzig

Marita Andó

Das 1869 gegründete Museum gehört zu den ältesten seiner Art. Den Grundstock bildet die Sammlung des Dresdner Bibliotheksrats Gustav Klemm. Zu ihren wertvollsten Objekten gehörten auch vier Schamanentrommeln der Sami.

In den folgenden Jahrzehnten wuchs die Sammlung auf über 2000 Objekte an. In der Dauerausstellung waren die Sami durch die sogenannte »Lappengruppe« vertreten – ein Diorama mit Zelt, Rentierschlitten und Figurinen.

Die umfangreichste Sammlung wurde von J. Konietzko auf seinen Reisen nach Finnland und Schweden zusammengetragen. Ein Teil stammt von Carl Hagenbeck und ist den Sami zuzuordnen, die auf den Völkerschauen auftraten. Eine weitere Erwerbsquelle ist die Firma Umlauff.

Gesammelt wurde alles, was interessant schien: Kleidung, Schmuck, Gegenstände aus dem Hausrat, Werkzeuge, Jagdgeräte.

Leider sind bis auf die Trommeln nahezu alle Objekte beim Brand des GRASSI-Museums im Zweiten Weltkrieg verloren gegangen. In der Folgezeit kamen eine Handvoll Objekte durch die in den 1970er-Jahren erfolgte »Bereinigung der Museumssammlungen« hinzu, darunter eine bisher unbekannte Trommel. Weitere Objekte, die eher dem touristischen Bereich zuzuordnen sind, wurden dem Museum geschenkt.

Gegenstand.   Volk.

Modell eines Schlittens
(aus Holz) mit einem
Lappländer; der Schlitten
wird von einem
Renthier gezogen

Lappisch Kierris (Nördl.)
oder Ahkie (Südl.)

Standort.

Oertlichkeit.

Lappe   Lappland

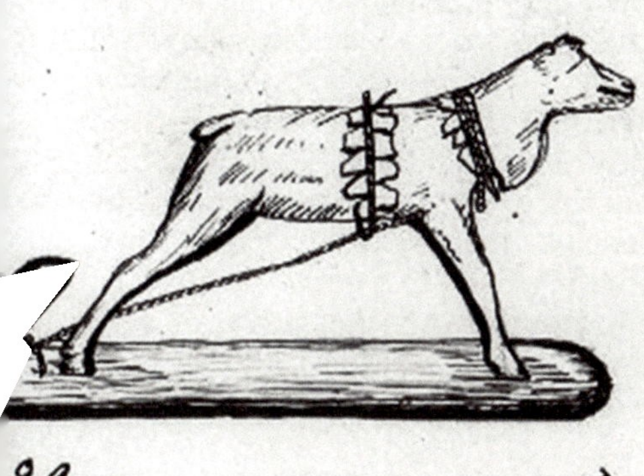

29 cm

Von wem gesammelt.

Von wem erhalten. Klein

Art der Erwerbung. Kauf

For the Love of Sticks

Silje Figenschou Thoresen

There was a time, it was both long ago and recently, when people traveled the world and wherever they went, they collected things and brought them home with them. Clothes, tools, jewelry, the ornamented, the functional, the things that were most different from where the collector came from themselves, the most "other" things. These things were then both displayed to tell the stories about the other, and kept in controlled environments to preserve the possibility of doing research not yet, or not yet fully done, or not yet done in this exact way, on the others.

I am other, and so are you of course, but I might be that kind of other who more often than yourself finds my everyday objects displayed in glass cases in museums.

As this kind of other, I belong to a group that both belongs in the modern world (I write this on a computer) and who has stayed behind (behind me a rigid heddle loom is hanging, the exact same type as in a museum in Dresden I just visited).

This dualism fails to keep my interest for a very long time. It is what it is.

The belts I make on my loom, for my family's traditional garb, take ages: I buy the yarn but then I spin it tighter on a spinning wheel, I soak it, stretch it, I wait weeks, straighten it, I thread the loom, I start weaving, centimeter by centimeter of the mid part, trying to learn the pattern by heart so it goes faster, I then start on the edges, another pattern, centimeter by centimeter, autumn comes, winter, I am still weaving, I sew the edges and the mid part together, tight, hard, I sew the inlay, I braid the braids, make the pompoms. You can also buy a machine-made belt; it is much cheaper. Is there, in any museum, a machine-woven belt? Will the belt I made for my niece last year ever end up at a museum? It is as likely as unlikely. It is a very other thing.

I love seeing them at museums. Not only for the connection I feel, and the pride, but also for my professional curiosity. Oh, so this pattern now? Interesting.

It is somehow expected, often, when I talk to non-others, that my mother or aunts taught me to weave. My mother has no interest in archaic crafts. A new friend from the Sámi community taught me back when I studied in Stockholm.

Aus Liebe zu Stöcken

Silje Figenschou Thoresen

Es gab eine Zeit, die sowohl lange zurückliegt als auch noch nicht allzu lange her ist, in der Menschen um die Welt reisten und an ihren Reisezielen Dinge sammelten und mit nach Hause brachten: Kleidung, Werkzeuge, Schmuck, Verziertes, Funktionales, die Dinge, die sich am meisten von der Herkunftsregion der Sammler*in unterschieden, die »andersartigsten« Dinge. Diese Dinge wurden dann sowohl ausgestellt, um Geschichten über das Andere zu erzählen, als auch in kontrollierten Umgebungen aufbewahrt, um die Möglichkeit zu erhalten, noch nicht, noch nicht vollständig oder noch nicht auf diese genaue Weise über die Anderen zu forschen.

Ich bin eine Andere, und du natürlich auch, aber ich könnte zu der Art von Anderen gehören, die ihre Alltagsgegenstände häufiger als du in Glasvitrinen in Museen ausgestellt findet.

Als diese Art von Anderer gehöre ich zu einer Gruppe, die sowohl in die moderne Welt gehört (ich schreibe dies auf einem Computer) als auch zurückgeblieben ist (hinter mir hängt ein Gatterkamm-Webrahmen, genau der gleiche Typ wie in einem Museum in Dresden, das ich gerade besucht habe).

Dieser Dualismus kann mein Interesse nicht lange wecken. Es ist, wie es ist.

Die Gürtel, die ich auf meinem kleinen Gatterkamm-Webrahmen für die traditionelle Kleidung meiner Familie herstelle, brauchen ewig: Ich kaufe das Garn, drehe es dann auf einem Spinnrad fester, tränke es, dehne es, warte Wochen, richte es, fädle den Webrahmen ein, beginne mit dem Weben, Zentimeter für Zentimeter des Mittelteils, versuche, das Muster auswendig zu lernen, damit es schneller geht. Dann fange ich mit den Kanten an, ein anderes Muster, Zentimeter für Zentimeter. Der Herbst kommt, der Winter, ich webe immer noch, ich nähe die Kanten und den Mittelteil zusammen, fest, hart, ich nähe die Einlage, ich flechte die Zöpfe, mache die Pompons. Man kann auch einen maschinell gefertigten Gürtel kaufen, der ist viel billiger. Gibt es in irgendeinem Museum einen maschinengewebten Gürtel? Wird der Gürtel, den ich letztes Jahr für meine Nichte gemacht habe, jemals in einem Museum landen? Das ist genauso wahrscheinlich wie unwahrscheinlich. Es ist eine ganz andere Sache.

Ich liebe es, sie in Museen zu sehen. Nicht nur wegen der Verbindung, die ich spüre, und des Stolzes, sondern auch wegen meiner beruflichen Neugier. Oh, also dieses Muster jetzt? Interessant.

Es wird oft erwartet, wenn ich mit Nicht-Anderen spreche, dass meine Mutter oder Tanten mir das Weben beigebracht haben. Meine Mutter hat kein Interesse an archaischen Hand-

But my father taught me lots. By example.

Because as strongly as I belong in the tradition of *duodji*, I belong to another tradition that never makes it to museums. This is a design tradition. It has no name, is often not recognized as a tradition, and people have claimed that it is not design.

You know, when you have a problem, you just fix it? If you need something to keep the window open, you wedge the newspaper in the frame. Or if you need a storage for food up in the mountains, you build a *njalla* or something similar, but you build it on the last place the snow melts, so your food keeps cold for longer. These two things are part of the same tradition. A fence repair, a floating pier, the wheel rim no longer attached to any wheel, but mounted on the wall to hang the garden hose on. All made of whatever you had at hand at the time. Sticks, wire, fishing nets, rope, it is an ecology of things that used to be one thing, then became something else. It was part of your drying rack. Then the drying rack became obsolete, or broke, the parts were kept, and this particular stick kept your garage door from slamming open, now it is put together with a sun-bleached piece of cloth, from a boat's canopy somewhere back in time, the stick and the red cloth makes a flag, the flag is drilled to your mailbox, the postman can lift it, now you know when the mail has arrived, and the stick is perfect for its purpose, because the holes from the strings in the drying rack fit the mechanism of keeping the flag up.

This is not a uniquely Sámi tradition, it belongs in many rural societies. But it is extremely typical in our areas. We fix things ourselves. The shop can be miles away. We might be the first person to ever have this problem: nobody has yet produced a solution.

An object formed in this tradition is typically shaped by certain factors: What problem would it solve? What materials do you have at hand? Furthermore, the specific skills you have determine the outcome. But also, the skills you don't have. Not knowing how, that leaves a lot to the materials, and you are more likely to take input from a lead in the materials around you. A forked branch! So, what if I put this part here, and now ... Then, the skills in the society around you (Is there anyone to ask? What have others done?) and finally, the place, the weather, the climate. All of this decides the practical AND aesthetic outcome of what you produce.

werken. Eine neue Freundin aus der Sámi-Gemeinschaft hat es mir beigebracht, als ich in Stockholm studierte.

Aber mein Vater hat mir viel beigebracht. Durch sein Vorbild.

Denn so sehr ich auch zur *duodji*–Tradition gehöre, gehöre ich auch einer anderen Tradition an, die es nie ins Museum schafft. Es handelt sich um eine Designtradition. Sie hat keinen Namen, wird oft nicht als Tradition anerkannt, und die Leute behaupten, es handele sich nicht um Design.

Weißt du, wenn man ein Problem hat, löst man es einfach. Wenn man etwas braucht, um das Fenster offen zu halten, klemmt man die Zeitung in den Rahmen. Oder wenn man in den Bergen einen Aufbewahrungsort für Lebensmittel braucht, baut man eine *njalla* oder etwas Ähnliches, aber man baut sie an der Stelle, an der der Schnee zuletzt schmilzt, damit die Lebensmittel länger kalt bleiben. Diese beiden Dinge sind Teil derselben Tradition. Eine Zaunreparatur, ein schwimmender Steg, die Radfelge, die nicht mehr an einem Rad befestigt ist, sondern an der Wand montiert ist, um den Gartenschlauch aufzuhängen. Alles wurde aus dem hergestellt, was man gerade zur Hand hatte. Stöcke, Draht, Fischernetze, Seile – es ist eine Ökologie der Dinge, die früher eine Sache waren und dann zu etwas anderem wurden. Sie waren Teil deines Wäscheständers. Dann wurde der Wäscheständer überflüssig oder ging kaputt, die Teile wurden aufbewahrt, und dieser spezielle Stock verhinderte, dass dein Garagentor knallend aufschlug. Jetzt wird er mit einem von der Sonne ausgeblichenen Stück Stoff zusammengefügt, das von einem Bootsverdeck irgendwo in der Vergangenheit stammt. Der Stock und der rote Stoff ergeben eine Flagge, die Flagge wird an deinem Briefkasten befestigt, der Postbote kann sie hochheben, jetzt weißt du, wann die Post angekommen ist, und der Stock ist perfekt für seinen Zweck, denn die Löcher der Schnüre im Wäscheständer passen zum Mechanismus, der die Flagge oben hält.

Dies ist keine ausschließlich sámische Tradition, sie findet sich in vielen ländlichen Gesellschaften. Aber in unseren Gebieten ist sie äußerst typisch. Wir reparieren Dinge selbst. Der Laden kann kilometerweit entfernt sein. Wir sind vielleicht die Ersten, die dieses Problem haben: Bisher hat noch niemand eine Lösung dafür gefunden.

Ein Objekt, das aus dieser Tradition heraus entsteht, wird in der Regel von bestimmten Faktoren geprägt: Welches Problem würde es lösen? Welche Materialien stehen zur Verfügung? Darüber hinaus bestimmen die spezifischen Fähigkeiten, die man hat, das Ergebnis. Aber auch die Fähigkeiten, die man nicht hat. Wenn man nicht weiß, wie es geht, hängt viel von den Materialien ab, und man lässt sich eher von einem Hinweis auf die Materialien in der Umgebung leiten. Ein gegabelter Ast! Was wäre, wenn ich diesen Teil hier anbringe und dann ... die Fähigkeiten in der Gesellschaft um dich herum

We don't call it anything special. We don't recognize it as anything special. We, frankly, would much rather show you the elaborate belts and pearl embroidered bags. This mishmash of sticks is nothing to show, maybe because we suspect that the ingenuity that goes along with it, is nothing you would recognize.

When I studied design, this was the design I wanted to delve into.

Here, the value of an object is in its usefulness. You yourself make. Ideas are copied, changed, things are not intended for neither a market nor mass production, admittedly two driving forces in design, but come on, is it not still design? Sure it is. What else could it be?

My teachers at the design school did not agree.

When we talk about traditions, we like to see things as a connection to the past. Even an evolution. Look at the stool, it's related to the chair, it is Jugendstil, it is Victorian, it belongs to a typology, a time. When it comes to the tradition of completely improvised objects that I come from, few things can be sorted into typologies. Furthermore, few things are left for the archaeologists. The floating pier with the gangplank that rolls on the deck to accommodate both the very high and low tide will be taken apart when it no longer fulfills its function, the blue cans that kept it floating will no longer be floating elements, the window frames from the hotel that were damaged in the fire will no longer be handrails on a pier (nor window frames), the deck will no longer be a deck, it will be planks. They will be taken apart, some will be given a new role, a bench to gut the fish on perhaps, some will rot, some will be burned. And future archaeologists will never know of these functions. As we don't know about these things in the past. Still, it comes from a tradition.

When I had finished studying design, I quit. My other-brain could not cope with the unbreakable bond between design and profit. I had spent my years at design school frantically collecting the sticks the other students threw away in the workshop bin thinking it was garbage. I was sure the sticks could still be used. Who's ever heard of a disposable stick? I could not sit at my desk as the gap underneath it was filled with saved sticks.

I now work as a contemporary artist, basing my work on the design tradition I grew up in, trying to find leads in the materials around me, tapping into that material logic I grew up with. I let things be the way they are, as I

(gibt es jemanden, den du fragen kannst? Was haben andere gemacht?), und schließlich der Ort, das Wetter, das Klima. All dies entscheidet über das praktische UND ästhetische Ergebnis dessen, was du produzierst.

Wir geben dem keine besondere Bezeichnung. Wir erkennen darin nichts Besonderes. Ehrlich gesagt würden wir euch viel lieber die kunstvoll gefertigten Gürtel und perlenbestickten Taschen zeigen. Dieser Mischmasch aus Stöcken ist nichts, was man zeigen sollte, vielleicht weil wir vermuten, dass der Einfallsreichtum, der damit einhergeht, nichts ist, was ihr erkennen würdet.

Als ich Design studierte, war dies das Design, mit dem ich mich beschäftigen wollte.

Hier liegt der Wert eines Objekts in seiner Nützlichkeit. Man stellt es selbst her. Ideen werden kopiert, verändert, die Dinge sind weder für den Markt noch für die Massenproduktion bestimmt – zugegebenermaßen zwei treibende Kräfte im Design, aber ist es nicht trotzdem Design? Natürlich ist es das. Was könnte es sonst sein?

Meine Lehrer*innen an der Designschule waren anderer Meinung.

Wenn wir über Traditionen sprechen, sehen wir die Dinge gerne als Verbindung zur Vergangenheit. Sogar als Entwicklung. Schau dir den Hocker an, er ist mit dem Stuhl verwandt, er ist Jugendstil, er ist viktorianisch, er gehört zu einer Typologie, einer Zeit. Wenn es um die Tradition völlig improvisierter Objekte geht, aus der ich komme, lassen sich nur wenige Dinge in Typologien einordnen. Außerdem bleibt den Archäolog*innen nur wenig übrig. Der schwimmende Pier mit dem Laufsteg, der sich auf dem Deck bewegt, um sowohl die sehr niedrige Ebbe als auch die sehr hohe Flut auszugleichen, wird auseinandergenommen, wenn er seine Funktion nicht mehr erfüllt. Die blauen Tonnen, die ihn schwimmfähig hielten, werden keine schwimmenden Elemente mehr sein. Die Fensterrahmen des Hotels, die bei dem Brand beschädigt wurden, werden keine Handläufe auf einem Pier mehr sein (auch keine Fensterrahmen). Das Deck wird kein Deck mehr sein, es werden nur Planken übrig sein. Sie werden auseinandergenommen, einige erhalten eine neue Funktion, eine Bank zum Ausnehmen von Fischen vielleicht, einige werden verrotten, einige werden verbrannt. Und zukünftige Archäolog*innen werden nie von diesen Funktionen erfahren. So wie wir auch nichts über diese Dinge in der Vergangenheit wissen. Dennoch entstammen sie einer Tradition.

Als ich mein Designstudium abgeschlossen hatte, gab ich auf. Mein Andere-Gehirn konnte mit der untrennbaren Verbindung zwischen Design und Profit nicht umgehen. Ich hatte meine Jahre an der Designschule damit verbracht, wie wild die Stöcke zu sammeln, welche die anderen Student*innen in den

have learnt that the value of anything is also in its future use. I seldom saw, screw, or glue, because this stick will have a next life. When is a stick too long? I'd rather find another, just as in the tradition I grew up in. I know that this structure, this piece of art, is a storage for future structures. I take apart and reassemble artworks, the same stick can be part of different pieces, taken apart, put back together or in new constellations, and sometimes, even though it is a piece of art, has been shown at the National Museum and belongs to that ungraspable economy and eternity, if the stick is just right, I'll remove it from the piece of art and build or fix something in the house with it.

There are these museums in Dresden, and in Leipzig. I visited their collections, they showed me bags, belts, knives, fantastic garments saved for eternity, the feathers of a loon, drums, looms, things that look exactly the same way back home, today.

And do you know what else they have in this collection? What someone had decided to bring home with them and save for eternity?

A stick.

People are curious; they want to be amazed. I'm such a person.

That's why I love to collect things that are unknown where I come from. Many generations before me have done the same. What they've collected has ended up in museums. I now work in such a museum—and I can marvel and be curious every day.

A museum is a place where all these collected things are kept and preserved. They should also be shown and have their story(ies) told. This is also called research.

Sometimes preservation doesn't work. During the Second World War, part of the collection was destroyed, including the collection of Sámi objects. Only a few pieces of information and drawings have remained. The interests of the collectors can be derived from them—clothing, tools, jewelry, the decorated, the functional.

There are also old photos of exhibits, for example, of the "Lappengruppe." Stories of the Others were told, mostly without asking them. This sometimes makes the stories abstruse.

Abfalleimer der Werkstatt warfen, weil sie dachten, sie seien Müll. Ich war mir sicher, dass die Stöcke noch verwendet werden konnten. Wer hat schon einmal von einem Einwegstock gehört? Ich konnte nicht an meinem Schreibtisch sitzen, da die Vertiefung darunter mit gesammelten Stöcken gefüllt war.

Ich arbeite jetzt als zeitgenössische Künstlerin und stütze meine Arbeit auf die Designtradition, in der ich aufgewachsen bin. Ich versuche, in den Materialien um mich herum Anhaltspunkte zu finden und die materielle Logik zu nutzen, mit der ich aufgewachsen bin. Ich lasse die Dinge so, wie sie sind, da ich gelernt habe, dass der Wert von allen Dingen auch in ihrer zukünftigen Verwendung liegt. Ich säge, schraube oder klebe selten, weil dieser Stock ein zweites Leben haben wird. Wann ist ein Stock zu lang? Ich suche lieber einen anderen, so wie es in der Tradition, in der ich aufgewachsen bin, üblich ist. Ich weiß, dass diese Struktur, dieses Kunstwerk, ein Speicher für zukünftige Strukturen ist. Ich zerlege Kunstwerke und setze sie neu zusammen. Ein und derselbe Stock kann Teil verschiedener Werke sein, auseinandergenommen, wieder zusammengesetzt oder in neuen Konstellationen, und manchmal, obwohl es sich um ein Kunstwerk handelt, wurde es im Nationalmuseum ausgestellt und gehört zu dieser unbegreiflichen Ökonomie und Ewigkeit. Wenn der Stock aber gerade passt, entferne ich ihn aus dem Kunstwerk und baue oder repariere damit etwas im Haus.

Es gibt diese Museen in Dresden und in Leipzig. Ich habe mir ihre Sammlungen angesehen. Sie zeigten mir Taschen, Gürtel, Messer, fantastische Kleidungsstücke, die für die Ewigkeit aufbewahrt wurden, die Federn eines Seetauchers, Trommeln, Gatterkamm-Webrahmen – Dinge, die heute zu Hause genauso aussehen.

Und weißt du, was sie noch in dieser Sammlung haben? Was jemand beschlossen hatte, mit nach Hause zu nehmen und für die Ewigkeit aufzubewahren?

Einen Stock.

Übersetzt von
Saskia Köbschall

> Menschen sind neugierig, sie wollen staunen. Ich bin ein solcher Mensch …
>
> Deshalb liebe ich es, Dinge zu sammeln, die dort, wo ich herkomme, unbekannt sind. Das taten auch schon viele Generationen vor mir. Was sie sammelten, geriet ins Museum, ich arbeite jetzt in einem solchen Museum – und darf jeden Tag staunen, jeden Tag neugierig sein.

What do I like about my museum? The collections contain so many inconspicuous things, even sticks. Incidentally, the catalogue card tells me that the stick in question was not collected as a stick, but rather because its bark seemed interesting, which was used for dyeing—or was it really just a stick to repair a drying rack?

In archaeology, the garbage pits of our ancestors are considered to be the most rewarding sites. Seemingly trivial objects rescued from wastepaper baskets have their place in museums alongside elaborate belts and beaded bags. Their history, the ingenuity of their use, their design—everything is part of a tradition to which I feel committed as a museum person.

I read the description of an object in an inventory—a piece of something—it was a stick. I love sticks!

Marita Andó

Translated by
Jesi Khadivi

p. 258
Fredrik Prost (in the picture), Silje Figenschou Thoresen, and Maria Lind during their research stay at the GRASSI Museum für Völkerkunde zu Leipzig on May 13, 2024

Ein Museum ist ein Ort, an dem all diese gesammelten Dinge aufbewahrt und bewahrt werden. Sie sollen auch gezeigt und ihre Geschichte(n) erzählt werden. Das nennt man auch forschen.

Manchmal klappt das mit dem Bewahren nicht. Im Zweiten Weltkrieg wurde ein Teil der Sammlung zerstört, darunter auch die Sammlung sámischer Objekte. Geblieben sind nur wenige Informationen und Zeichnungen. Aus ihnen lassen sich die Interessen der Sammler ableiten – Kleidung, Werkzeuge, Schmuck, das Verzierte, Funktionelle.

Es gibt auch alte Fotos von Ausgestelltem, zum Beispiel von der »Lappengruppe«. Geschichten der Anderen wurden erzählt, meist ohne sie zu fragen. Das macht die Geschichten mitunter abstrus.

Was mir an meinem Museum gefällt? Die Sammlungen enthalten so viele unscheinbare Dinge, wie eben Stöcke. Nebenbei bemerkt: Die Katalogkarte verrät mir, dass der besagte Stock nicht als Stock gesammelt wurde, vielmehr schien seine Rinde interessant, die zum Färben verwendet wurde – oder war es doch nur ein Stock zum Reparieren eines Wäscheständers?

In der Archäologie sollen die Abfallgruben unserer Vorfahren die ergiebigsten Fundstellen sein. Scheinbare Belanglosigkeiten, aus Papierkörben gerettet, haben ihre Berechtigung in den Museen neben kunstvollen Gürteln und perlenbestickten Taschen. Ihre Geschichte, der Einfallsreichtum ihrer Verwendung, ihr Design – alles ist Teil einer Tradition, der ich mich als Museumsmensch verpflichtet fühle.

In einem Inventarverzeichnis las ich die Beschreibung zu einem Objekt – ein Stück irgendwas. Es war ein Stock. Ich liebe Stöcke!

Marita Andó

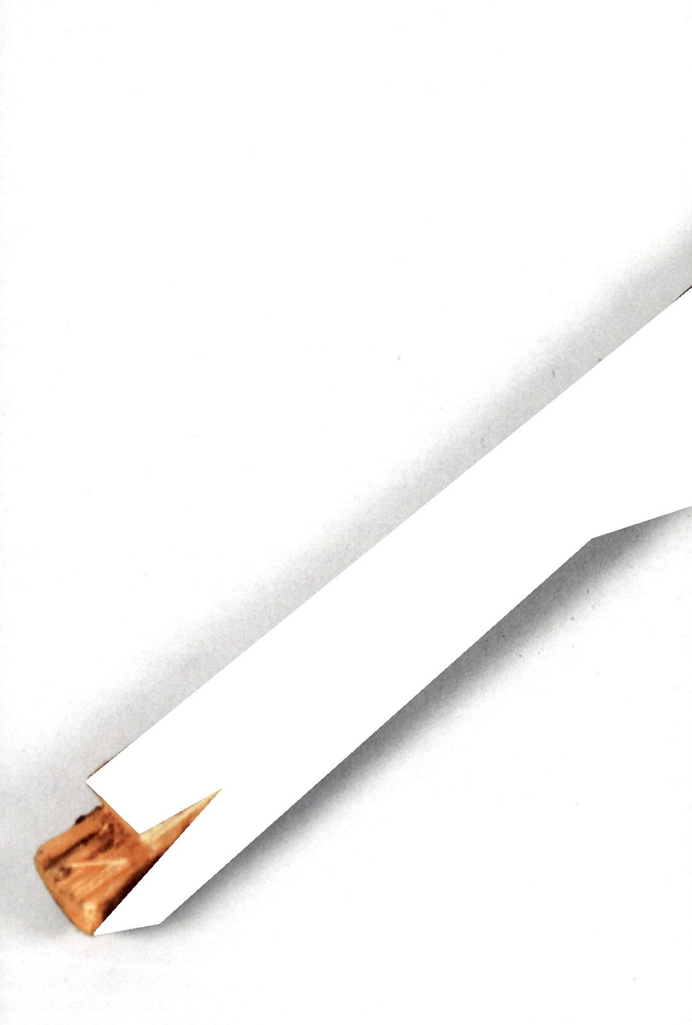

Object from the collection of the
GRASSI Museum für Völkerkunde zu
Leipzig, acquired by Julius Konietzko.

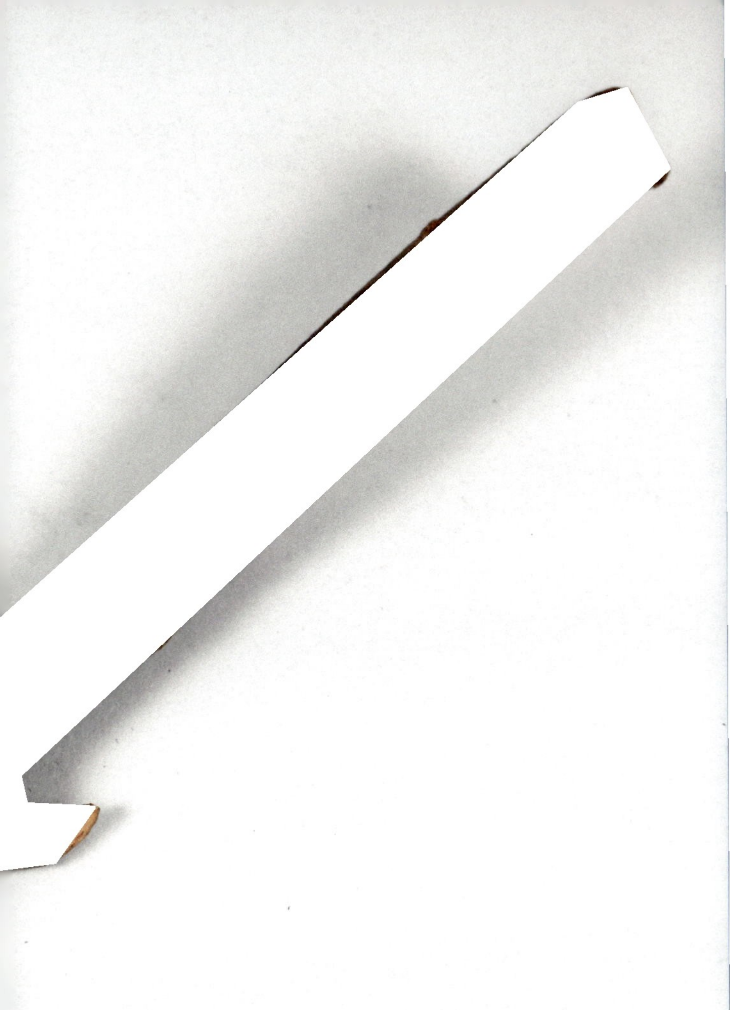

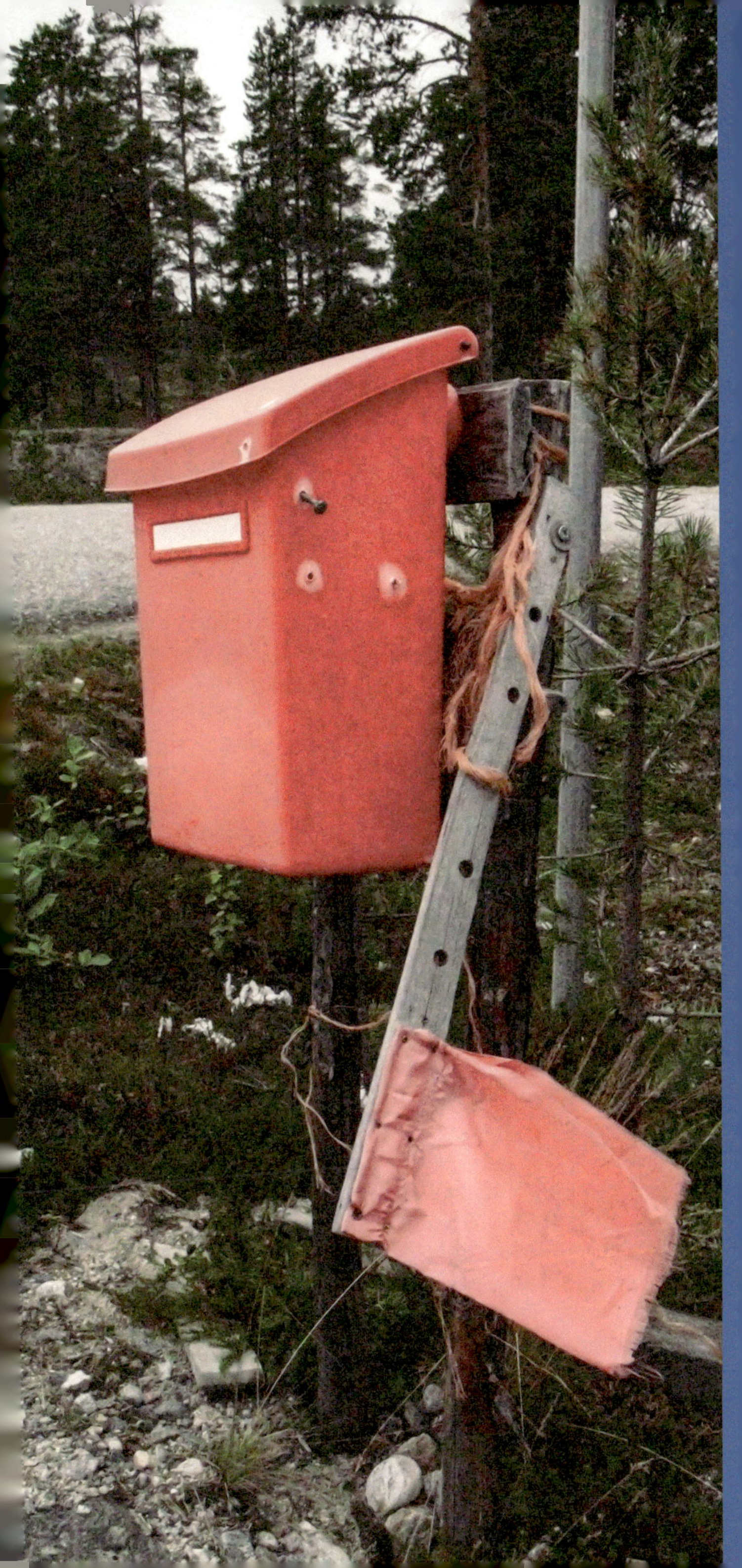

A Silent Witness

Fredrik Prost

In May of 2024, I had the great privilege of being able to closely study a number of old Sámi drums stored at the GRASSI Museum in Leipzig, Germany. The drums at the museum are from different Sámi areas, from the southernmost area to the northeast corner of the Sámi region. All of the drums in question were stolen during the early colonization and subsequent religious persecution of the Sámi people.

The particular drum at the GRASSI Museum in Leipzig that caught my eye is no ordinary Sámi drum, if there ever could be such a thing as an ordinary Sámi drum. This particular drum, however, is from the Kemi-Sámi area and from the extinct and completely eradicated Kemi-Sámi culture. In this particular part of the Sámi area, the sacred drums were constructed as a hybrid of the southern and northern types of Sámi drums. In the Southern Sámi area the drums are bent into an oval shape out of thin wood, much in the same way as drums in large parts of Siberia. In the Northern Sámi area the drums are made of hollowed out growths or burls found on trees; the finished drum resembles a bowl with holes cut out at the bottom.

The Kemi-Sámi drum is made from bent boards of wood as in the Southern Sámi area but with additional pieces of wood attached to the back of the drum; these pieces resemble the Northern Sámi construction of drums. What also sets this drum apart is the size, for in comparison to all other Sámi drums it is massive. It is large even when compared to drums from the Siberian Indigenous groups who in general have quite large drums, at least in comparison to Sámi drums. One can only wonder what sound this giant drum would have made when it was played during long nights of ceremony.

It is not only this drum's construction that is special; the symbols on the skin are also very intriguing. The symbolic landscape painted in red on the skin is very descriptive of the Sámi world view and orientation in a living cosmos. The word cosmos comes from ancient Greek and means "that which is beautifully ordered," a very fitting description of the symbols on this drum in particular and the Sámi world view in general. The symbols on the skin of the drum are ordered into three

Ein stiller Zeuge

Fredrik Prost

Im Mai 2024 hatte ich das große Privileg, eine Reihe alter sámischer Trommeln, die im GRASSI-Museum in Leipzig, Deutschland, aufbewahrt werden, aus nächster Nähe zu studieren. Diese Trommeln stammen aus unterschiedlichen Regionen des sámischen Gebiets, von den südlichsten bis zu den nordöstlichsten Ecken. Alle besagten Trommeln wurden während der frühen Kolonialisierung und der darauffolgenden religiösen Verfolgung des sámischen Volkes entwendet.

 Die Trommel im GRASSI-Museum in Leipzig, die mir ins Auge fiel, ist keine gewöhnliche Sámi-Trommel, wenn es so etwas überhaupt gibt. Diese Trommel stammt aus dem Gebiet der Kemi-Sámi und aus der ausgestorbenen und vollständig ausgelöschten Kultur der Kemi-Sámi. In diesem Teil des Sámi-Gebiets wurden die heiligen Trommeln als eine Mischung aus den südlichen und nördlichen Arten von Sámi-Trommeln hergestellt. Im südlichen Sámi-Gebiet sind die Trommeln aus dünnem Holz, das zu einer ovalen Form gebogen wird, ähnlich wie die Trommeln in weiten Teilen Sibiriens. Im nördlichen Sámi-Gebiet werden die Trommeln aus ausgehöhlten Wucherungen oder Knollen von Bäumen hergestellt, und die fertige Trommel ähnelt einer Schale mit Löchern am Boden.

 Die Kemi-Sámi-Trommel wird wie im südsámischen Gebiet aus gebogenen Holzbrettern hergestellt, wobei jedoch zusätzliche Holzstücke an der Rückseite der Trommel angebracht werden, die der nordsámischen Trommelkonstruktion ähneln. Was diese Trommel außerdem auszeichnet, ist ihre Größe: Im Vergleich zu allen anderen sámischen Trommeln ist sie riesig. Sie ist sogar im Vergleich zu Trommeln der indigenen sibirischen Gemeinschaften groß, die im Allgemeinen recht große Trommeln haben, zumindest im Vergleich zu sámischen Trommeln. Man kann sich nur fragen, welchen Klang diese riesige Trommel wohl hatte, als sie während langer Zeremoniennächte gespielt wurde.

 Nicht nur die Bauweise dieser Trommel ist etwas Besonderes, auch die Symbole auf dem Fell sind sehr faszinierend. Die symbolische Landschaft, die in Rot auf das Fell gemalt ist, beschreibt sehr anschaulich die Weltanschauung und Orientierung der Sámi in einem lebendigen Kosmos. Das Wort Kosmos stammt aus dem Altgriechischen und bedeutet »das, was in schöner Ordnung ist« – eine sehr treffende Beschreibung der Symbole auf dieser Trommel im Besonderen und der Weltanschauung der Sámi im Allgemeinen. Die Symbole auf der Trommelhaut sind in drei Ebenen oder Bereiche unterteilt, die durch zwei horizontale Linien getrennt sind, die zwischen den gegenüberliegenden Seiten der Trommel gezogen wer-

levels or areas divided by two horizontal lines drawn
between opposite sides of the drum. The two lines are
broken in the middle, leaving spaces resembling openings between the different areas of the painted skin.
This almost suggests openings for the mostly anthro-
pomorphic figures on the skin to travel between the
different areas. For anyone familiar with Sámi spirituality and world view this is in no way surprising. The Sámi
cosmology is divided into worlds or realms layered on
top of one another. The middle world is where I am writing this and you are reading it. The lower world is the
land of the dead where we go after this existence and
from whence we, after a period of time, return to live
again. The upper world is the realm of benevolent spirits
and gods governing the forces of the universe. These
three realms can be seen on the skin of the drum with
the gaps in the lines representing doorways between
them, for it is believed that in ceremony the shaman
can travel between the realms. At the upper and lower
ends of the skin there are also openings in the line that
frames the whole symbolic cosmos. This is also consistent with Sámi cosmology that speaks of realms beyond
the three previously explained ones; these additional
realms are said to be known only to the most powerful
shamans, which really says something about the original owner of the drum.

So the drum in question is not just any drum, even
though it might seem like it to the untrained eye. As
could have been guessed from this text so far, my
eyes are not untrained when it comes to Sámi drums.
Brought up in a Sámi reindeer herding family, I was fascinated early on by our Indigenous craft and art. This
keen interest led me at the age of fourteen in 1995 to
craft my first traditional Sámi knife. What was a keen
interest grew and turned into obsession, and in 2001
I enrolled in the Sámi school of arts and crafts in Joh-
kamohkki/Jokkmokk, Northern Sweden. During my
three years at the school I was taught by some of the
most skilled Sámi artisans; I also learned a lot about
drums and how to construct them. This was invaluable
knowledge that I would need when I constructed my
first drum. The first drum I made was out of necessity
and interest on my part, but Sámi drums and spirituality
would soon become an important part of my work and
personal life. After making this first drum, I have made
many other drums and helped other Sámi to make their
own during workshops. I soon realized that this heritage

den. Die beiden Linien sind in der Mitte unterbrochen, sodass zwischen den verschiedenen Bereichen der bemalten Haut Öffnungen entstehen. Dies lässt fast den Eindruck entstehen, als könnten die meist anthropomorphen Figuren auf der Haut zwischen den verschiedenen Bereichen hin- und herwandern. Für jeden, der mit der Spiritualität und Weltanschauung der Sámi vertraut ist, ist dies keineswegs überraschend. Die Sámi-Kosmologie ist in Welten oder Sphären unterteilt, die übereinander geschichtet sind. Die mittlere Welt ist der Ort, an dem ich dies schreibe und Sie es lesen. Die untere Welt ist das Land der Toten, in das wir nach diesem Leben gehen und von dem aus wir nach einer gewissen Zeit wiederkehren, um weiterzuleben. Die obere Welt ist das Reich der wohlwollenden Geister und Götter, die die Kräfte des Universums beherrschen. Diese drei Reiche sind auf der Haut der Trommel zu sehen, wobei die Lücken in den Linien die Türen zwischen ihnen darstellen, denn es wird angenommen, dass der Schamane bei Zeremonien zwischen den Reichen reisen kann. Am oberen und unteren Ende der Haut befinden sich ebenfalls Öffnungen in der Linie, die den gesamten symbolischen Kosmos umrahmt. Dies steht auch im Einklang mit der sámischen Kosmologie, die von Sphären jenseits der drei zuvor erläuterten Ebenen spricht. Diese zusätzlichen Sphären sollen nur den mächtigsten Schamanen bekannt sein, was wirklich etwas über den ursprünglichen Besitzer der Trommel aussagt.

Die Trommel, um die es hier geht, ist nicht irgendeine Trommel, auch wenn sie für das ungeübte Auge so aussehen mag. Wie man aus diesem Text bisher schon erahnen konnte, sind meine Augen nicht ungeübt, wenn es um sámische Trommeln geht. Ich bin in einer sámischen Rentierzüchterfamilie aufgewachsen und war schon früh von unserem indigenen Handwerk und unserer Kunst fasziniert. Dieses große Interesse bewegte mich 1995 im Alter von 14 Jahren dazu, mein erstes traditionelles Sámi-Messer herzustellen. Aus dem anfänglichen Interesse wurde eine Leidenschaft, und 2001 schrieb ich mich an der Sámi-Schule für Kunst und Handwerk in Johkamohkki/Jokkmokk im Norden Schwedens ein. Während meiner drei Jahre an der Schule, wo ich von einigen der fähigsten sámischen Kunsthandwerker*innen lernte, erfuhr ich auch viel über Trommeln und wie man sie baut. Dieses Wissen war von unschätzbarem Wert, als ich meine erste Trommel baute. Die erste Trommel, die ich herstellte, entstand aus Notwendigkeit und meinem Interesse heraus, aber die sámischen Trommeln und die sámische Spiritualität sollten bald ein wichtiger Teil meiner Arbeit und meines Privatlebens werden. Nachdem ich diese erste Trommel hergestellt hatte, habe ich viele weitere Trommeln hergestellt und anderen Sámi bei Workshops geholfen, ihre eigenen Trommeln herzustellen. Mir wurde schnell klar, dass dieses Erbe für immer verloren gehen könnte, wenn

could be lost forever if no one works to preserve it and teach it to others. So during the last two decades I have tried to learn as much as possible about Sámi drums and spirituality. In 2023, this decades-long work led me to publish a book about Sámi spirituality and drums. I chose to write the book completely in Northern Sámi, which is my own language. The book became the first on this topic ever written in any of the Sámi languages.

The reasons for writing my book in Sámi are several: one is that the terminology for this topic exists only in our language, and another is political. If you are born into the Sámi culture you are inevitably born into political struggle, especially if you are born in a reindeer herding family. The colonization of our lands that began for real in the early eighteenth century has made the preservation of our language, culture, and livelihood into a constant battle. This is an ongoing struggle that has turned almost all parts of our culture into political hot buttons, especially our drums. So the drum is not only the most sacred of all our art objects; it is also the most political one.

At this moment, in 2024, this particular drum from the Kemi-Sámi area, now at the GRASSI Museum, is probably the most politically charged of all Sámi objects at any museum in the world. The reason for this is closely tied to the colonial history of Northern Scandinavia. In the late seventeenth century and early eighteenth century, a wave of Finnish settlers started to migrate northward from the southern and middle parts of Finland, swallowing and pushing out the Kemi-Sámi from their area in the middle to northern part of Finland. Preserved letters that the Kemi-Sámi sent to the authorities asking for assistance with their desperate situation are heartbreaking and very telling. In theory, the Kemi-Sámi had legal right to their lands, yet in practice they were powerless against the wave of settlers challenging them in the wilderness of the eighteenth century. The Kemi-Sámi were annihilated and eradicated from the face of the earth; it is the closest we have to a genocide in Sámi history.

Today the descendants of the Finnish settlers live in Northern Finland, in the Torne Valley in the north of Sweden, and some areas of Northern Norway. The Kemi-Sámi are long gone and even their language is almost a mystery for the Sámi of today. The drum at the GRASSI Museum is one of the few objects left from their culture, a silent witness to a tragedy in the far

niemand daran arbeitet, es zu bewahren und anderen zu vermitteln. Also habe ich in den letzten zwei Jahrzehnten versucht, so viel wie möglich über sámische Trommeln und Spiritualität zu lernen. Diese jahrzehntelange Arbeit führte 2023 zur Veröffentlichung eines Buches über sámische Spiritualität und Trommeln. Ich habe mich dafür entschieden, das Buch vollständig in Nordsámisch zu schreiben, meiner eigenen Sprache. Das Buch war das erste zu diesem Thema, das jemals in einer der sámischen Sprachen verfasst wurde.

Es gibt mehrere Gründe, warum ich mein Buch auf Sámi geschrieben habe: Einer ist, dass die Terminologie für dieses Thema nur in unserer Sprache existiert, und ein anderer ist politischer Natur. Wer in die Sámi-Kultur hineingeboren wird, wächst unweigerlich in einen politischen Kampf auf, insbesondere als Mitglied einer Rentierzüchterfamilie. Die Kolonisierung unseres Landes, die im frühen 18. Jahrhundert begann, hat die Bewahrung unserer Sprache, Kultur und Lebensgrundlage zu einem ständigen Kampf gemacht. Dieser andauernde Kampf hat fast alle Teile unserer Kultur zu politischen Reizthemen gemacht, insbesondere unsere Trommeln. Die Trommel ist also nicht nur das heiligste aller unserer Kunstobjekte, sondern auch das politischste.

Zum jetzigen Zeitpunkt, im Jahr 2024, ist diese besondere Trommel aus dem Gebiet der Kemi-Sámi im GRASSI-Museum wahrscheinlich das politisch brisanteste aller Sámi-Objekte in einem Museum weltweit. Diese Tatsache ist eng mit der Kolonialgeschichte Nordskandinaviens verbunden. Im späten 17. und frühen 18. Jahrhundert begann eine Welle finnischer Siedler*innen aus dem Süden und der Mitte Finnlands nach Norden zu ziehen und die Kemi-Sámi aus ihrem Gebiet in der Mitte bis in den Norden Finnlands zu verdrängen. Die Briefe, die die Kemi-Sámi an die Behörden schickten, um in ihrer verzweifelten Lage um Hilfe zu bitten, sind herzzerreißend und sehr aufschlussreich. Theoretisch hatten die Kemi-Sámi ein Anrecht auf ihr Land, praktisch waren sie jedoch machtlos gegen die Welle von Siedler*innen, die sie im 18. Jahrhundert in der Wildnis bedrängten. Die Kemi-Sámi wurden vernichtet und ausgelöscht. Dieses Ereignis kommt einem Völkermord in der Geschichte der Sámi am nächsten.

Heute leben die Nachkommen der finnischen Siedler*innen in Nordfinnland, im Tornetal im Norden Schwedens und in einigen Gebieten Nordnorwegens. Die Kemi-Sámi gibt es schon lange nicht mehr und selbst ihre Sprache ist für die heutigen Sámi fast ein Rätsel. Die Trommel im GRASSI-Museum ist eines der wenigen Objekte, die von ihrer Kultur übrig geblieben sind, ein stiller Zeuge einer Tragödie im hohen Norden. Die Anwesenheit der Sámi in diesem Gebiet ist ein heikles und kontroverses Thema für die finnischsprachigen Nachkommen der Siedler*innen. Diese Kontroverse hat seit dem frühen 17.

north. Sámi presence in this area is a triggering and controversial topic for the Finnish-speaking descendants of the settlers. This controversy has taken many forms since the early seventeenth century, many times bordering on racism and outright hatred towards Sámi. Documented history is hard to argue, that is, if you do not simply decide to rewrite it. This is the course of action chosen by the Finnish population of Northern Finland. Instead of owning up to history and facts, they have been claiming to be descendants of the Kemi-Sámi rather than settlers for about thirty years. It is a clever move by an aggressive and argumentative revisionist movement. It eerily reflects similar revisionist anti-Sámi movements in both Northern Sweden and Northern Norway, all of which were started at the same time around thirty years ago.

In Northern Finland, all things Kemi-Sámi are claimed as the settlers' heritage, so too the remaining Kemi-Sámi drums. This adds another layer of importance to the drum at the museum in Leipzig, a silent witness to the destruction of a once rich and vibrant culture. A culture that once covered almost a fourth of Finland is now being appropriated for political reasons. This movement is also pushing itself into the Finnish Sámi parliament, threatening to undo all political achievements made by the remaining Sámi in Finland. History is important because we can learn from it and hopefully not make the same mistakes again. The Kemi-Sámi drum at the GRASSI Museum has been silent for too long—it is time for it to once again sound its voice.

> We have intensified the provenance research on all objects in recent years, with a special focus on cultural assets looted during the National Socialist era and in a colonial context. The Staatlichen Ethnographischen Sammlungen draw upon the intensive contacts they have established over many years with communities and institutions in the regions of origin. Since the early 1990s, for example, there has been contact with Sámi museums in Finland, Sweden, and Norway. In September 2024, the Sámi Museum and Nature Center (Siida) in Inari submitted an application for the restitution of the Kemi-Sámi drum Eu 00580. The restitution process has been underway since then.
>
> Marita Andó

Jahrhundert viele Ausprägungen angenommen und grenzt
oft an Rassismus und offenen Hass gegenüber den Sámi. Die
dokumentierte Geschichte ist schwer zu widerlegen, es sei
denn, man beschließt einfach, sie neu zu schreiben. Dies ist die
Vorgehensweise, für die sich die finnische Bevölkerung Nord-
finnlands entschieden hat. Anstatt sich der Geschichte und
den Fakten zu stellen, behaupten sie seit etwa dreißig Jahren,
Nachfahr*innen der Kemi-Sámi und nicht der Siedler*innen
zu sein. Es ist ein geschickter Schachzug einer aggressiven
und polemischen revisionistischen Bewegung. Er spiegelt auf
gespenstische Weise ähnliche revisionistische antisámische
Bewegungen in Nordschweden und Nordnorwegen wider,
die alle zur gleichen Zeit vor etwa dreißig Jahren ins Leben
gerufen wurden.

In Nordfinnland werden alle Dinge, die mit den Kemi-Sámi
zu tun haben, als Erbe der Siedler*innen beansprucht, so auch
die verbliebenen Kemi-Sámi-Trommeln. Dies verleiht der Trommel im Museum in Leipzig eine weitere Bedeutungsebene, als
stille Zeugin der Zerstörung einer einst reichen und lebendigen
Kultur. Eine Kultur, die einst fast ein Viertel Finnlands bedeck-
te, wird nun aus politischen Gründen vereinnahmt. Diese Bewegung drängt auch ins finnische Sámi-Parlament und droht,
alle politischen Errungenschaften der verbliebenen Sámi in
Finnland zunichte zu machen. Geschichte ist wichtig, weil wir
aus ihr lernen und hoffentlich nicht dieselben Fehler noch einmal begehen. Die Kemi-Sámi-Trommel im GRASSI-Museum
hat zu lange geschwiegen. Es ist an der Zeit, dass sie wieder
erklingt.

Übersetzt von
Saskia Köbschall

> Wir haben seit einigen Jahren die Provenienzfor-
> schung zu allen Objekten intensiviert. Ein spezielles
> Augenmerk liegt dabei auf Kulturgut, das in der Zeit
> des Nationalsozialismus sowie im kolonialen Kontext
> geraubt wurde. Die Staatlichen Ethnographischen
> Sammlungen nutzen dazu ihre über viele Jahre aufge-
> bauten intensiven Kontakte zu Gemeinschaften und
> Institutionen in den Herkunftsgebieten. So gibt es
> seit Anfang der 1990er-Jahre Kontakte zu sámischen
> Museen in Finnland, Schweden und Norwegen. Im
> September dieses Jahres stellte das Sámische Mu-
> seum und Naturzentrum (Silda) aus Inari einen Antrag
> auf Rückgabe der Kemi-Sámi-Trommel Eu 00580.
> Das für die Restitution vorgesehene Verfahren läuft
> seitdem.
>
> Marita Andó

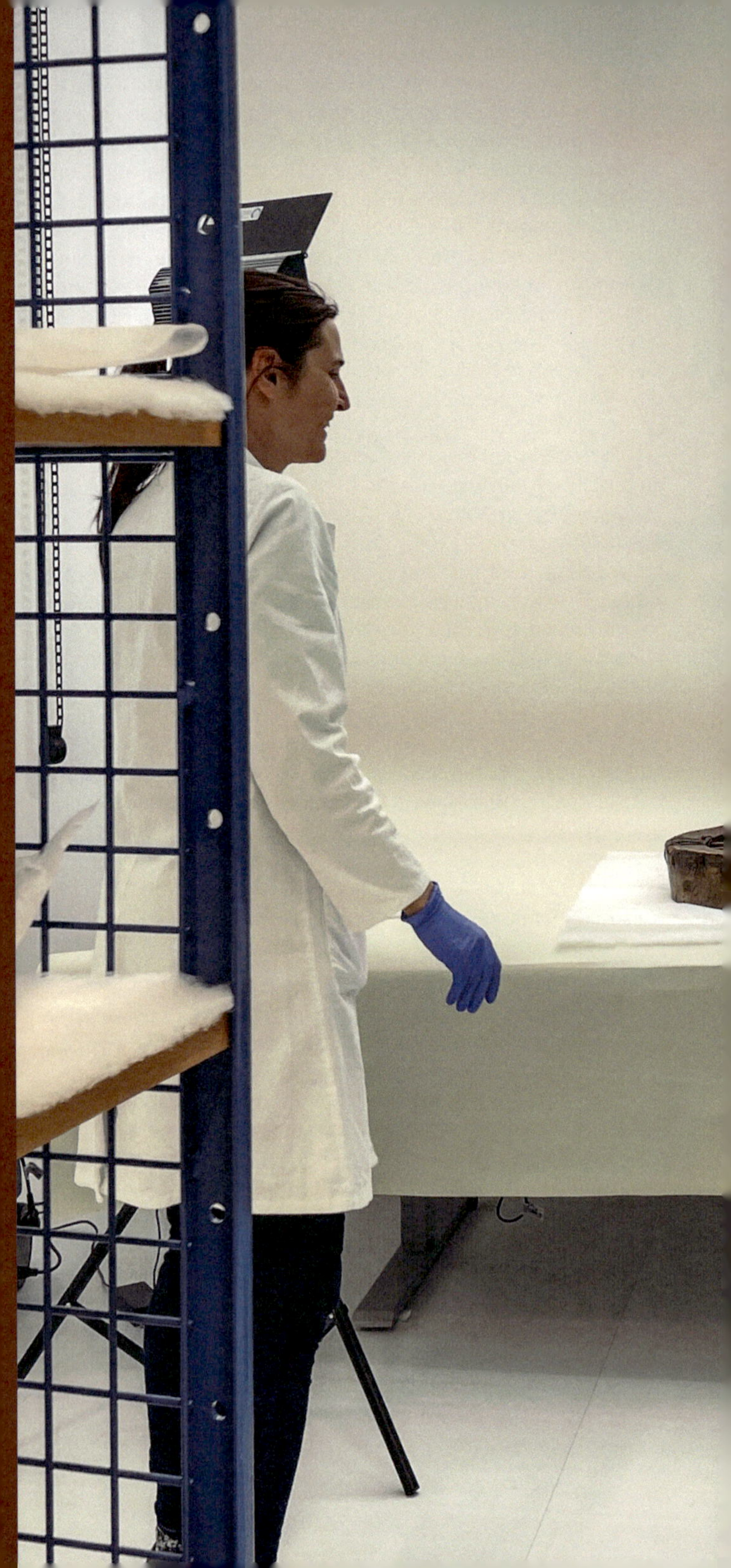

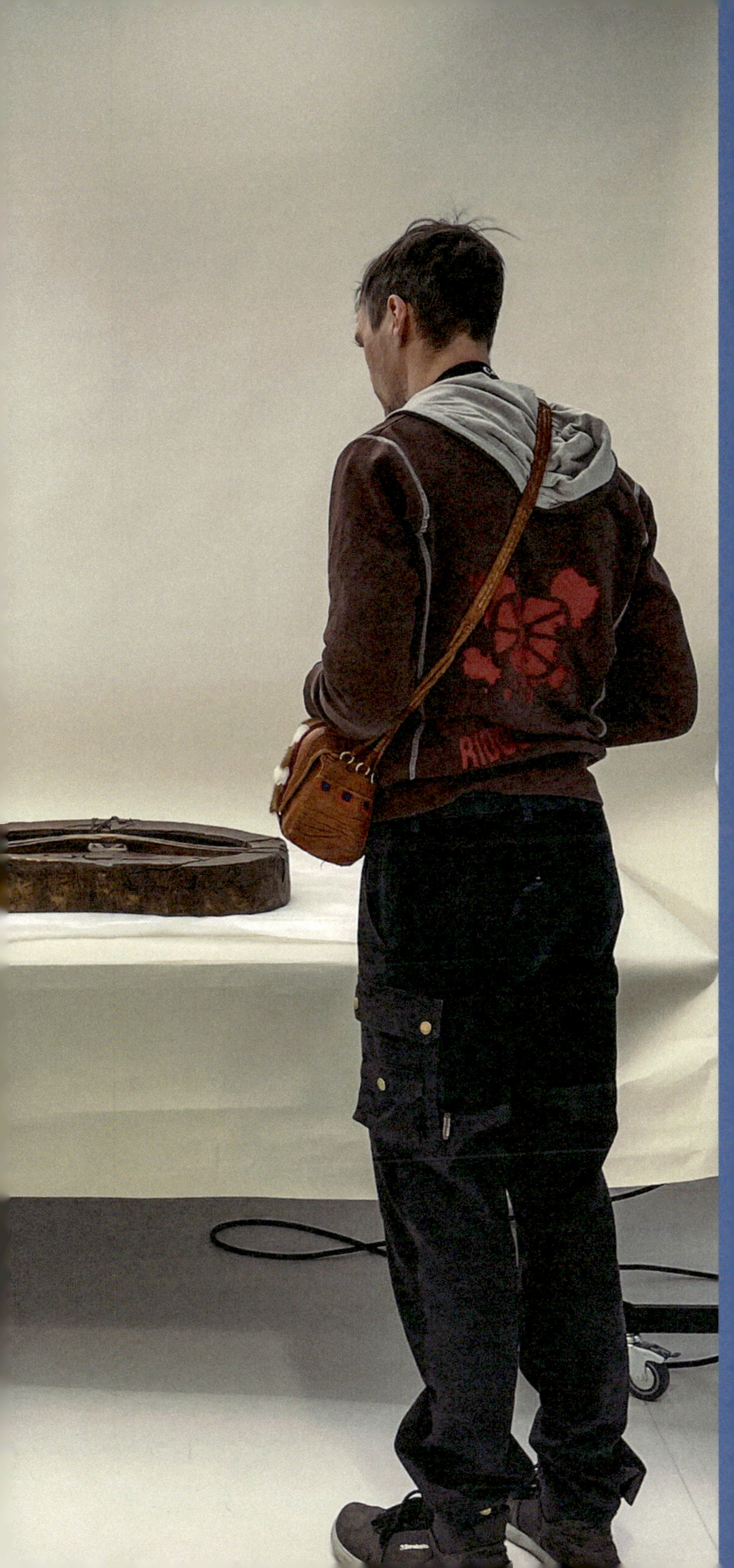

<u>Maria Lind (ML)</u>: The Kin Museum of Contemporary Art in Kiruna, located in the northern-most municipality in Sweden, is a small museum dedicated to contemporary art. Because we are in the heartland of the Swedish side of Sápmi, it is essential for us to work with Sámi artists and cultural practitioners, not least when it comes to *Duodji*, Sámi craft. I'm not Sámi myself, I don't speak on behalf of the Sámi, but I work a lot with Sámi practitioners and questions pertaining to the Sámi population today. Marita, could you tell us a bit about the Sámi collection at the museum in Leipzig?

<u>Marita Andó (MA)</u>: There are two Sámi collections—one in Dresden and one in Leipzig. The Dresden collection contains approximately 229 objects—according to our current knowledge. It is written that they come from the Sámi of Lapland, but when we looked at the objects with Silje, we realized that there may be many more objects that are not signed as Sámi. She looked at textiles in particular and found that they are similar to Sámi patterns, but we don't have enough resources yet for research on this topic. I hope that, with contributions from the Sámi, we can identify more Sámi objects in this collection. There were four Sámi drums in Gustav Klemm's collection, which forms the foundation of our collection today. One of them was a very rare object. It was an angular-cut frame drum—only two of this type exist in the world. There were also two drums of another type, more typical of the south of Sweden, which were also in the collection. One of them was declared by a specialist as a fake drum, but I don't think so. Rather, it might not be fake, but perhaps a later form. When the oppression of the Sámi religion was greater, they made another form to conceal its origin. We don't know for sure, but this could also be a real Sámi drum.

The other collections came to the museum during the first years of the twentieth century, 1907 and 1908. They came from ethnographical traders via the company Umlauff, but a very big part of the collection was collected by [Julius] Konietzko, who traveled to Sweden and Finland, where he acquired most of the collections. By the Second World War, it had grown to over 2,000 objects. Most of the northern collections, also the north-

<u>Maria Lind (ML)</u>: Das Kin Museum für zeitgenössische Kunst in
Kiruna befindet sich in der nördlichsten Gemeinde Schwedens.
Es ist ein kleines Museum, das sich der zeitgenössischen
Kunst widmet. Da wir uns im Kernland des schwedischen
Teils von Sápmi befinden, ist es uns besonders wichtig, mit
sámischen Künstler*innen und Kulturschaffenden zusammen-
zuarbeiten, nicht zuletzt, wenn es um *Duodji* – das sámische
Handwerk – geht. Ich bin selbst keine Sámi und spreche nicht
im Namen der Sámi, aber ich arbeite intensiv mit sámischen
Künstler*innen zusammen und beschäftige mich mit Themen,
die die sámische Bevölkerung heute betreffen. Marita, kannst
du uns etwas über die sámische Sammlung im Museum in
Leipzig erzählen?

<u>Marita Andó (MA)</u>: Es gibt zwei sámische Sammlungen – eine
in Dresden und eine in Leipzig. Die Dresdner Sammlung umfasst etwa 229 Objekte – nach unserem derzeitigen Kenntnis-
stand. Es steht geschrieben, dass sie von Sámi aus Lappland
stammen, aber vor allem als wir uns die Objekte mit Silje ange-
schaut haben, wurde uns klar, dass es noch viel mehr Objekte
geben könnte, die nicht als sámisch gekennzeichnet sind. Sie
hat vor allem Textilmuster untersucht und festgestellt, dass
diese den sámischen Mustern ähneln. Allerdings fehlen uns
bislang die Ressourcen, um dieses Thema eingehend zu erforschen. Ich hoffe, dass wir mit Unterstützung der Sámi-Gemeinschaft mehr sámische Objekte in der Sammlung identifizieren
können.

In der Sammlung von Gustav Klemm, die den Grundstock
unserer heutigen Sammlung bildet, gab es vier sámische
Trommeln. Eine davon war ein besonders seltenes Objekt: eine
eckig geschnittene Rahmentrommel, von der es weltweit nur
zwei Exemplare gibt. In der Sammlung befanden sich auch
zwei Trommeln eines anderen Typs, der eher für Südschweden
typisch ist. Eine davon wurde von einem Experten als Fälschung deklariert, aber ich glaube nicht, dass es sich um eine
Fälschung handelt. Es könnte sich vielmehr um eine spätere
Form handeln. Als die Unterdrückung der sámischen Religion
zunahm, fertigten sie möglicherweise andere Trommelformen
an, um ihre Herkunft zu verschleiern. Wir wissen es nicht
genau, aber es könnte sich auch um eine echte sámische
Trommel handeln.

Die anderen Sammlungen kamen in den ersten Jahren des
20. Jahrhunderts (1907/08) ins Museum. Sie wurden von ethnografischen Händlern über die Firma Umlauff eingebracht. Ein
großer Teil der Sammlung wurde jedoch von [Julius] Konietzko

ern American collection and the entire Sámi collection, burned during the Second World War. Only the drums, because they were very expensive and very rare, had been taken to another place earlier and survived. After the war, the museum acquired more artifacts, mainly touristic objects.

<u>ML</u>: Fredrik, last year you published an important book, *Leŋges hearggi Sáhčal fatnasa*, on Sámi spirituality and drums in your mother tongue, which is North Sámi. There are a number of different Sámi languages and North Sámi is the largest. This book was nominated for the Nordic Council Literature Prize, of the most prestigious literary awards in the North of Europe. Yet the book only exists in North Sámi, so how could a jury actually access the text? How could they read the book? You devised a translation process whereby jury members could read the translation within a certain time period under controlled circumstances without being able to document or record. I think this is such a beautiful and essential decision not to translate something that is about an important historical and contemporary knowledge, which primarily pertains to Sámi people. Sadly, you didn't win. But it was a benchmark that a book in North Sámi was nominated for this award.

<u>Fredrik Prost (FP)</u>: During our visit to the collections in May, I got to see the old Sámi drums in both Leipzig and Dresden. There is a respected scholar, Ernst Manker, who wrote a seminal book about Sámi drums. He discovered seventy-two drums, but this led to people quoting him and saying that there are *only* seventy-two drums in the world. I tend to say that there are seventy-two *stolen* drums, which have been preserved in museums. A lot more drums have been made after that by Sámi people until today—I'm one of them.

The drum is the most political Sámi object you could ever imagine, and this is no exception. Making a drum as a Sámi person today is basically a political act. I did not think like that when I was twenty and making my first drum, but as time went by, I came to understand its significance.

<u>ML</u>: Maybe first, some direct reactions to what you just said, Fredrik, and it's important also to get your voice included here, Marita, on something that we talked about a lot during our research visit in May. That is, how to

nietzko zusammengetragen, der nach Schweden und Finnland
reiste, wo er den größten Teil der Sammlungen erwarb. Bis zum
Zweiten Weltkrieg war die Sammlung auf über 2000 Objekte
angewachsen. Der größte Teil der Sammlungen aus Nordeuropa , auch die nordamerikanische Sammlung und die gesamte
sámische Sammlung, verbrannten während des Zweiten
Weltkriegs. Nur die Trommeln, die sehr wertvoll und selten
aren, wurden vorher ausgelagert und überlebten. Nach dem
Krieg erwarb das Museum weitere Artefakte, hauptsächlich
touristische Objekte.

ML: Fredrik, letztes Jahr hast du ein wichtiges Buch, *Leŋges
hearggi Sáhčal fatnasa,* über sámische Spiritualität und Trommeln in deiner Muttersprache, dem Nordsámi, veröffentlicht.
Es gibt eine Reihe verschiedener sámischer Sprachen, wobei
Nordsámi die meistgesprochene ist. Dein Buch wurde für den
Nordic Council Literature Prize nominiert, einen der renom-
miertesten Literaturpreise in Nordeuropa. Doch das Buch gibt
es nur in Nordsámi, wie sollte also eine Jury Zugang zu dem
Text haben? Wie konnten sie das Buch lesen? Du hast einen
Übersetzungsprozess entwickelt, bei dem die Jurymitglieder
die Übersetzung innerhalb eines bestimmten Zeitraums unter
kontrollierten Bedingungen lesen konnten, ohne die Möglichkeit, Inhalte zu dokumentieren oder aufzuzeichnen. Ich finde,
das ist eine sehr schöne und wichtige Entscheidung, ein
Werk nicht zu übersetzen, das wichtiges historisches und
zeitgenössisches Wissen umfasst, welches in erster Linie
für die sámische Gemeinschaft relevant ist. Leider hast du
nicht gewonnen. Aber es war ein Meilenstein, dass ein Buch
in Nordsámi für diesen Preis nominiert wurde.

Fredrik Prost (FP): Während unseres Besuchs der Sammlungen
im Mai konnte ich die alten sámischen Trommeln sowohl in
Leipzig als auch in Dresden sehen. Es gibt einen angesehenen
Wissenschaftler, Ernst Manker, der ein bahnbrechendes Buch
über Sámi-Trommeln geschrieben hat. Er entdeckte 72 Trommeln, aber das führte dazu, dass man ihn zitierte und sagte,
dass es »nur« 72 Trommeln auf der Welt gibt. Ich tendiere
dazu zu sagen, dass es 72 »gestohlene« Trommeln gibt, die in
Museen aufbewahrt werden. Viele weitere Trommeln wurden
seitdem von Sámi gefertigt, und auch ich stelle bis heute
Trommeln her.
 Die Trommel ist das politischste sámische Objekt, das man
sich vorstellen kann– und das gilt bis heute. Für einen Sámi
ist das Herstellen einer Trommel im Grunde ein politischer Akt.
Als ich mit zwanzig Jahren meine erste Trommel gemacht
habe, habe ich das noch nicht so gesehen, aber im Laufe der
Zeit habe ich ihre Bedeutung verstanden.

present, if at all, Sámi objects in museums like the ones in Leipzig and Dresden. What would you say about that?

FP: It depends on the object. And it depends on which Sámi person you ask. There is much talk about the "Sámi community" these days. But that is a lot of people. And who speaks for the Sámi community? When it comes to drums, most Sámi, if not all, would say that they should be returned to the Sámi area where they are best represented. It's a living culture that makes most of these objects. We still make and use these objects that you find in museums today.

MA: There is the question of representation—most of the people are very proud to see their culture being presented. But the question is: *How* to present? That's a question to you, Fredrik. Everyone knows that museums are filled with old objects, but few consider that these objects also represent the daily lives and history of the Sámi people.

FP: That's a huge topic. I think a lot of Sámi are also just glad that we are represented in some way. It's not always a sad story of stolen objects, for example, because Sámi often sold objects to the ethnologists and anthropologists. In these cases, it was sort of a fair trade. But the museum should nonetheless acknowledge that it's an ongoing culture.

ML: When it comes to spirituality, some Sámi would say: "Well, this is not something that we should discuss with people who are not Sámi." What would be your take on that, Fredrik?

FP: You can't separate stewardship and conservation in Sámi spirituality. It's embedded in the thinking and the practices. However, it's best if you find something in the long run that's actually tied to your own ancestry.

ML: I also have Sámi friends who do not want repatriation and who feel that many objects are decently kept where they are, and that the Sámi people have so many other issues to deal with in terms of their daily life. If we speak about the Swedish side of Sápmi, there is this constant threat of expanding extractivism, which is very real.

ML: Vielleicht zuerst einige direkte Reaktionen auf das, was wir gerade gesagt hast, Fredrik, und es ist wichtig, auch deine Stimme hier einzubringen, Marita, zu einem Thema, über das wir während unseres Forschungsbesuchs im Mai viel gesprochen haben. Das heißt, wie man – wenn überhaupt – sámische Objekte in Museen wie jenen in Leipzig und Dresden ausstellt. Was würdest du dazu sagen?

FP: Das kommt auf das Objekt an und darauf welche Sámi-Person Du fragst. Es wird viel über die Sámi-Gemeinschaft gesprochen. Aber das sind sehr viele Menschen. Und wer spricht für die sámische Gemeinschaft? Wenn es um die Trommeln geht, würden die meisten Sámi, wenn nicht sogar alle, sagen, dass sie in das Sámi-Gebiet zurückgebracht werden sollten, wo sie am besten repräsentiert sind.

Es ist eine lebendige Kultur, die die meisten dieser Objekte hervorgebracht hat. Wir stellen diese Gegenstände, die man heute in Museen findet, immer noch her und benutzen sie.

MA: Es stellt sich die Frage der Repräsentation – die meisten Menschen sind sehr stolz darauf, dass ihre Kultur präsentiert wird. Aber die Frage ist: *Wie* kann man sie präsentieren? Das ist eine Frage an dich, Fredrik. Jeder weiß, dass Museen mit alten Gegenständen gefüllt sind, aber nur wenige berücksichtigen, dass diese Gegenstände auch das tägliche Leben und die Geschichte der Sámi repräsentieren.

FP: Das ist ein großes Thema. Ich glaube, viele Sámi sind auch einfach froh, dass wir in irgendeiner Form vertreten sind. Es handelt sich nicht immer um traurige Geschichten von gestohlenen Objekten, denn die Sámi haben diese oft an Ethnolog*innen und Anthropolog*innen verkauft. Es war sozusagen ein fairer Handel in diesen Fällen. Aber das Museum sollte dennoch anerkennen, dass es sich um eine lebendige Kultur handelt.

ML: Wenn es um Spiritualität geht, würden einige Sámi sagen: »Nun, das ist nichts, was wir mit Menschen diskutieren sollten, die keine Sámi sind.« Wie würdest du das sehen, Fredrik?

FP: In der sámischen Spiritualität kann man das Verwalten und Erhalten nicht voneinander trennen. Sie sind in das Denken und die Praktiken eingebettet. Am besten ist es jedoch, wenn man auf lange Sicht etwas findet, das tatsächlich mit der eigenen Herkunft verbunden ist.

ML: Ich habe auch sámische Freunde, die keine Restitution wollen und die der Meinung sind, dass viele Gegenstände dort, wo sie sind, anständig aufbewahrt werden und dass die Sámen in ihrem täglichen Leben genug andere Probleme zu bewälti-

MA: Five hundred years is a long time. It can be very difficult to find out who is the correct owner of the things. Also, it's not clear if today's community is the rightful community, so you can also destroy something if you give it to the wrong people. It's a sensitive process to restitute objects. It is time-consuming to speak with the communities about how to restitute. For our negotiation with the Sámi, we think that we must look for a museum or a cultural center where more than one community or family has access to the objects.

FP: Some people get really obsessed about restituting the old drums. It's good that we have Sámi working on different subjects. Those focusing on resisting mines won't have time for issues like this. Instead of putting all of your energy into the return of this or that artifact, I think it's better to make new drums. Because they are living objects within the culture that actually carry on the tradition much better than a two- or three-hundred-year-old drum. It's more about recognition.

Linda Alpermann [Audience Member]: When you speak of drums that you make yourself as "living objects," do you think that the drums in a museum are "dead objects"?

FP: You could say that they are characters like people. Some people are secluded and sit in the corner and don't make much noise. I've met drums like that in museums. And sometimes you meet drums that want to strike up a conversation with you.

The Stannaki Forum *Drums and Sticks* took place on November 6, 2024, at the Japanisches Palais. Silje Figenschou Thoresen's contribution was read aloud by Doreen Mende. The conversation concluded with a Q+A session with audience members. The question included above was posed by Linda Alpermann, art historian and museologist, who is currently a curatorial trainee in the Puppentheatersammlung (Puppet Theatre Collection) at the Staatliche Kunstsammlungen Dresden. Alpermann helped to prepare the research visit of Silje Figenschou Thoresen, Fredrik Prost, and Maria Lind in Leipzig in May 2024.

gen haben. Wenn wir über die schwedische Seite von Sápmi sprechen, gibt es diese ständige Bedrohung durch eine Ausweitung des Extraktivismus, die sehr real ist.

MA: Fünfhundert Jahre sind eine lange Zeit. Es ist sehr schwierig, herauszufinden, wer die rechtmäßigen Eigentümer der Objekte sind. Außerdem ist nicht klar, ob die heutige Gemeinschaft wirklich die rechtmäßige Gemeinschaft ist. Man kann auch Schaden anrichten, wenn man die Objekte an die falschen Leute übergibt. Die Rückgabe von Gegenständen ist ein sensibler Prozess. Es ist zeitaufwendig, mit den Gemeinschaften darüber zu sprechen, wie die Rückgabe erfolgen soll. Für unsere Verhandlungen mit den Sámi sollten wir ein Museum oder ein Kulturzentrum suchen, in dem mehr als eine Gemeinschaft oder Familie Zugang zu den Objekten hat.

FP: Manche Leute sind geradezu besessen davon, die alten Trommeln zu restituieren. Es ist gut, dass wir Sámi haben, die an anderen Themen arbeiten. Diejenigen, die sich auf den Widerstand gegen Minen konzentrieren, werden keine Zeit für solche Themen haben. Anstatt die ganze Energie in die Restitution dieses oder jenes Artefakts zu stecken, ist es meiner Meinung nach besser, neue Trommeln zu bauen. Denn sie sind lebendige Objekte innerhalb der Kultur, die die Tradition viel besser fortführen als eine zwei- oder dreihundert Jahre alte Trommel. Es geht mehr um Anerkennung.

Linda Alpermann [Publikum]: Wenn Sie die Trommeln, die Sie selbst herstellen, als lebende Objekte bezeichnen, denken Sie dann, dass die Trommeln im Museum tote Objekte sind?

FP: Man könnte sagen, dass sie Charaktere haben – ähnlich wie Menschen. Manche Leute sind zurückgezogen, sitzen in der Ecke und machen nicht viel Lärm. Solche Trommeln habe ich in Museen kennengelernt. Und manchmal trifft man auch Trommeln, die mit einem ins Gespräch kommen wollen.

Das Stannaki Forum *Drums and Sticks* fand am 6. November 2024 im Japanischen Palais in Dresden statt. Silje Figenschou Thoresens Beitrag wurde von Doreen Mende vorgelesen. Die Veranstaltung endete mit einer Fragerunde, in der unter anderem Linda Alpermann, Kunsthistorikerin und Museologin, die derzeit als kuratorische Volontärin der Puppentheatersammlung bei den Staatlichen Kunstsammlungen Dresden tätig ist, eine Frage stellte. Alpermann war maßgeblich an der Vorbereitung des Forschungsbesuchs von Silje Figenschou Thoresen, Fredrik Prost und Maria Lind in Leipzig im Mai 2024 beteiligt.

Andrea-Vicky Amankwaa-Birago studied Applied Cultural Studies at Leuphana University Lüneburg and is currently a research assistant at HTW Berlin, working in the field of design and culture. She is pursuing a PhD in Anthropology at the University of Bayreuth and is a member of the research group "Anthropology of Global Inequalities." In 2019, she initiated the transnational alliance "Anton Wilhelm Amo Heritage," which focuses on the legacy of the first philosopher of African descent in Germany and is based at Berlin Global Village, a hub for decolonial educational initiatives.

Marita Andó holds a diploma-degree in ethnology (Humboldt University Berlin) and has been a researcher for the collections of Europe, North/ Central Asia at the GRASSI Museum für Völkerkunde zu Leipzig of the Staatlichen Kunstsammlungen Dresden for more than forty years.

Sojin Baik is an art historian specializing in East Asian applied arts. She completed her bachelor's degree in ceramic art and design at the Seoul National University of Science and Technology and acquired a master's degree in East Asian Art History in a Global Context at the Freie Universität Berlin. Her professional experience includes educational, exhibition, and catalogue projects at museums and cultural institutions in Korea, Australia, and Germany, including the Humboldt Forum Berlin and Kunstverein Hamburg. Following a curatorial traineeship at the Staatliche Kunstsammlungen Dresden, she is currently working as a research project assistant at the Kunstgewerbemuseum and Grünes Gewölbe.

Mareike Bernien is an artist and filmmaker. She is part of the production platform pong film Berlin and teaches in the Media Art Department of the Academy of Fine Arts Leipzig.

Mabe Bethônico is an artist and professor. Her work has been exhibited extensively, e.g., in the 17th Biennale Architettura 2021 in Venice and in the 27th and 28th São Paulo Biennials. With an MA and PhD from the Royal College of Art, London, she presently teaches at HEAD– Genève and at ENSP – Arles. In 2013, her postdoctoral research One Traveller after Another, developed at the Museum of Ethnography of Geneva with support from CNPq, the National Research Council of Brazil, was awarded four Brazilian prizes.

Holger Birkholz is a curator for painting from the first half of the nineteenth century in the Albertinum of the Staatliche Kunstsammlungen Dresden. His research focuses on Caspar David Friedrich, female artists of the Romantic period in Dresden, Ludwig Richter students in the USA, and Raden Saleh. In 2001, he completed his doctorate at the Kunsthochschule Kassel. In 2016, he habilitated with a thesis on animism in contemporary sculpture at the Technical University of Dresden. He has curated exhibitions on Romanticism such as *Dreams of Freedom: Romanticism in Russia and Germany* (State Tretyakov Gallery Moscow and Albertinum Dresden, 2021–22) and *Caspar David Friedrich: Where it all started* (Albertinum Dresden, 2024–25).

Jane Schmidt-Boddy is an art historian specializing in visual art of the nineteenth century and concepts of form and feeling in modern art and aesthetics. Currently, she is the head of the graphics collection at the Saarlandmuseum Saarbrücken.

<u>Andrea-Vicky Amankwaa-Birago</u> studierte Angewandte Kulturwissenschaften an der Leuphana Universität Lüneburg und ist derzeit wissenschaftliche Mitarbeiterin an der HTW Berlin, wo sie im Bereich Design und Kultur arbeitet. Sie promoviert in Anthropologie an der Universität Bayreuth und ist Mitglied der Forschungsgruppe »Anthropology of Global Inequalities«. 2019 gründete sie die transnationale Bündnis »Anton Wilhelm Amo Erbschaft«, das sich mit dem Erbe des ersten Philosophen afrikanischer Herkunft in Deutschland beschäftigt und im Berlin Global Village, einem Zentrum für dekoloniale Bildungsarbeit, angesiedelt ist.

<u>Marita Andó</u> ist DiplomEthnologin (Humboldt-Universität Berlin) und seit mehr als 40 Jahren wissenschaftliche Mitarbeiterin für die Sammlungsbestände von Europa, Nord-/Zentralasien am GRASSI Museum für Völkerkunde zu Leipzig der Staatlichen Kunstsammlungen Dresden.

<u>Sojin Baik</u> ist Kunsthistorikerin mit inhaltlichem Schwerpunkt im Bereich ostasiatische angewandte Kunst. Sie absolvierte ihr Studium in Keramik und Design an der Seoul National University of Science and Technology und setzte ihre akademische Laufbahn mit einem Master in ostasiatischer Kunstgeschichte an der Freien Universität Berlin fort. Ihre berufliche Erfahrung umfasst die Arbeit an Vermittlungs-, Ausstellungs- und Katalogprojekten in Museen und Kulturinstitutionen in Südkorea, Australien und Deutschland, darunter im Humboldt Forum Berlin und im Kunstverein Hamburg. Nach einem Volontariat bei den Staatlichen Kunstsammlungen Dresden ist sie derzeit als wissenschaftliche Projektassistentin im Kunstgewerbemuseum und im Grünen Gewölbe tätig.

<u>Mareike Bernien</u> ist Künstlerin und Filmemacherin. Sie ist Teil der Produktionsplattform pong film Berlin und unterrichtet im Fachbereich Medienkunst an der Hochschule für Grafik und Buchkunst Leipzig.

<u>Mabe Bethônico</u> ist Künstlerin und Professorin. Ihre Arbeiten wurden vielfach ausgestellt, z. B. auf der 17. Architekturbiennale 2021 in Venedig sowie auf der 27. und 28. Biennale in São Paulo. Sie hat einen MA und PhD vom Royal College of Art, London, und lehrt derzeit an der HEAD-Genève und an der ENSP-Arles. Im Jahr 2013 wurde ihre Postdoc-Forschung *One Traveller after Another*, die sie am Ethnographischen Museum in Genf mit Unterstützung des CNPq, des Nationalen Forschungsrats von Brasilien, entwickelte, mit vier brasilianischen Preisen ausgezeichnet.

<u>Holger Birkholz</u> ist Kurator für die Malerei der ersten Hälfte des 19. Jahrhunderts im Albertinum der Staatlichen Kunstsammlungen Dresden. Seine Forschungsschwerpunkte umfassen Caspar David Friedrich, Künstler*innen der Romantik in Dresden, Ludwig-Richter Schüler*innen in den USA und Raden Saleh. Er promovierte 2001 an der Kunsthochschule Kassel und habilitierte sich 2016 an der Technischen Universität Dresden mit einer Arbeit über den Animismus in der zeitgenössischen Skulptur. Er kuratierte Ausstellungen zur Romantik wie *Träume von Freiheit. Romantik in Russland und Deutschland* (Staatliche Tretjakow Galerie Moskau und Albertinum Dresden 2021/22) und *Caspar David Friedrich. Wo alles begann* (Albertinum Dresden 2024/25).

<u>Jane Schmidt-Boddy</u> ist Kunsthistorikerin mit Forschungsschwerpunkten in der Kunst des 19. Jahrhunderts sowie den Konzepten von Form und Gefühl in Kunst und Ästhetik der Moderne. Sie ist Leiterin der Graphischen Sammlung des Saarlandmuseums Saarbrücken.

Paul Goodwin is a professor, chair of Contemporary Art & Urbanism at the University of the Arts London (UAL), and Director of the Research Centre for Transnational Art, Identity & Nation (TrAIN) at UAL. His research focuses on Black British and African diaspora art, urbanism, and critical approaches to transnationalism in contemporary art, museological, and curatorial practices. He is the Co-Lead Investigator (with Prof. Ming Tiampo) of the Worlding Public Cultures international research project and a co-founder of the TrACE network (Transnational and Transcultural Arts and Culture Exchange).

Craig Koslofsky teaches and supervises graduate research in early modern German, European, and Atlantic history at the University of Illinois, Urbana-Champaign. He has recently published two co-edited books on early modern skin: *Stigma: Marking Skin in the Early Modern World* (with Katherine Dauge-Roth, 2023) and *A German Barber-Surgeon in the Atlantic Slave Trade: The Seventeenth-Century Journal of Johann Peter Oettinger* (with Roberto Zaugg, 2020). In 2011, his award-winning book on the night, *Evening's Empire: A History of the Night in Early Modern Europe*, was published by Cambridge University Press.

Mahret Ifeoma Kupka studied economics in Heidelberg, as well as art studies/media theory, philosophy, and exhibition design at Karlsruhe University of Arts and Design, where she received her PhD in art studies and media theory in 2015. She has worked as a curator at the Museum Angewandte Kunst in Frankfurt am Main since 2013. In her exhibitions, lectures, texts, and interdisciplinary projects, she addresses the issues of racism, memory culture, representation, and the decolonization of art and cultural practices in Europe and on the African continent. She is part of the curatorial team of the event and ThinkTank series TALKING OBJECTS LAB.

Maria Lind is a curator, writer, and educator, currently working as the director of Kin Museum of Contemporary Work in Giron/Kiruna.

Mahshid Mahboubifar is an artist from Iran, currently based in Berlin. Employing still and moving images, her works interrogate the dynamics through which narratives are constructed. Mahboubifar holds a master's degree in digital media from the University of Arts Bremen and is currently pursuing a degree in Expanded Cinema at the Academy of Fine Arts Leipzig. Her work has been exhibited and screened internationally in countries such as Iran, Turkey, Tunisia, Italy, Poland, Germany, and Canada.

Mailena Mallach is an art historian, awarded with a doctorate, specializing in German Early Modern prints and drawings. She is currently a curator at the Kupferstichkabinett of the Staatliche Museen zu Berlin.

The interdisciplinary artist Tuan Mami explores methods to reflect on the role of art in social contexts. He studied the concept of "humanity," therefore focusing on social interactions between humans and the environment as a transhistorical process. In 2022, Tuan Mami was a research fellow at the Staatlichen Kunstsammlungen Dresden's Transcultural Academy at the Japanische Palais. He recently participated in the Prospect New Orleans Triennale 6 (2024), documenta 15 (2022), and the Prague Biennale (2020).

Doreen Mende is a curator, theorist, and, since November 2021, head of the cross-collection department "Research" at the Staatliche Kunstsammlungen Dresden. Since 2015, she is associate professor of the Visual Arts Department at HEAD Genève of HES-SO, University of Art and Design, in Switzerland. She is a founding member of the Harun Farocki Institute in Berlin and the European Forum for Advanced Practices.

Christine Müller-Radloff studied textile and clothing technology at the Technical University of Dresden and conservation at the FernUniversität Hagen. She worked in the conservation department of the Staatliche Kunstsammlungen Dresden's ethnological museums for over forty years.

Paul Goodwin ist Professor und Inhaber des Lehrstuhls für zeitgenössische Kunst und Urbanismus an der University of the Arts London (UAL) sowie Direktor des Forschungszentrums für transnationale Kunst, Identität und Nation (TrAIN) an der UAL. Seine Forschung konzentriert sich auf Black British Art und Kunst der afrikanischen Diaspora, Urbanismus und kritische Ansätze zum Transnationalismus in der zeitgenössischen Kunst, Museumslogik und kuratorische Praktiken. Er ist Co-Lead Investigator (mit Prof. Ming Tiampo) des internationalen Forschungsprojekts »Worlding Public Cultures« und Mitbegründer des TrACE-Netzwerks (Transnational and Transcultural Arts and Culture Exchange).

Craig Koslofsky unterrichtet und betreut Forschungsarbeiten von Graduierten im Bereich der frühneuzeitlichen deutschen, europäischen und atlantischen Geschichte an der University of Illinois, Urbana-Champaign. Er hat kürzlich zwei von ihm mitherausgegebene Bücher über die Haut in der Frühen Neuzeit veröffentlicht: *Stigma: Marking Skin in the Early Modern World* (mit Katherine Dauge-Roth, 2023) und *A German Barber-Surgeon in the Atlantic Slave Trade: The Seventeenth-Century Journal of Johann Peter Oettinger* (mit Roberto Zaugg, 2020). 2011 wurde sein preisgekröntes Buch über die Nacht, *Evening's Empire: A History of the Night in Early Modern Europe*, von der Cambridge University Press veröffentlicht.

Mahret Ifeoma Kupka studierte Volkswirtschaft in Heidelberg sowie Kunstwissenschaft und Medientheorie an der Hochschule für Gestaltung in Karlsruhe, wo sie 2015 promovierte. Seit 2013 ist sie Kuratorin am Museum Angewandte Kunst in Frankfurt am Main. Ihre Arbeit befasst sich mit den Themen Rassismus, Erinnerungskultur, Repräsentation und der Dekolonisierung von Kunst- und Kulturpraxis in Europa und auf dem afrikanischen Kontinent. Sie ist Teil des kuratorischen Teams des TALKING OBJECTS LAB.

Maria Lind ist Kuratorin, Autorin und Pädagogin und arbeitet derzeit als Direktorin des Kin Museum of Contemporary Work in Giron/Kiruna.

Mahshid Mahboubifar ist Künstlerin aus dem Iran, die derzeit in Berlin lebt. In ihren Arbeiten mit Stand- und Bewegtbildern hinterfragt sie die Dynamik, durch die Erzählungen konstruiert werden. Mahboubifar hat einen Master-Abschluss in digitalen Medien von der Hochschule für Künste Bremen und studiert derzeit »Expanded Cinema« an der Hochschule für Grafik und Buchkunst Leipzig. Ihre Arbeiten wurden international in Ländern wie dem Iran, der Türkei, Tunesien, Italien, Polen, Deutschland und Kanada ausgestellt und gezeigt.

Mailena Mallach ist promovierte Kunsthistorikerin mit Forschungsschwerpunkten in der deutschen Druckgrafik und Zeichnung vor 1800. Aktuell ist sie Kuratorin im Kupferstichkabinett der Staatlichen Museen zu Berlin.

Der interdisziplinäre Künstler Tuan Mami erforscht Methoden, um die Rolle der Kunst in sozialen Kontexten zu reflektieren. Dazu befragt er das Konzept der »Humanität« mit einem Fokus auf soziale Interaktionen zwischen Mensch und Umwelt als transhistorischen Prozess. 2022 war Tuan Mami Forschungsstipendiat der Transkulturellen Akademie der Staatlichen Kunstsammlungen Dresden im Japanischen Palais. Er war unter anderem an der documenta fifteen (2022) und der Prag Biennale (2020) beteiligt.

Doreen Mende ist Kuratorin, Theoretikerin und seit November 2021 Leiterin des sammlungsübergreifenden Departments »Forschung« an den Staatlichen Kunstsammlungen Dresden. Seit 2015 ist sie assoziierte Professorin am Departement der Bildenden Kunst der HEAD Genève der HES-SO in der Schweiz. Sie ist Gründungsmitglied des Harun Farocki Instituts in Berlin sowie des European Forum for Advanced Practices.

Christine Müller-Radloff studierte Textil- und Bekleidungstechnik an der Technischen Universität Dresden und Restaurierung an der Fernuniversität Hagen. Sie hat über 40 Jahre lang in der Restaurierungsabteilung der Völkerkundemuseen der Staatlichen Kunstsammlungen Dresden gearbeitet.

<u>Fredrik Prost</u> is a Sámi artist making both traditional and contemporary Sámi art. In 2001, he enrolled at the Sámi school of arts and crafts in Jokkmokk, Sweden. He has been a full-time artist since 2010. Prost is also a writer, who has published various articles and a book. He began researching and making Sámi drums over twenty years ago, which resulted in a 340-page book published in 2023 by the Sámi publishing house DAT.

<u>Anna-Lisa Reith</u> is a scientific coordinator of the Transcultural Academy, an international networking initiative by the Staatliche Kunstsammlungen Dresden (SKD). She studied German Studies and Social Anthropology in Halle (Saale) and Leipzig, before completing a curatorial traineeship at the SKD. Her responsibilities include coordinating and conceptualizing the Transcultural Academy and curating related exhibitions. Her research interest lies in opening the museum as a social space with a focus on sustainability, participation, and accessibility.

<u>Stefano Rinaldi</u> studied art history in Pisa and received his doctorate there, as well as at the Technical University of Dresden. Since 2018, he has been a curator at the Rüstkammer (Armory) of the Staatliche Kunstsammlungen Dresden, responsible for European edged weapons and firearms.

<u>Silje Figenschou Thoresen</u> is north Sámi who works and lives in Kirkenes in the far north of Norway. Thoresen works as a contemporary artist but comes from the design field, with an MA in furniture design from Konstfack, Stockholm. Her work has been exhibited at the National Museum of Norway, the Sámi Centre of Contemporary art, the Latvian Centre for Contemporary Art, the Contemporary Art Museum of Estonia, Liljevalchs, Marabouparken Konsthall, and Kunstnerforbundet, among other venues.

<u>Natalia Zaitseva</u> is an artist and writer who has worked mainly as a theater director and playwright in the independent scene in Russia. She has lived in Leipzig since 2022.

Fredrik Prost ist sámischer Künstler, der sowohl traditionelle als auch zeitgenössische sámische Kunst schafft. Im Jahr 2001 immatrikulierte er sich an der Sámischen Schule für Kunst und Handwerk in Jokkmokk, Schweden. Seit 2010 arbeitet er als Künstler in Vollzeit. Prost ist auch Schriftsteller und hat sowohl Artikel als auch ein Buch veröffentlicht. Vor über zwanzig Jahren begann er, sámische Trommeln zu erforschen und herzustellen, was 2023 in einem 340-seitigen Buch gipfelte, das im sámischen Verlag DAT veröffentlicht wurde.

Anna-Lisa Reith ist wissenschaftliche Koordinatorin der Transkulturellen Akademie, einer internationalen Netzwerkinitiative der Staatlichen Kunstsammlungen Dresden (SKD). Sie studierte Germanistik und Sozialanthropologie in Halle (Saale) und Leipzig, bevor sie ein Volontariat an den SKD absolvierte. Zu ihren Aufgaben zählen die Koordination und Konzeption der Transkulturellen Akademie, das Kuratieren zugehöriger Ausstellungen; daneben ist die Öffnung des Museums als Sozialraum mit den Schwerpunkten Nachhaltigkeit, Partizipation und Barrierefreiheit ihr Forschungsinteresse.

Stefano Rinaldi studierte Kunstgeschichte in Pisa und promovierte dort sowie an der Technischen Universität Dresden. Seit 2018 ist er Konservator in der Rüstkammer der Staatlichen Kunstsammlungen Dresden mit Zuständigkeit für europäische Blank- und Feuerwaffen.

Silje Figenschou Thoresen ist Nordsámi und lebt und arbeitet in Kirkenes im Norden Norwegens. Figenschou Thoresen arbeitet als zeitgenössische Künstlerin, kommt aber aus dem Designbereich und hat einen MA in Möbeldesign von der Konstfack in Stockholm. Ihre Werke wurden u. a. im norwegischen Nationalmuseum, im Sámi Zentrum für zeitgenössische Kunst, im lettischen Zentrum für zeitgenössische Kunst, im Museum für zeitgenössische Kunst in Estland, in Liljevalchs, Schweden, im Marabouparken, Schweden, und im Kunstnerforbundet, Norwegen, ausgestellt.

Natalia Zaitseva ist Künstlerin und Autorin, die vor allem als Theaterregisseurin und -autorin in der freien Szene Russlands gearbeitet hat. Seit 2022 lebt sie in Leipzig.

Thanks

A profound thanks to all the invited artists, scholars, and researchers for their knowledge, sensitivity, patience, and generosity in entering into dialog with the Staatliche Kunstsammlungen Dresden: Andrea-Vicky Amankwaa Birago, Mareike Bernien, Mabe Bethônico, Paul Goodwin, Silje Figenschou Thoresen, Fredrik Prost, Mahret Ifeoma Kupka, Mahshid Mahboubifar, Maria Lind, Tuan Mami, and Natalia Zaitseva in conversation with SKD researchers Marita Andó, Holger Birkholz, Sojin Baik, Mailena Mallach, Christine Müller-Radloff, Stefano Rinaldo, Anna-Lisa Reith, and Jane Schmidt-Boddy.

Many thanks also go to the General Director Marion Ackermann and her office led by Annegret Klinker and Gunhild Krüger. With their support, the Stannaki Forum could develop as a new dialogical research format in exchange with all art collections as part of the project "Museen als aktive Orte der Demokratie." The Stannaki Forum is only possible with the trust, knowledge, and interest of the directorates and research teams of the Staatlichen Kunstsammlungen Dresden! In addition to the authors of this book, special thanks go to the following directors and their institutions for their openness: Julia Weber (Porzellansammlung), Hilke Wagner (Albertinum), director Stephanie Buck and Björn Egging (Kupferstichkabinett), Marius Winzeler (Grünes Gewölbe and Rüstkammer), Holger Jacob-Friesen (Galerie Alte Meister), Sylvia Karges (Münzkabinett), former director Léontine Meyer von Mensch (until September 2024, Museum für Völkerkunde in Leipzig and Dresden) as well as Birgit Scheps-Bretschneider (Leipzig) and Barbara Höffer (Dresden), Thomas Geisler (Kunstgewerbemuseum), Kathi Loch (Puppentheatersammlung und Museum für Sächsische Volkskunst), Rudi Fischer (Archiv der Avantgarden—Egidio Marzona), and Peter Plaßmeyer (Mathematisch-Physikalischen Salon).

Special thanks are extended to project managers Christine Gerbich and Tanja Schomaker, as well as Samira Iraki from the Education, Outreach, and Community Programs Department at the SKD, for their trusting collegiality within the framework of "Museen als aktive Orte der Demokratie," funded by the Federal Government Commissioner for Culture and the Media.

Heartfelt thanks are also due to the Commercial Directorate, headed by Dirk Burghardt (until June 2024) and Cornelia Rabeneck (from August 2024), Romy Kraut, Elke Ullmann, and Cindy Mehliß from the Accounting Department, Michael Geißdorf, Maxie Kuntze, and Katja Ruttkowski-Großer from the Legal and Organization Department, Nina C. Illgen from the Fundraising Department, and the many invisible supporters who ensure the smooth operation of SKD's administrative processes.

Many thanks go to the SKD research team for understanding the relevance of this publication and for their conscientious implementation of continuous communication and coordination: Oliver Baurhenn (from September 2024), Romy Jeschke, Max Mäder, Anna-Lisa Reith and, in particular, Thomas Rudert and Elisabeth Schmidt (until August 2024).

Special thanks are extended to Rebekka von Mallinckrodt, Head Professor of the Department of Early Modern History at the Institute of History at the University of Bremen, for the academic exchange on current research regarding the economic entanglements of early modern Germany in global networks of colonialism, slavery, and the slave trade, and for the smooth process of republishing Craig Koslofsky's essay. Isabel Raabe and Mahret Ifeoma Kupka from the Talking Objects Lab deserve my sincere thanks for their critical reflections, encouragement, and recommendations. Agnes Wegner and Clemens von Wedemeyer from the Hochschule für Gestaltung in Leipzig also made an important contribution with their enthusiasm for our collaboration.

The meticulous design work of Klimaite Klimaite has shaped the visual impact of this publication and ensured its clarity and effectiveness—many thanks for this remarkable contribution to the project. Endless thanks to the editorial precision, perseverance, and joy of the Studio Jesi Khadivi and the publishing house Hatje Cantz. May this publication create an archive of fellowship with Tuski Stannaki.

Dank

Allen eingeladenen Künstler*innen, Wissenschaftler*innen und Forschenden gilt außerordentlicher Dank für ihr Wissen sowie ihre Sensibilität, Geduld und Großzügigkeit, den Dialog mit den Staatlichen Kunstsammlungen Dresden einzugehen: Andrea-Vicky Amankwaa Birago, Mareike Bernien, Mabe Bethônico, Paul Goodwin, Silje Figenschou Thoresen, Fredrik Prost, Mahret Ifeoma Kupka, Mahshid Mahboubifar, Maria Lind, Tuan Mami, and Natalia Zaitseva im Gespräch mit den Wissenschaftler*innen der SKD Marita Andó, Holger Birkholz, Sojin Baik, Mailena Mallach, Christine Müller-Radloff, Stefano Rinaldo, Anna-Lisa Reith, and Jane Schmidt-Boddy.

Umfänglicher Dank gilt hierbei auch der Generaldirektion von Marion Ackermann sowie ihrem Büro um Annegret Klinker und Gunhild Krüger für die Unterstützung, mit welcher sich das Stannaki Forum als neues dialogisches Format der Forschung im Austausch mit allen Kunstsammlungen im Rahmen des Projektes „Museen als aktive Orte der Demokratie" entwickeln konnte. Denn erst mit dem Vertrauen, dem Wissen und Interesse der Direktionen sowie wissenschaftlichen Teams der Staatlichen Kunstsammlungen Dresden ist das Stannaki Forum möglich! Für ihre Offenheit ist neben den Autor*innen dieses Buches insbesondere der Porzellansammlung um Julia Weber, dem Albertinum um Hilke Wagner, dem Kupferstichkabinett um Stephanie Buck sowie Björn Egging, dem Grünen Gewölbe und der Rüstkammer um Marius Winzeler, der Galerie Alte Meister um Holger Jacob-Friesen, dem Münzkabinett um Sylvia Karges, dem Museum für Völkerkunde in Leipzig und Dresden um Léontine Meyer von Mensch (bis September 2024) sowie Birgit Scheps-Bretschneider in Leipzig und Barbara Höffer in Dresden, dem Kunstgewerbemuseum um Thomas Geisler, der Puppentheatersammlung und Museum für Sächsische Volkskunst um Kathi Loch, dem Archiv der Avantgarden—Egidio Marzona mit Rudi Fischer und dem Mathematisch-Physikalischen Salon um Peter Plaßmeyer aufrichtig zu danken.

Für die vertrauensvolle Kollegialität im Rahmen von »Museen als aktive Orte der Demokratie«, gefördert von der Beauftragten der Bundesregierung für Kultur und Medien, gilt mein freundschaftlicher Dank der Projektleitung um Christine Gerbich und Tanja Schomaker sowie Samira Iraki von der Abteilung Vermittlung, Outreach und Gesellschaft an den SKD.

Ebenso kollegialer Dank der Kaufmännischen Direktion um Dirk Burghardt (bis Juni 2024) und Cornelia Rabeneck (ab August 2024) sowie Romy Kraut, Elke Ullmann sowie Cindy Mehliß der Abteilung Rechnungswesen, Michael Geißdorf sowie Maxie Kuntze und Katja Ruttkowski-Großer der Abteilung Recht und Organisation, Nina C. Illgen der Abteilung Fundraising sowie den vielen unsichtbaren Unterstützenden für die Sicherung der administrativen Prozesse der SKD.

Ein ganzer Reigen an Dank geht an das Team der Forschung SKD für das Verständnis der Relevanz dieser vorliegenden Publikation sowie für die gewissenhafte Umsetzung einer kontinuierlichen Kommunikation und Koordination: Oliver Baurhenn (ab September 2024), Romy Jeschke, Max Mäder, Anna-Lisa Reith und insbesondere auch Thomas Rudert sowie Elisabeth Schmidt (bis August 2024).

Für den wissenschaftlichen Austausch zu aktuellen Forschungen über die ökonomischen Verstrickungen des frühneuzeitlichen Deutschlands in globale Netzwerke des Kolonialismus, der Versklavung und des Sklavenhandels sowie für den unkomplizierten Umgang mit der Wiederveröffentlichung des Aufsatzes von Craig Koslofsky danke ich Rebekka von Mallinckrodt, leitende Professorin der Abteilung Frühe Neuzeit am Institut für Geschichtswissenschaft an der Universität Bremen. Isabel Raabe und Mahret Ifeoma Kupka vom Talking Objects Lab gilt für ihre kritischen Reflexionen, Ermutigungen und Empfehlungen herzlicher Dank. Agnes Wegner und Clemens von Wedemeyer von der Hochschule für Gestaltung in Leipzig haben mit ihrem Enthusiasmus für unsere Zusammenarbeit ebenso einen wichtigen Beitrag geleistet.

Die sorgfältige Designarbeit von Klimaite Klimaite hat die visuelle Sichtbarkeit dieser Publikation geprägt und für ihre Klarheit und Wirksamkeit gesorgt—vielen Dank für diesen bemerkenswerten Beitrag zu diesem Projekt. Der editorischen Präzision, Ausdauer und Freude des Studios Jesi Khadivi sowie des Verlags Hatje Cantz unendlicher Dank. Möge die vorliegende Publikation ein Archiv der Gemeinschaft mit Tuski Stannaki hervorbringen.

This book is published in conjunction with the series "Stannaki Forum: Art and Research in Conversation"

Editor: Staatliche Kunstsammlungen Dresden, Doreen Mende
Managing editor: Studio Jesi Khadivi
Project management: Adam Jackman (Hatje Cantz), Oliver Baurhenn (SKD), Elisabeth Schmidt (SKD), Naama Simon (Studio Jesi Khadivi)
Copyediting: Jesi Khadivi, Saskia Köbschall, Naama Simon
Proofreading: Dawn Michelle d'Atri (English), Ilka Backmeister-Collacott (German)
Translations: Jesi Khadivi, Saskia Köbschall, Jeanette Zuleeg
Graphic design: Indrė Klimaitė (Klimaite Klimaite)
Typeface: ABC Camera Plain
Reproductions: DLG Graphic, Paris
Production: Kati Klaeske
Paper: Munken Lynx
Printed by: Livonia Print, Riga

Published by
Hatje Cantz Verlag GmbH
Mommsenstraße 27
10629 Berlin
Germany
contact@hatjecantz.de
www.hatjecantz.com
A Ganske Publishing Group Company

Printed in Europe

ISBN: 978-3-7757-6005-8 (Print)
ISBN: 978-3-7757-6006-5 (EPUB)
ISBN: 978-3-7757-6007-2 (PDF)

The English version of the text "Slavery and Skin" on pages 18—82 is reprinted from: *Beyond Exceptionalism: Traces of Slavery and the Slave Trade in Early Modern Germany, 1650–1850*, eds. Rebekka von Mallinckrodt, Josef Köstlbauer, and Sarah Lentz (Berlin and Boston: De Gruyter, 2021).

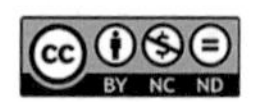

The production was funded by the Federal Government Commissioner for Culture and the Media as part of the "Museen als aktive Orte der Demokratie" (MODemo) project.

Diese Publikation erscheint anlässlich der Reihe »Stannaki Forum. Kunst und Forschung im Gespräch«

Herausgeber: Staatliche Kunstsammlungen Dresden, Doreen Mende
Redaktion: Studio Jesi Khadivi
Projektmanagement: Adam Jackman (Hatje Cantz), Oliver Baurhenn (SKD), Elisabeth Schmidt (SKD), Naama Simon (Studio Jesi Khadivi)
Lektorat: Jesi Khadivi, Saskia Köbschall, Naama Simon, Jeannette Zuleeg
Korrektorat: Dawn Michelle d'Atri (Englisch), Ilka Backmeister-Collacott (Deutsch)
Übersetzungen: Jesi Khadivi, Saskia Köbschall, Jeanette Zuleeg
Grafische Gestaltung: Indrė Klimaitė (Klimaite Klimaite)
Schrift: ABC Camera Plain
Reproduktion: DLG Graphic, Paris
Verlagsherstellung: Kati Klaeske
Papier: Munken Lynx
Druck: Livonia Print, Riga

Erschienen im
Hatje Cantz Verlag GmbH
Mommsenstraße 27
10629 Berlin
Deutschland
contact@hatjecantz.de
www.hatjecantz.com
Ein Unternehmen der Ganske Verlagsgruppe

Printed in Europe

ISBN: 978-3-7757-6005-8 (Print)
ISBN: 978-3-7757-6006-5 (EPUB)
ISBN: 978-3-7757-6007-2 (PDF)

Bei dem Englischen Text Sklaverei und Haut auf den Seiten 18—82 handelt es sich um einen unveränderten Wiederabdruck aus: *Beyond Exceptionalism: Traces of Slavery and the Slave Trade in Early Modern Germany, 1650–1850*, hrsg. von Rebekka von Mallinckrodt, Josef Köstlbauer und Sarah Lentz, Berlin/Boston 2021.

Die Produktion wurde im Rahmen des Projekts »Museen als aktive Orte der Demokratie« (MODemo) von der Beauftragten der Bundesregierung für Kultur und Medien gefördert.

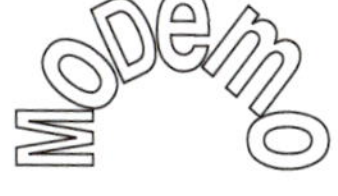